均线指标
趋势交易技术精解

刘振清◎编著

中国宇航出版社
·北京·

版权所有　侵权必究

图书在版编目（CIP）数据

均线指标：趋势交易技术精解 / 刘振清编著.
北京：中国宇航出版社，2025. 5. -- ISBN 978-7-5159-2524-0

Ⅰ．F830.91

中国国家版本馆CIP数据核字第2025CS9187号

| 策划编辑 | 卢　珊 | 封面设计 | 王晓武 |
| 责任编辑 | 谭　颖 | 责任校对 | 吴媛媛 |

出 版
发 行　**中国宇航出版社**

社　址　北京市阜成路 8 号　　　　邮　编　100830
　　　　（010）68768548
网　址　www.caphbook.com
经　销　新华书店
发行部　（010）68767386　　　　（010）68371900
　　　　（010）68767382　　　　（010）88100613（传真）
零售店　读者服务部
　　　　（010）68371105
承　印　三河市君旺印务有限公司
版　次　2025 年 5 月第 1 版　　　2025 年 5 月第 1 次印刷
规　格　710×1000　　　　　　　开　本　1/16
印　张　12　　　　　　　　　　字　数　196 千字
书　号　ISBN 978-7-5159-2524-0
定　价　49.00 元

本书如有印装质量问题，可与发行部联系调换

前 言

顺势而为，这是股票交易成功的不二法门。在股票交易市场上，没有永远上涨的市场，也没有永远下跌的市场，有的只是股价不断地起起落落。透过股票的涨跌起伏，投资者可以发现，股价的运行总是遵循一定的趋势。从趋势交易角度来看，股价无非是在做三类趋势运动，即上升趋势、下跌趋势以及横向趋势。而且，绝大多数横向趋势都是为了将来的上升趋势或下跌趋势做准备的，也就是说，股价运动最终还是会导向上升或下降。

不过，凡事都是知易行难。从理论上来说，投资者只需在股价进入上升趋势时买入建仓，在股价上升趋势终结并转入下行趋势时，清仓离场即可。然而，现实却非常残酷：如何能看出股价处于上升趋势，这段上升趋势会在何时结束？这是投资者面临的最棘手、最困难的问题。其实，很多技术指标或技术分析工具，也都是在试图回答这个问题，均线指标就是其中之一。从历史表现来看，均线指标属于解决这个问题质量较高的一个工具。

从均线指标构成因素，可以看出其天生就是为趋势交易准备的。均线揭示了股价成本的变动趋势，并直观地给出了股价与平均持仓成本之间的关系。当股价运行于均线上方时，由于市场上的持仓者普遍处于盈利状态，继续持股的意愿较强；同时，场外投资者基于赚钱效应，入场意愿也比较强烈，这都会促使股价进一步走高。也就是说，此时股价处于均线系统上方，也正处于上升趋势，看涨意味更浓；反之，当股价处于均线系统下方，则看跌意味更浓，场外投资者不愿意入场，场内投资者拼命想解套出逃。总之，均线指标天然地为股价的趋势运动打上了标签。

当然，均线指标也不是万能的，也无法百分之百准确地识别股价的最佳买点与卖点。但如果以均线指标为核心构建一套完整的交易系统，那么找对股价运行趋势，在股市中获利的概率就会大增。

不过，投资者想要应用均线指标做好趋势交易，也应该注意以下几点。

第一，合理设置和选择均线。每一条均线都有其特定意义，投资者要选择其中对自己最有利的。每一名投资者都有自己的投资风格和偏好，有的人喜欢做短线投资，那么就选择一些短周期的均线组合；有的人喜欢做中长线投资，那么就选择一些长周期的均线组合。

第二，建立一套符合个人特点的均线交易系统。每个投资者都有自己的性格、爱好，这些个性化的特征必将作用于交易实战。当然，这些个性化特征本身并无好坏优劣之分，关键是投资者要善加引导和利用，尽可能地扬长避短，这样才能在股市交易中游刃有余。

第三，相信均线指标，但不要迷信均线指标。股市中有太多的变数和不确定性，任何一种技术指标的准确率都是概率问题，即使能够做到90%的准确率，也还有10%的失误。

第四，合理控制好仓位，这是做交易的基础和保障。无论投资者选择何种技术指标，做何种类型的交易，都必须将仓位控制好。没有良好的仓位控制，就不会有好的交易结果，毕竟投资者要在股市中长期生存下来。

| 目 录 |

第一章 均线指标：窥探股价运行趋势

第一节 均线指标与趋势交易 / 3
一、股价波动与趋势交易 / 4
二、均线与股价运行趋势 / 5

第二节 均线分析基础理论 / 6
一、均线趋势分析基础之道氏理论 / 6
二、均线趋势分析基础之葛兰碧八大法则 / 12

第三节 均线指标三大核心效用 / 21
一、趋势识别 / 21
二、多空力量判断 / 22
三、买卖点预判 / 23

第二章 均线指标：指标构成及研判要点

第一节 均线指标构成及交易含义 / 26
一、移动平均线算法 / 27
二、均线设置 / 29

第二节 均线基本交易含义 / 31

一、5日均线——超短线交易利器 / 31

二、10日均线——单边连续趋势 / 32

三、20日均线——中期趋势跟踪线 / 33

四、30日均线——中线行情生命线 / 34

五、60日均线——中期牛熊分界线 / 36

第三节 均线研判要点 / 37

一、均线方向 / 37

二、均线与K线相对位置 / 39

三、均线拐点 / 39

四、均线斜率 / 41

五、均线乖离 / 42

第四节 均线系统的构成 / 43

一、短期均线分析系统 / 43

二、中期均线分析系统 / 45

三、长期均线分析系统 / 47

第三章 均线指标经典分析

第一节 均线支撑与阻力 / 50

一、均线支撑作用 / 50

二、均线阻力作用 / 52

第二节 股价K线与均线突破 / 53

一、股价K线向上突破均线 / 54

二、股价K线向下跌破均线 / 55

第三节 多头排列与空头排列 / 58

一、多头排列 / 58

二、空头排列 / 59

第四节　黄金交叉与死亡交叉 / 61

　　一、黄金交叉 / 61

　　二、死亡交叉 / 64

第五节　缠绕的形态、时间与位置 / 68

　　一、缠绕形态：浅度缠绕与深度缠绕 / 69

　　二、缠绕时间：短期缠绕与长期缠绕 / 74

　　三、缠绕位置：低位缠绕与高位缠绕 / 75

第六节　从黏合到发散 / 78

　　一、低位黏合 / 78

　　二、高位黏合 / 80

第四章　均线组合形态分析

第一节　均线组合分析技法 / 83

　　一、价托与价压 / 83

　　二、金蜘蛛与死蜘蛛 / 88

　　三、顺向火车道与反向火车道 / 91

　　四、逐浪上升与逐浪下降 / 96

第二节　K线与均线组合分析技法 / 100

　　一、蛟龙出海 / 100

　　二、断头铡刀 / 101

　　三、突破跳空阴线 + 均线金叉 / 103

　　四、涨停过顶 + 均线多头 / 105

　　五、蛤蟆跳空 + 均线多头 / 106

　　六、黄金坑 + 均线多头 / 108

第五章 均线与其他技术指标组合分析技术

第一节 成交量辅助系统 / 111

一、成交量基础分析：放量与缩量 / 111

二、成交量确认价格变化 / 114

三、成交量确认股价对均线的突破 / 115

第二节 MACD 指标组合分析 / 116

一、MACD 指标特性 / 116

二、MACD 指标基本交易含义 / 118

三、30 日均线与 MACD 指标金叉 / 118

四、MACD 指标与均线金叉共振 / 120

第三节 KDJ 指标组合分析 / 121

一、KDJ 指标特性及基本交易含义 / 121

二、突破 10 日均线与 KDJ 低位金叉 / 123

第六章 均线基本趋势分析技术

第一节 低位突破与趋势突破 / 126

一、股价突破均线系统 / 126

二、均线突破经典形态：出水芙蓉 / 127

三、均线突破经典形态：鱼跃龙门 / 128

第二节 盘整突破与趋势突破 / 130

一、中继横盘突破 / 130

二、均线黏合与横向盘整 / 132

三、三线黏合再爆发 / 133

第三节 回调与趋势支撑 / 134

一、均线回调经典形态：金凤还巢 / 134

二、均线回调经典形态：蜻蜓点水 / 136

三、回调遇中期均线支撑 / 137

　　四、股价突破均线后回调再确认 / 139

　　五、股价跌破均线后速补回 / 140

第七章　均线趋势追涨技法

第一节　分时框架均线追涨战术 / 143

　　一、30 分钟线突破买进 / 143

　　二、30 分钟线回档买入 / 145

第二节　5 日均线超短线战法 / 147

　　一、5 日均线突破追涨战术 / 147

　　二、脚踩 5 日线上行战术 / 149

　　三、5 日均线遇 10 日均线再起飞 / 151

　　四、均线黄金通道战法 / 153

第三节　中期均线擒牛战法 / 155

　　一、20 日线金叉追牛股 / 155

　　二、中期均线三线开花 / 157

　　三、"老鸭头"形态实战交易技巧 / 158

　　四、"三线黏合"形态实战交易技巧 / 160

第四节　中期均线主升波段战法 / 161

　　一、5 周线与 10 周线金叉战法 / 161

　　二、周线三线擒主升浪 / 163

　　三、"三线开花"形态实战交易技巧 / 165

第八章　基于均线的交易系统

第一节　基于均线指标的选股技术 / 169

　　一、均线指标选股基本原则 / 169

　　二、中期均线线上选股 / 169

三、多头排列线上选股 / 171

第二节　左侧交易与右侧交易系统解析 / 172

一、左侧交易与右侧交易买卖点 / 172

二、均线指标左侧交易系统 / 174

三、均线指标右侧交易系统 / 177

第一章

均线指标：
窥探股价运行趋势

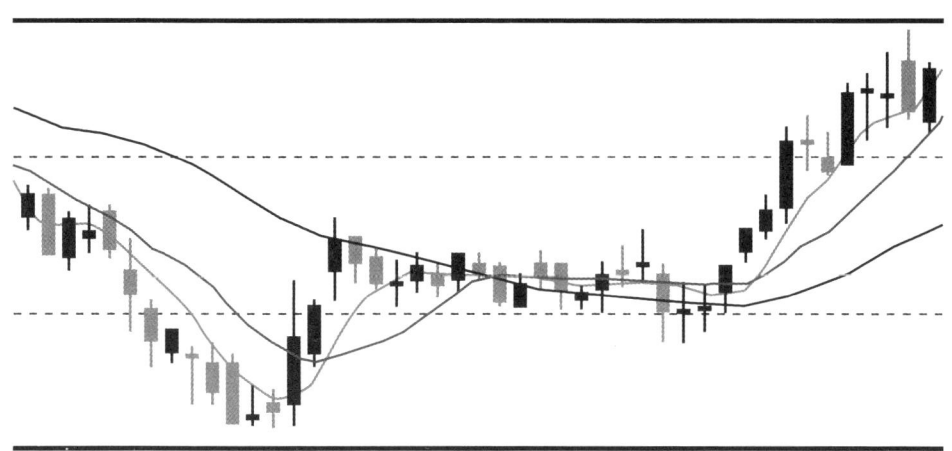

均线,全称为"移动平均线"(Moving Average),英文简称为"MA",该指标是以"平均成本概念"为理论基础,采用统计学中"移动平均"的原理,将一定时间周期内的股价或指数的平均值标在价格图表中连成曲线,用来显示股价或指数的历史波动情况,并以此来预测后市的趋势走向,为投资者提供操作依据。

在大多数炒股软件中,均线指标与K线会同步在主图中显示,如图1-1所示。

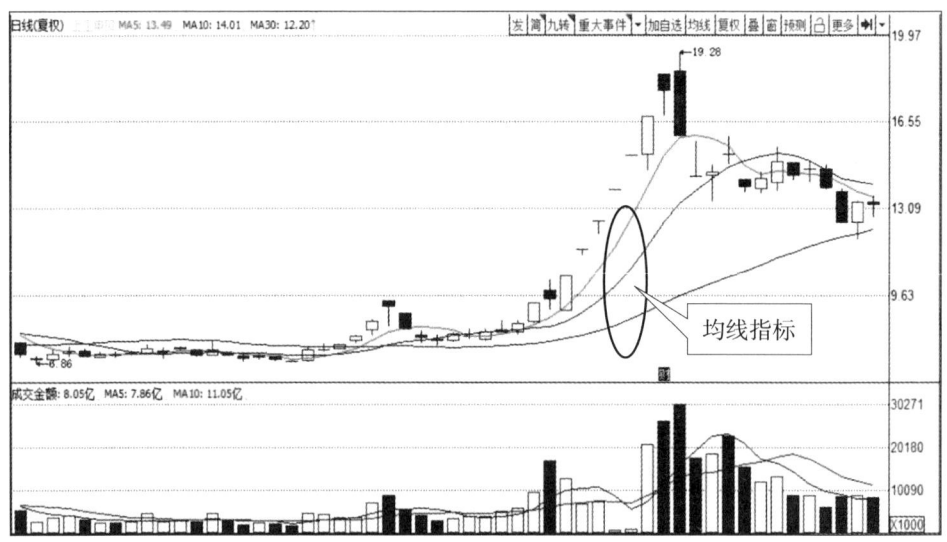

图1-1 移动平均线

均线系统一般由短期均线、中期均线和长期均线等几条均线构成。不同的炒股软件给出的均线周期并不相同,如图1-1所示,炒股软件默认提供的均线为5日均线、10日均线和30日均线。投资者可根据个人需要对均线指标的参数和显示数量进行调整。

第一节　均线指标与趋势交易

趋势交易，是被市场上很多投资者认可的一种交易模式。不过，对于大多数投资者来说，识别趋势并判断趋势反转是其中最大的难点，毕竟股价K线的波动较为频繁，正常的调整与趋势逆转总是让人无法分辨。从某种意义上来说，均线指标正好可以帮助投资者解决这个问题。

移动平均线简称"均线"，它代表了一段时间的市场平均成本，往往对股价具有重要的支撑或阻碍的作用。在大多数交易软件中，均线系统是与K线图相伴始终的技术指标，也就是说，均线与K线一起构筑了最基础的股价趋势分析系统，如图1-2所示。

图1-2　鲁抗医药的均线与K线走势

均线的计算非常简单，某一时段的均线就是该时段内所有交易日的收盘价之和与总的交易天数相除算出的平均值，即均价，然后将这些均价用曲线连接起来就构成了均线。例如，30日均线就是由连续30个交易日收盘价之和除以 30 后得到的平均值连接而成的。

一、股价波动与趋势交易

自从有了股市交易以来，市场上的投资者对股价波动的研究就没有停止过。很多研究股价运行趋势的投资理论大师，都提出了各自的趋势运行模式。其中，查尔斯·亨利·道（Charles Henry Dow）提出的趋势交易最具有代表性。

关于趋势，查尔斯·亨利·道曾经给出过这样一个定义："只要平均指数的高点突破了距它最近的一个高点，随后回调的低点位于前一个低点的上方，它就处于牛市期间；当最低点跌破前一个低点，随后反弹的高点位于前一个高点的下方，它就处于熊市期间。通常很难判断涨跌的过程是否已经结束，因为只有基本趋势发生变化时，价格运动才会随之出现。当然这种变化也可能只是一次毫不起眼的折返运动所引发的。"下面来看一下上证指数日K线走势图，如图 1-3 所示。

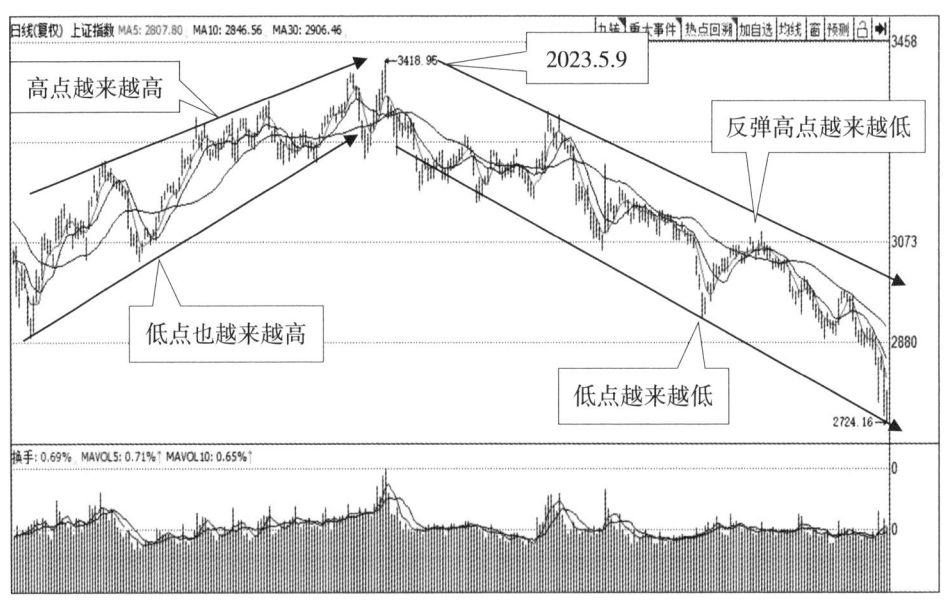

图 1-3　上证指数（000001）日 K 线走势图

从图 1-3 中可以看出，在 2023 年 5 月 9 日之前，上涨指数呈现出逐波上扬的态势。指数在振荡上扬过程中，形成的高点一个比一个高，回调的低点也越来越高，说明指数处于牛市期间；其后指数出现了下跌，且指数在下跌过程中形成的低点一个比一个低，反弹的高点也越来越低，这说明指数处于熊市期间。

没有一直上升的市场，也没有一直下降的市场，有的只是不断的涨涨跌跌。通常所说的上升趋势，也只是下跌的低点和上涨的高点逐渐走高，从整体上呈现出明显的上升态势。如图 1-3 中上证指数在 2023 年 5 月 9 日之前的走势一样，尽管整个指数呈现出了上升趋势，但在上升过程中还伴随着若干次的回调。下跌趋势也是如此，在股价下跌过程中，也同样伴随着若干次反弹，如图 1-3 中上证指数在 2023 年 5 月 9 日之后的股价走势一样。

二、均线与股价运行趋势

既然股价运动带有明显的趋势性，那么，从理论上来说，投资者只要按照股价的运行趋势进行交易就可以了。不过，股价的波动非常频繁，在某一个交易日，股价可能会受市场情绪或外围消息的影响而出现大幅上涨或下跌。尽管单一交易日的暴涨或暴跌对股价整体的运行趋势影响不大，但却会为投资者判断股价运行趋势带来极大的困扰。这些极端交易日的股价低点或高点，可能会打破原有的运行趋势，从而造成投资者的"误判"。引入均线系统后，单日的股价波动对整条均线走势的影响小很多，这就会大大降低投资者"误判"的概率。

下面来看一下山东矿机的案例，如图 1-4 所示。

如图 1-4 所示，山东矿机的股价自 2024 年 2 月初进入了上升通道，该波段上升一直持续到了 5 月中旬。不过，该股股价的上攻之路不是一帆风顺的，在上涨过程中，该股股价出现了多次大幅调整，特别是 3 月 2 日、4 月 16 日和 5 月 8 日，该股股价均出现了大幅下跌。如果投资者只是根据股价 K 线来研判其运行趋势的话，很可能在 4 月 16 日或 5 月 8 日之前做出股价上升趋势终结的判断，毕竟股价 K 线出现了恶劣的下跌态势。这时若从均线角度，特别是中期均线（以 30 日均线）角度来看，均线的运行就要平稳得多，一直到 5 月中旬以后，30 日均线才出现拐头向下的趋势，这也是股价上升趋势终结的第一个重要信号。也就是说，在分析股价运行趋势时，若将分析对象从股价 K 线替换为均线，投资者将会过滤掉很多"无效"信号，这样能更加有效地追踪真正的股价趋势。

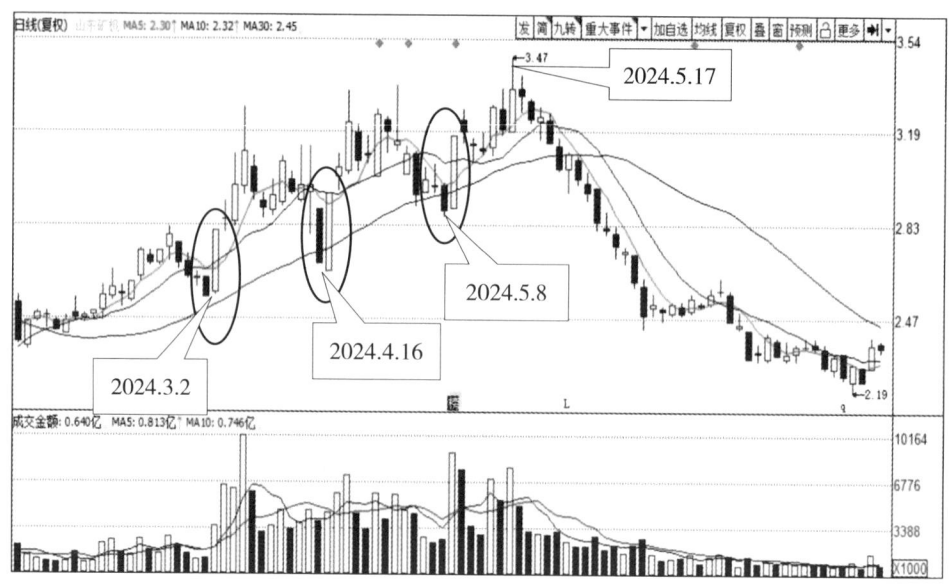

图 1-4 山东矿机（002526）日 K 线走势图

第二节 均线分析基础理论

作为股价 K 线的伴生指标，均线指标在日常股价走势分析方面拥有无可替代的优势。均线分析之所以有效，在于其基础的理论依据。

一、均线趋势分析基础之道氏理论

在目前的证券投资领域，查尔斯·亨利·道提出的道氏理论，被认为是所有技术分析的鼻祖。当然，查尔斯·亨利·道本人并不认可自己的理论能够预测股票价格运行趋势，他只是将自己的理论看成是市场趋势的一个晴雨表，但这并不妨碍后来的投资研究者将道氏理论应用于个股股价走势的分析与判断上。在均线指标领域，道氏理论更是重要的基础理论之一。

1. 股价运动形态：上升与下降

按照道氏理论，所谓的上升趋势，并不是说股价会一直上涨而没有下跌，而是其下跌的低点和上涨的高点逐渐抬升，从整体上呈现出明显的上升态势。按照上升趋势的定义，可将上升趋势简化为一个简单的模式，如图 1-5 所示。

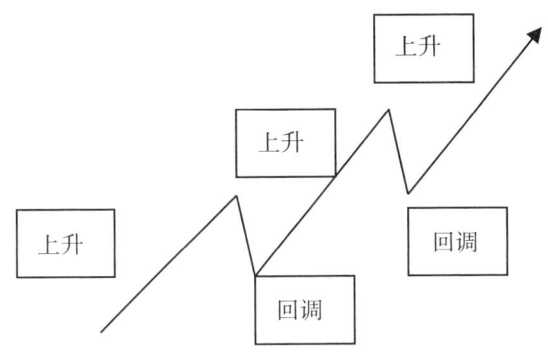

图 1-5　上升趋势简化模式

从图 1-5 中可以看出，一个完整的上升趋势中，包含了若干次的上升与回调，且每次上升都会将股价推向更高的高点，在股价回调时，一般不会跌破上一次回调的低点。

上升趋势存在这种基本的结构，其内在原因有以下几点。

第一，当股价出现一定幅度的上涨后，很多持股者基于兑现已经获得的利润，会选择卖出部分或全部的股票，因此股价回调将在股价上涨一段时间之后出现，这是不可避免的。

第二，股价自高点回调时，很多之前错过该股的投资者，会在股价回调至一定点位后纷纷入场建仓，从而推动股价重新上涨。

第三，投资者的心理作用与股价运行趋势往往是相辅相成的。如越来越多的投资者认可股价处于上升趋势，那么股价的上涨就会更快，回调则会更加短促，因为很多场外的投资者都会担心抢不到廉价的筹码。

第四，由于投资者的心理作用和先前很多未成交买盘的存在，使得处于上升趋势中的股价在回调至某一重要支撑位时，往往更容易受到支撑而重新上升。

图 1-5 所示的上升趋势结构只是一个示例，在具体的实战中，股价的上升趋势会比这个模式复杂得多。下面来看一下平潭发展的日 K 线走势图，如图 1-6 所示。

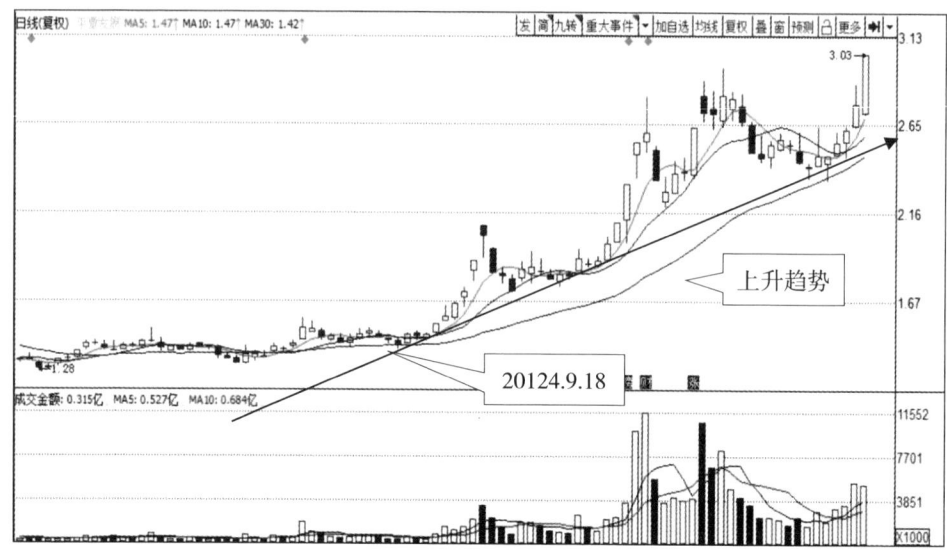

图 1-6 平潭发展（0005925）日 K 线走势图

如图1-6所示，平潭发展的股价在2024年年中时段出现了横向振荡走势。2024年9月18日出现了一次调整后，开始启动大幅上升走势。其后，该股股价每上升一段时间就会出现回调，且股价回调的低点一个比一个高。这些回调低点大部分都在中期均线附近，由此可见，这些中期均线对股价具有较强的支撑作用。

与上升趋势相反，所谓的下降趋势，并不是说股价会一直下跌而没有上涨，而是其反弹的高点和下跌的低点逐渐降低，从整体上呈现出明显的下降态势。按照下降趋势的定义，可将下降趋势简化为一个简单的模式，如图1-7所示。

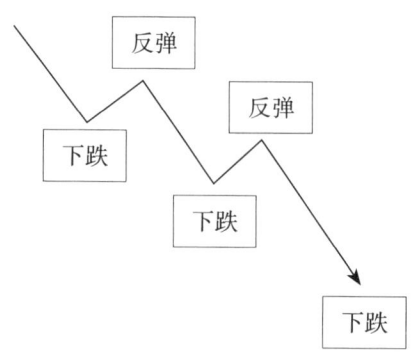

图 1-7 下降趋势简化模式

从图1-7中可以看出，一个完整的下降趋势中，包含了若干次下跌与反弹，且每次下跌都会将股价推向更低的低点；股价反弹时，一般不会突破上一次反弹的高点。

下降趋势存在这种基本的结构，其内在原因有以下几点。

第一，当股价出现一定幅度的下跌后，很多持币者将当前价位看成理想的入场点（毕竟与下跌起始点位相比，股价已经有了较大的跌幅），于是纷纷入场买入股票，促使股价出现反弹向上的走势。

第二，股价自低点反弹时，很多之前没有卖出该股的投资者，会在股价反弹至一定点位后抛出手中的筹码，从而推动股价重新下跌。

第三，投资者的心理作用与股价运行趋势往往是相辅相成的。如果越来越多的投资者认可股价处于下跌趋势，那么股价的下跌就会更快，反弹也会更加短促，因为很多场外投资者都会担心股价难以形成反弹或上升行情，从而选择持币观望。这也是熊市持续时间往往要长于牛市的原因所在。

第四，由于投资者的心理作用和先前很多套牢盘的存在，使得处于下跌趋势中的股价在反弹至某一重要阻力位时，往往更容易受到阻力而重新下跌。

图1-7所示的下降趋势结构只是一个示例，在具体的实战中，股价下降趋势会比这个模式复杂得多。下面来看一下机器人的日K线走势情况，如图1-8所示。

图1-8　机器人（300024）日K线走势图

如图1-8所示，机器人的股价在2024年3月18日触及短期高点后开启了一波振荡下跌走势。其后，该股股价每下跌一段时间后就会出现反弹，不过反弹的高点一个比一个低。同时，这些反弹的高点往往与前期上升趋势形成的短期高点相一致，这说明前期的高点位或低点位也会对股价产生一定的阻力作用。

2. 股价运动类型：主要运动、次级运动与日内运动

在道氏理论中，股价运动被细分为三类基本的运动，即主要运动、次级运动和日内波动。

（1）主要运动

股市的主要运动决定了市场上大多数股票价格的运动方向，而股市的主要运动又不可避免地与经济基本面相关联。当国民经济向好时，股市往往处于牛市期间；反之，则可能处于熊市期间。在牛市行情中，大部分股票都会有上佳的表现；反之，在熊市中，大部分股票都会出现下跌走势。换句话说，了解和掌握股市主要运动的方向和阶段，是投资者入场交易前的必修课。

（2）次级运动

从某种意义上说，次级运动就是主要运动的一次反向运动。次级运动有以下几个特点。

第一，它与主要运动的方向相反，即牛市期间的次级运动都是下跌运动；熊市的次级运动都是上升运动。关于这一点，亚历山大·汉密尔顿（Alexander Hamilton）曾经在文章中写道："二十多年讨论这个话题所得到的经验告诉我们，市场中的次级运动本身，并不与牛市的主要运动规律相一致。牛市中的次级运动仅与熊市在方向上相同，而本质上却大相径庭。"

第二，回调或反弹的幅度要小于主要运动运行的幅度。若其超出主要运动的幅度，那就不再是次级运动，而是主要运动了。

第三，持续时间相对较短。通常为三周到数月不等。

第四，次级运动不可能改变主要运动的方向。

通常情况下，在一个主要运动中，不可能避免地会出现若干次次级运动，这些次级运动本身也是主要运动的组成部分。

下面来看一下上证指数收盘价线走势图，如图1-9所示。

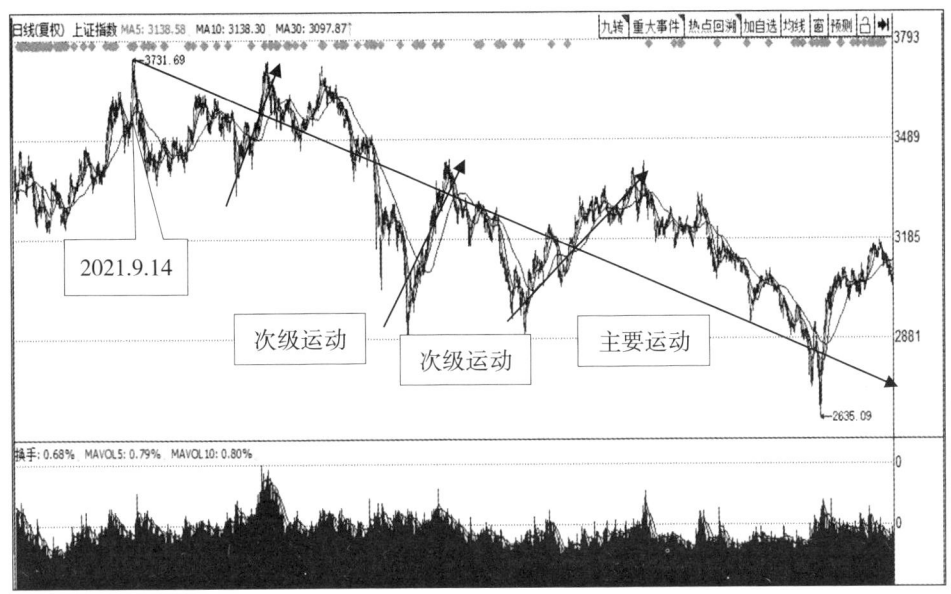

图 1-9　上证指数（000001）日收盘价线走势图

如图 1-9 所示，上证指数自 2021 年下半年走出了一波大熊市行情，指数低点不断被刷新。不过，在这波振荡下跌过程中，上证指数也曾经历了若干次反弹。大家可将上证指数从 2021 年 9 月到 2024 年 2 月之前的走势定义为主要运动，即熊市运动。同时，在整个熊市运动内部，又包含了几次反向运动，即次级运动。

（3）日内波动

股票不可避免地会被人为操纵，但其只能控制日间波动，很少能控制主要运动，从这点上来说，人为操纵对股市的影响非常有限。道氏理论强调，仅根据一天股票价格的走势去判断股价运行趋势是不现实的，但是，即使再大的行情或运动，也是由日复一日的日间波动组合而成的。

研究日间波动的本意是找到人为操纵的痕迹，然后试图从中获利。日间波动以及由日间波动衍生的小型趋势，尽管不能改变股市的整体运动趋势，但是却可以改变个股短期的运行态势。

下面来看一下三丰智能的案例，如图 1-10 所示。

从图 1-10 所示，三丰智能的股价在 2024 年 11 月 26 日出现了一波较大幅度的波动。

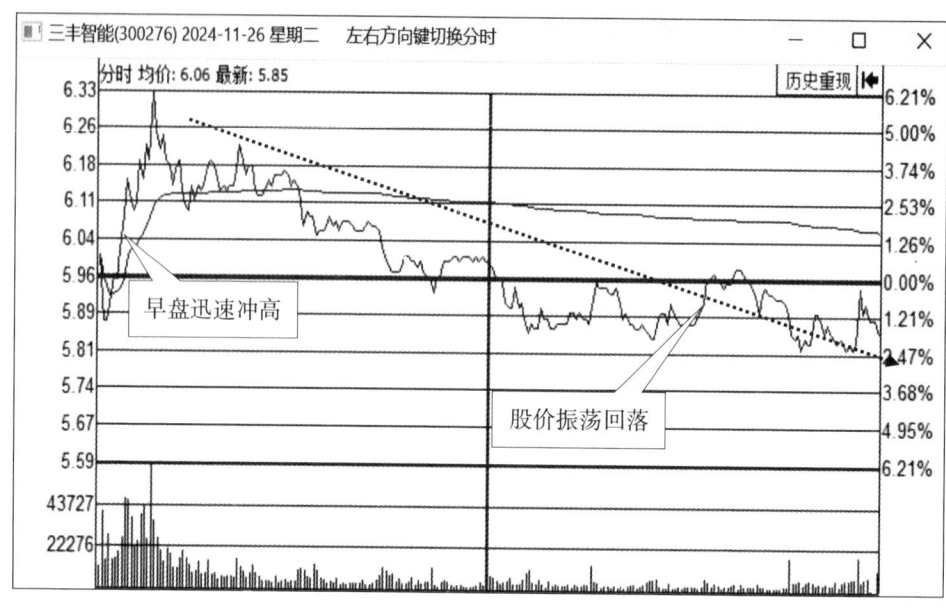

图 1-10　三丰智能（300276）分时走势图（2024.11.26）

2024年11月26日早盘开盘后，股价线向上穿越开盘价，其后股价直线走高，给人一种股价开始快速上攻的感觉。正当投资者认为股价还将继续上攻时，其股价却反向开启了振荡下跌模式。进入尾盘阶段，该股股价甚至以下跌 1.85% 收盘。

站在日内波动的角度来看待分时走势图，确实可以发现股价波动比较剧烈，很容易让人产生股价大趋势会发生改变的感觉。将日内波动放到主要运动中去就会发现，无论多么剧烈的日内波动，都只是主要运动中的一个非常微小的组成部分，根本不足以改变主要运动的趋势方向。也正因如此，道氏理论一直强调，中长线投资者不应该关注股票价格的日内波动。

二、均线趋势分析基础之葛兰碧八大法则

1960年，葛兰碧（Joseph E.Granville）在其所著的《每日股票市场获最大利益之战略》一书中，首先提出了判断股价买卖时机的八项法则。这八项法则，到今天都是投资者交易股票依据的最基础原则。

葛兰碧均线操作八大买卖法则单纯以股价与移动平均线之间的关系作为研判的依据，由此确定买入点和卖出点，如图 1-11 所示。

第一章 均线指标：窥探股价运行趋势

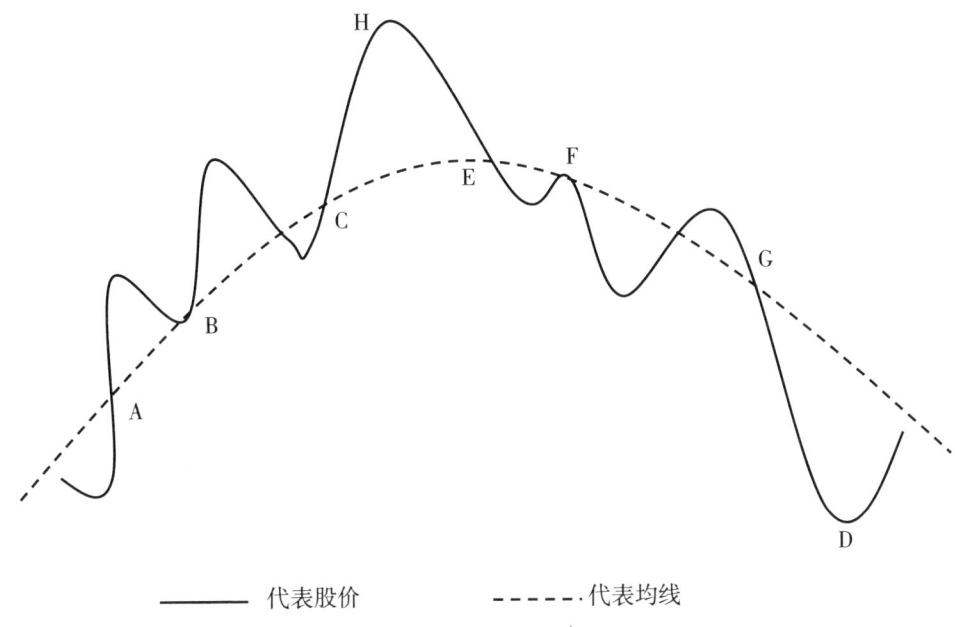

图 1-11 葛兰碧均线操作八大法则示意图

概括起来，葛兰碧均线交易法则涵盖了四项买入法则和四项卖出法则。

买入法则一：突破买入

均线从下降逐渐走平且略有向上方抬头迹象，股价从均线下方向上突破均线时，是买进信号（图 1-11 的 A 点）。

法则解析：从均线构成来讲，其本质是一条持仓成本线。当股价运行均线下方时，市场上大多数投资者都处于亏损状态，此时股价要上行其实是有很大困难的。当股价触及均线位置时，很多底部入场者会将其看成较佳的兑现或解套时机，于是纷纷卖出手中的股票。股价突破均线往往需要成交量的放大相配合，正因如此，一旦股价完成了对均线的突破，就意味着有更多的大资金入场，这些资金入场后，势必会拉动股价继续上行，这也是股价形成金叉后，成为最佳买入时机的原因所在。

该项法则的操作要点包括以下几点。

第一，均线放平或开始上倾，是买入的前提条件。出现该信号，说明股价下行趋势已经终结或即将终结。

第二，股价自下而上完成对均线的穿越，是该法则最明显的特征，也是必要条件。

第三，股价完成对均线穿越时，若成交量同步放大，则可增强买入信号的有效性。

买入法则二：回调不破

均线处于上升之中，股价在均线之上运行，若股价下跌，在均线位置获得支撑后再度上涨，是买进信号（图1-11的B点）。

法则解析：股价处于上升趋势时，市场上大部分投资者都处于盈利状态，基于赚钱效应，很多场外资金都在等待更佳的入场时机。与此同时，由于股价的上升，市场上有很多获利盘存在兑现盈利的倾向。因此，主力在拉升一段时间后，会有洗盘清理活动筹码的需求，这些活动筹码对未来继续拉升股价非常不利。正基于此原因，股价上升一段时间后会出现回落。此时，场外资金会将均线位置看成较佳的入场时机，当股价回调至均线附近时，场外投资者入场推升股价，主力也会趁机重新拉升。此时，往往是投资者加仓的好时机。

该项法则的操作要点包括以下几点。

第一，随着股价的回调，均线可能只是放缓上升的角度或稍稍放平，并不会出现拐头向下的态势，这是股价上行走势的基础。

第二，股价回调至均线位置，因受均线支撑而再度上升，这说明均线对股价具有较强的支撑作用，未来这种支撑作用还将一直存在。

第三，股价向均线回调时，成交量出现萎缩态势；当股价遇支撑重新上攻时，若成交量同步放大，则可增强股价上升的概率。

买入法则三：小幅跌破

均线处于上升之中，此时股价向下跌落至均线下方，但均线短期内依然保持上升势头，不久股价又重新回到平均线之上时，为买进信号。但如果股价水平已经相当高，这一条只能作参考用（图1-11的C点）。

法则解析：股价在上涨或下跌过程中，都会具有一定的惯性，即当股价回调时，很多获利盘就会兑现利润，推动股价加快回调。有时候主力也有趁机低吸的动机，因而没有在均线位置进行防御，故意让股价跌破均线，使得更多的投资者误认行情走坏而出逃，主力则趁机吸收更多的筹码。此后，经过短暂吸筹后，主力快速拉升股价上行，这说明股价走势仍处于强势区间，

第一章 均线指标：窥探股价运行趋势

投资者可继续追涨买入。

该项法则的操作要点包括以下几点。

第一，股价跌破均线的时间对后市走势具有重要的影响。若股价在均线下方维持的时间很短，则未来股价走势会比较强；反之，若股价在均线下方停留时间很长，则未来股价走势可能会比较弱。

第二，股价向均线回调时，成交量出现萎缩态势；当股价重新上攻时，若成交量同步放大，则可增强股价上升的概率。

第三，股价跌破均线时，若该均线或更长周期的均线仍处于上行趋势，则可增强股价继续走强的概率。

下面来看一下华峰铝业的股价走势情况，如图1-12所示。

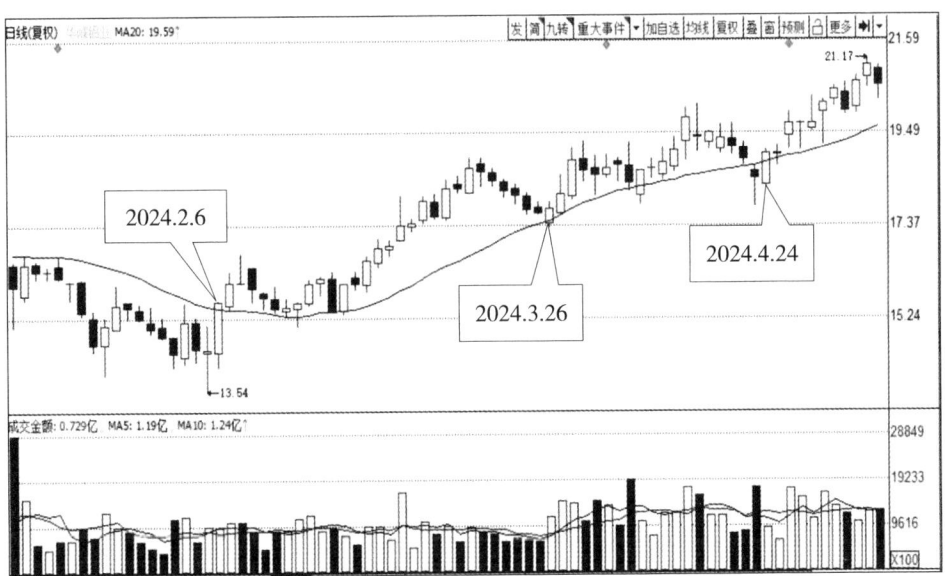

图1-12 华峰铝业（601702）日K线走势图

如图1-12所示，华峰铝业的股价经过一段时间的下跌后，在2024年2月5日触及了阶段低点。此后，该股股价出现振荡上扬走势。2月6日，该股股价完成了对20日均线的突破，这就是葛兰碧买入法则一中所列的突破买入A点。此后，该股股价在上升过程中出现了多次回调走势，当股价回调至均线位置时，均因均线的支撑而重新上扬，这就是葛兰碧买入法则二中的回调买入B点。2024年4月中旬，该股股价下跌并跌破了20日均线，随后股价重新上升，重新完成了对均线的突破，这就是葛兰碧买入法则三中的小幅跌破后突破买入C点。

买入法则四：乖离过大

股价在均线下方突然加速下跌，远离均线位置，这是超卖现象，此时股价有向均线靠拢的回升机会，此为买进信号（图1-11的D点）。

法则解析：物极必反，盛极而衰。股价不会一直上涨，也不会一直下跌。当股价连续大幅下跌后，很多套牢者开始纷纷割肉离场。股价距离均线较远，即股价与均线产生较大的乖离时，会有很多场外资金将其看成较佳的抄底时机，于是纷纷入场推动股价上行。当然，这一看涨信号的有效性和涨幅可能都会弱于前三个，毕竟反弹有可能只是昙花一现。

该项法则的操作要点包括以下几点。

第一，股价经过一系列较大幅度的下跌之后，股价K线与均线之间产生了较大的距离，这是股价反弹的必要条件。

第二，股价大幅下跌时，可能会有成交量放大相配合，这是很多投资者割肉所形成的，是一种无法持续的放量形态，这也是股价未来反弹的基础。

第三，股价反弹至均线附近时，可能会因为均线的阻力而重新下跌，这种下跌也是抢反弹的投资者兑现利润离场造成的。

总之，按照此法则入场的投资者需要控制好仓位，防范风险。

下面来看一下力帆科技的案例，如图1-13所示。

如图1-13所示，自2023年下半年开始，力帆科技的股价就一直处于振荡下跌态势。到2024年1月，该股股价下跌的速度有加快的态势。伴随着股价跌速加快，其与均线之间的距离也是越来越大，这就意味着股价K线与均线之间的乖离率持续放大，股价K线存在超跌的现象，这是股价即将反弹的一个信号。

2024年2月6日，力帆科技的股价出现了放量反弹走势，这就是较为明确的买入信号，符合葛兰碧买入法则四，属于乖离过大买入D点。

卖出法则一：跌破卖出

均线从上升逐渐转为走平，当股价从均线上方向下跌破均线时，说明抛盘压力增大，为卖出信号（图1-11的E点）。

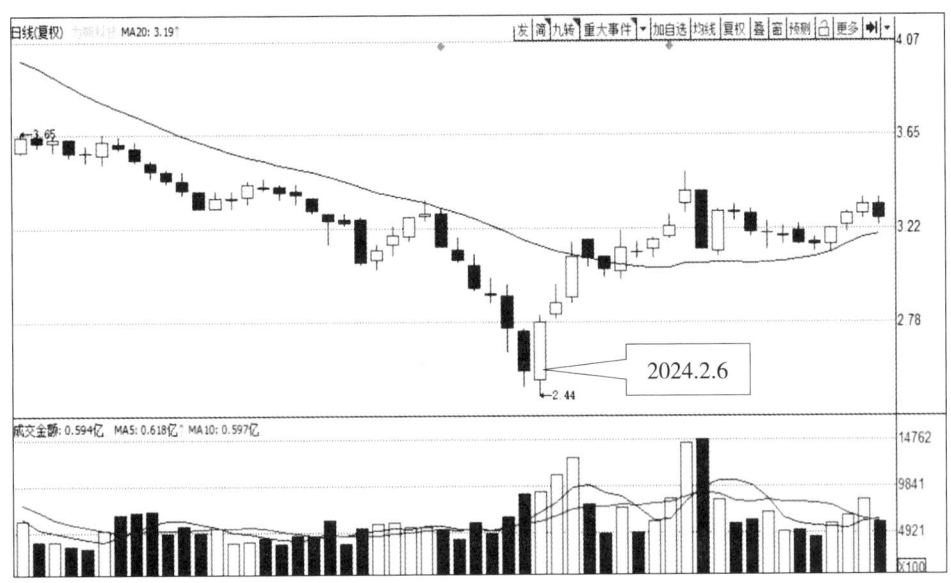

图1-13 力帆科技（601777）日K线走势图

法则解析：股价自上而下跌破均线，意味着市场上的高位入场者开始出现亏损，即股价低于均线。由于市场上大部分投资者都处于亏损状态，场外资金就失去了入场的意愿。场内投资者由于股价下行，抛盘将会越来越多，从而推动股价继续走低。

该项法则的操作要点包括以下几点。

第一，均线放平或开始下倾，是卖出的前提条件。出现该信号，说明股价上行趋势已经终结或即将终结。

第二，股价自上而下完成对均线的穿越，是该法则最明显的特征，也是必要条件。

第三，股价完成对均线的向下穿越时，并不需要成交量放大相配合，但若成交量出现放大态势，则可增强卖出信号的有效性。

卖出法则二：反弹不过

均线处于下降趋势中，股价在均线下方运行，之后股价一度反弹至均线附近，但遇到阻力再度下跌，此为卖出信号。一般来说，在下跌行情中常会出现这种短暂反弹现象（图1-11的F点）。

法则解析：股价处于下降趋势时，市场上大部分投资者都处于亏损状态，很多投资者都在等待解套时机。由于股价反弹，市场上有很多套牢的投资者看到了解套机会后，就会纷纷卖出股票。股价反弹没有向上突破均线，则意味着没有新的资金或主力入场抢筹，随着卖盘不断增多，股价势必会重回跌势。

该项法则的操作要点包括以下几点。

第一，随着股价的反弹，均线可能只是放缓下降的角度或稍稍走平，并不会出现拐头向上的态势，这是股价下行走势的基础。

第二，股价反弹至均线位置，因受均线阻力而再度下降，这说明均线对股价具有较强的阻力作用，未来这种阻力作用还将一直存在。

第三，股价向均线反弹时，成交量若无法持续放大，则可增大反弹失败的概率。

卖出法则三：小幅突破

均线缓慢下降，股价虽然一度上升至均线上方，但均线短期内仍保持下跌势头，不久股价又重新回到平均线之下时，为卖出信号（图1-11的G点）。

法则解析：下降趋势中，股价出现反弹时，股价越靠近均线，就会有越多的套牢盘止损撤出，从而增加了股价反弹的难度。若股价能够成功突破均线，很多场外资金就会将其看成趋势反转信号，纷纷入场买入。主力则利用散户的这种心理，故意将股价拉升至均线上方，以方便自己出货。当入场追涨盘进入后，主力反手向下打压股价，将这部分追涨的投资者套牢，接着股价就会重新回到下跌通道。

该项法则的操作要点包括以下几点。

第一，股价突破均线的时间对后市走势具有重要的影响。若股价在均线上方维持的时间很短，则未来股价走势会比较弱；反之，若股价在均线上方停留时间很长，则未来股价走势可能真的存在反转的概率。

第二，股价向上突破均线时，若该均线或更长周期的均线仍处于下行趋势，则可增强股价继续走弱的概率。

如图1-14所示，喜临门的股价自2024年6月3日跌破了20日均线后，正式进入了下跌通道。该股股价下跌过程中，出现了若干次反弹，但都受到均线的阻力而重新进入下跌通道。

第一章　均线指标：窥探股价运行趋势

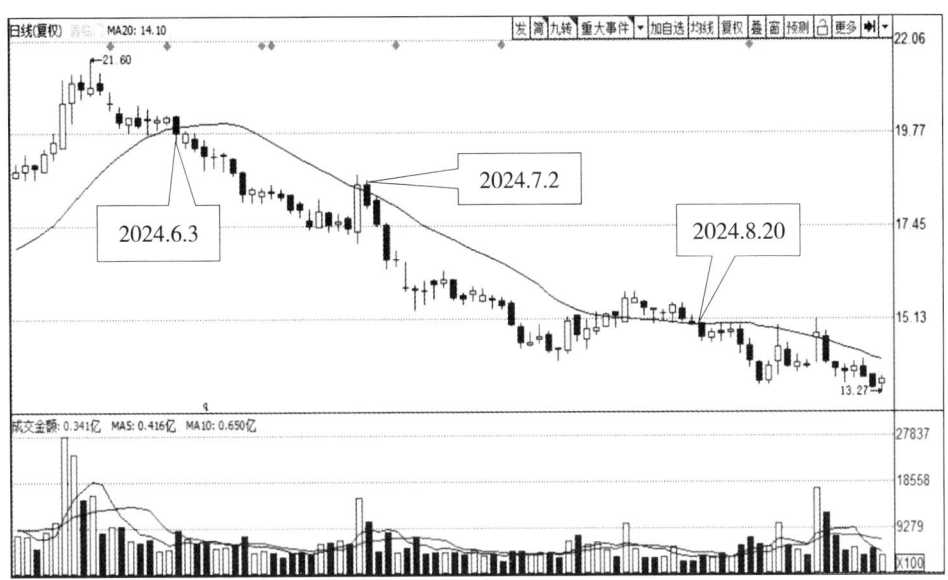

图1-14　喜临门（603008）日K线走势图

2024年6月3日，喜临门的股价首次跌破了20日均线，这是葛兰碧卖出法则一中的跌破卖出E点；此后，该股股价经过一波下跌后出现反弹走势，甚至一度接近20日均线。7月2日，该股股价即将完成对20日均线的突破时，重新回归了下跌通道，这就是葛兰碧卖出法则二中的反弹不过F点；此后，该股股价再度进入下跌通道。进入8月份后，该股股价一度向上完成了对均线的突破，但很快在8月20日重新跌回了均线下方，这就是葛兰碧卖出法则三中的小幅突破G点。

卖出法则四：乖离过大

股价在均线上方运行时突然暴涨，距离均线越来越远，表示近期买入的持股者皆有利可图，随时可能出现获利回吐，股价不久将会回档，此为卖出信号（图1-11的H点）。

法则解析：当股价连续大幅上涨，股价距离均线较远，即股价与均线产生较大的乖离时（后面会讲解乖离率指标），很多获利者会纷纷止盈离场，股价就会出现走低。当然，这一看跌信号的有效性和跌幅可能都会弱于前面三个，毕竟这在本质上也是一种回调，也有可能会在均线处受到支撑而重新上涨。

该项法则的操作要点包括以下几点。

第一，股价经过一系列较大幅度的上涨之后，股价K线与均线之间产生了较大的距离，这是股价回调的必要条件。

第二，股价大幅上涨时，可能会有成交量放大相配合。当成交量无法持续放大时，股价就会回调。

第三，股价回调至均线附近时，可能会受到均线的支撑而重新上涨。这种上涨是因为很多投资者将均线位置看成较佳入场位而引发的。

下面来看一下万盛股份的案例，如图1-15所示。

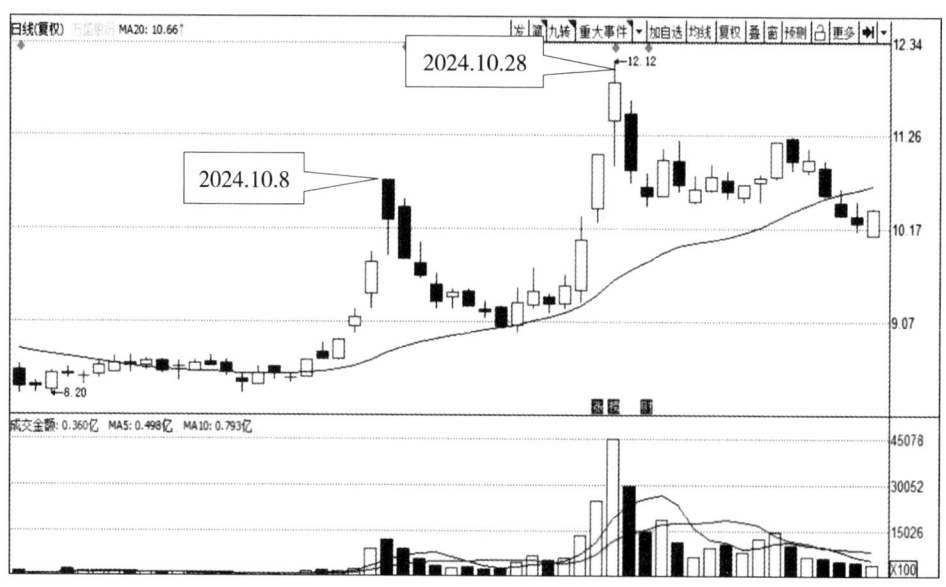

图1-15　万盛股份（601088）日K线走势图

如图1-15所示，在2024年9月下旬，万盛股份的股价出现了连续大幅上涨的走势。10月8日，该股股价在前一交易日大幅上涨的基础上，再度高开之后出现了低走的态势。此时，由于该股股价连续大幅上涨，已经与20日均线产生了较大的距离，即股价与20日均线产生了较大的乖离，意味着股价很可能会启动一波修复下行走势。此后的10月28日，该股股价再度出现了乖离过大的情况，投资者仍应该以卖出操作为宜。

基于以上分析，该股走势基本符合葛兰碧卖出法则中的"乖离过大"原则，持股投资者宜暂时卖出避险。

第三节 均线指标三大核心效用

作为股价 K 线的核心伴生指标，均线指标对投资者交易活动的重要性不言而喻。均线指标最核心的效用包括以下三点。

一、趋势识别

趋势识别，是均线指标最主要的一个功能。由于均线指标利用平均数的概念消除了股价不规则的偶然变动，因而其对股价整体运行趋势的把握较为准确和及时，如图 1-16 所示。

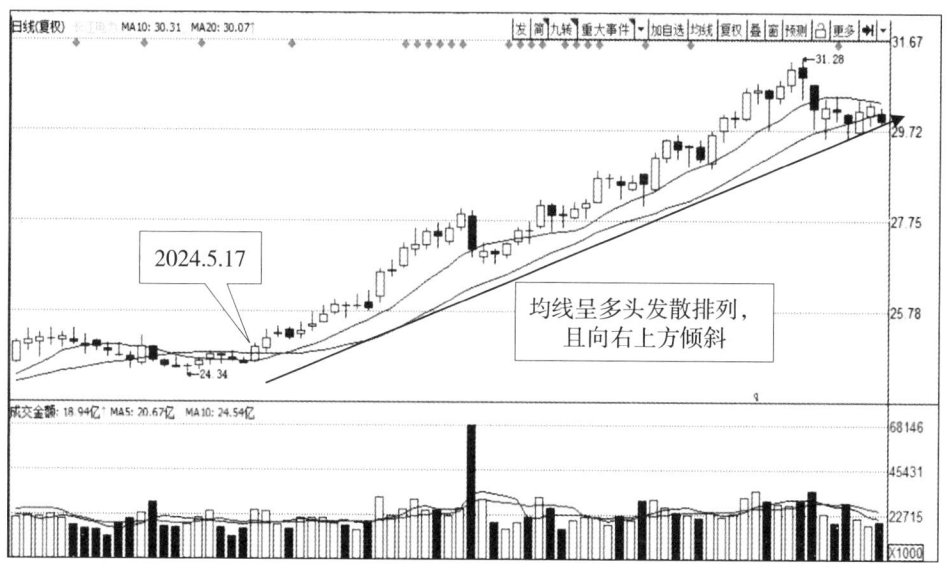

图 1-16　长江电力（600900）均线指标的趋势运动

如图 1-16 所示，长江电力的股价自 2024 年 5 月 17 日开启快速上攻走势，均线指标也随着股价的振荡逐步走高。股价在均线上方运行，均线系统呈多头发散排列，均线向右上方倾斜，这说明股价正处于上升趋势中，投资者耐心持股即可。

顺势操作，是所有投资者的共识。认清股价运行所处的趋势并准确地把握趋势，是每位投资者都应该具备的能力。均线指标中短期均线、中期均线与长期均线的交叉、位置交替、黏合以及发散等，都可能显示出股价运行趋势的变化。不过，这种趋势有些属于短线运行趋势转向，有些属于中长线运行趋势变化。通常情况下，出现以下三种情形，意味着股价处于或即将进入上涨趋势中。

第一，股价K线自下而上携量突破均线，且均线呈多头发散排列。

第二，股价出现回调时，短期均线随之下行，并在遇中期均线支撑后重现上升，则说明股价上行趋势未变。

第三，短期均线自下而上穿越中期均线、长期均线，且股价K线位于短期均线上方，则说明股价即将启动一波上升走势。

当股价处于下跌趋势中，均线指标表现出来的特征与上述情形刚好相反。

二、多空力量判断

众多周知，股价上涨或下跌是多空双方争斗的结果，多方占据主动，则股价上涨；空方占据主动，则股价下跌。任何一方都不可能一直处于强势领导地位，当一方力量衰减时，另一方就有可能趁势出击，夺取股价的主导权。正因如此，投资者如果能够准确掌握多空力量的变化，就能更加准确地预测未来股价运行的趋势。均线指标中的每条均线，都是多空力量的分界线，如图1-17所示。

如图1-17所示，成都华微的股价经过一段时间的振荡下跌后，2024年9月25日，股价K线向上突破多条均线，此后股价K线一直在均线上方运行，这说明股价高于大多数投资者的成本，也就是说，买入该股的大多数投资者都处于盈利状态。这种状态说明多方已经占据优势地位，未来股价继续上涨的概率非常高。

均线指标中，每条均线都是多空力量强弱的分界线，即短期均线是一条短期内多空双方力量对比的分界线，长期均线是一条在较长周期内多空双方力量对比的分界线。通常情况下，出现以下几点情况，意味着多空力量将要发生变化。

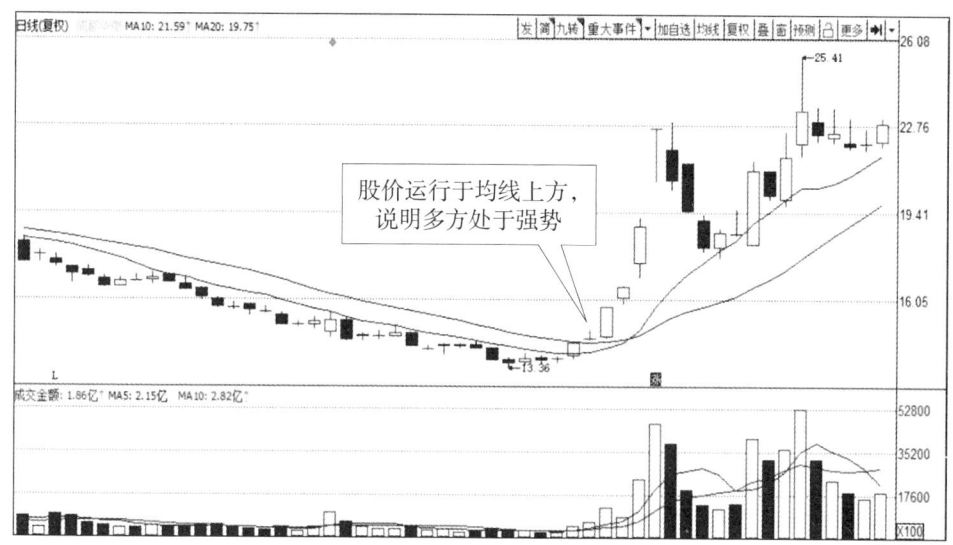

图 1-17 成都华微（688709）均线指标多空变化

第一，股价运行于均线上方，说明多方呈强势。一旦股价自上而下跌破均线，则说明股价由多方主导变为空方主导。

第二，股价运行于均线下方，说明空方呈强势。一旦股价自下而上突破均线，则说明股价由空方主导变为多方主导。

第三，股价运行于均线上方，距离均线越远，说明多方实力越强大；反之，股价运行于均线下方，距离均线越远，说明空方实力越强大。

三、买卖点预判

与其他技术指标相似，寻找股票最佳买卖点，也是均线指标最主要的作用之一。相对于其他技术指标，均线指标由于与 K 线走势同步，因而其发出的买入与卖出信号更加及时，如图 1-18 所示。

如图 1-18 所示，2024 年 9 月 19 日，博通集成的股价经过一段时间的振荡调整后，突然启动上涨。此时，均线指标走势向右上方倾斜，且短期均线运行于中长期均线上方，这说明股价运行态势较强，股价未来继续走高的可能性较大。9 月 19 日，股价 K 线一举向上突破多条均线，且当日成交量比前一交易日放大了数倍，这说明此时是一个较佳买点，投资者可在当日买入该股。

通常情况下，以下情形意味着较佳的买卖点出现。

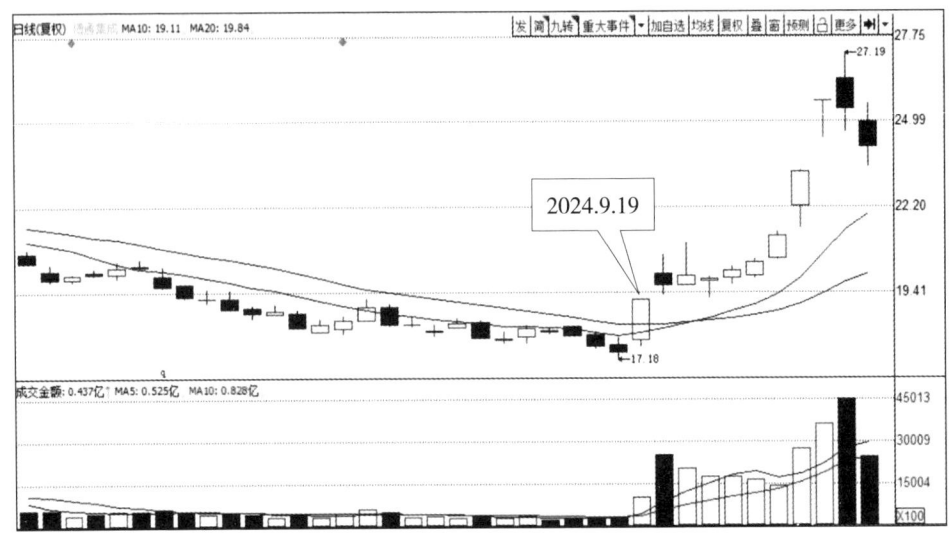

图 1-18　博通集成（603068）的买卖点

第一，短期均线与中长期均线出现黄金交叉，意味着较佳的买点出现。并不是所有的交叉都意味着可以买入股票，只有股价运行于均线上方，且均线开始拐头向上或向右上方倾斜时，才被认为属于较佳买点。

第二，股价向下跌破均线，尤其是中长期均线，同时短期均线与中长期均线呈现死亡交叉，意味着卖点出现。为了保护好本金安全，投资者需要对每个到来的死叉采取相应的减仓措施。当有质量的死叉出现时，应该坚决清仓。

第二章

均线指标：
指标构成及研判要点

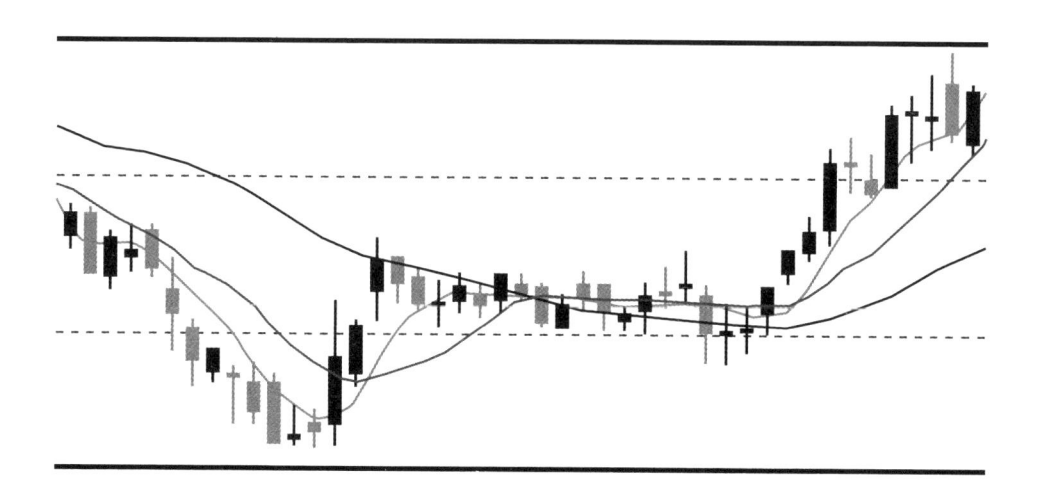

均线分析方法及其理论源于道氏理论趋势分析思想和方法，并由美国投资专家葛兰碧发展而成，其将道氏理论加以量化和具体化，使投资者能够从数字的变化中观察未来的短期、中期和长期趋势，弥补了趋势分析方法的不足。

第一节　均线指标构成及交易含义

均线利用平均数的概念，消除了股价不规则的偶然变动。移动平均线的天数越多，其中包含的偶然性因素就越少，均线显得越平滑，但是其给出的信号也会越滞后；移动平均线的天数越少，均线随股价变动的反应就越灵敏，但是它的稳定性也会越差，如图2-1所示。

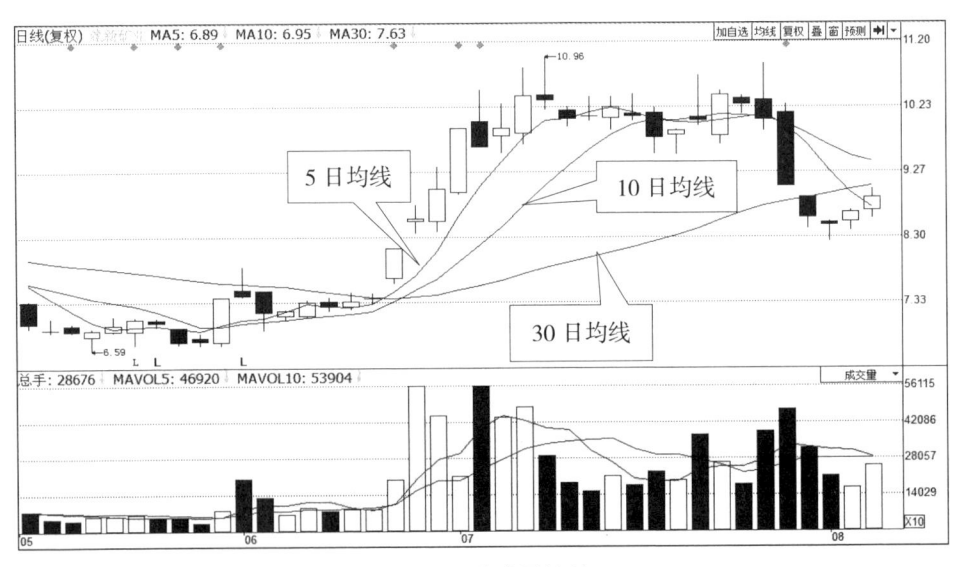

图2-1　移动平均线

按照不同的分析周期，均线可以分为分时均线、日均线、周均线以及月均线等。其中，分时均线出现在5~60分钟的K线图中，适用于短线操作；

周均线和月均线分别出现在周 K 线图和月 K 线图中，适用于长线操作。

日均线又可以根据周期的长短，分为短期均线（n≤10 日，如：3 日均线、5 日均线及 10 日均线等）、中期均线（10＜n≤60 日，如：20 日均线、30 日均线及 60 日均线等），以及长期均线（N＞60 日，如：120 日均线、250 日均线）。

1. 短期均线

短期均线中最常用到的是 5 日和 10 日均线，分别代表一周或两周的平均价（每周实际交易日为 5 天）。短期均线对股价的波动较为敏感，能够揭示市场的短期振荡，发出短线买卖信号。但是由于短期均线波动得较为频繁，所以它不能正确反映行情的长期变化趋势。

2. 中期均线

中期均线中最常用到的是 20 日均线、30 日均线和 60 日均线。中期均线的灵敏度较短期均线要低一些，对市场的中期波动方向具有重要的指示作用。其中，20 日均线代表一个月（4 周）的平均股价，称为月线，在中短线操作时常会被用到；30 日均线和 60 日均线（季线）的波动更具稳定性，是投资者中线操作的重要依据。

3. 长期均线

长期均线中最常用到是 120 日均线和 250 日均线。120 日一般代表了半年的周期，因而常被称为半年线；250 日与股市一年的开市天数相差不多，因而常被称为年线。长期均线的灵敏度差强人意，但具有相当高的稳定性，能够指明行情的长期趋势。

一、移动平均线算法

移动平均线依照计算方法的不同，大致可以分为三种：算术移动平均线、加权移动平均线和指数平滑移动平均线。在这三种均线中，最常用的是算术移动平均线，这也是炒股软件中最基本的移动平均线指标。

1. 算术移动平均线

算术移动平均线，英文简称为"MA"，是指通过计算一组数值的算术平均值得到的均线，其计算方法为将一组数值相加，然后再除以该组数值的个数。算术移动平均线是最简单的均线,也是最为投资者所熟悉的均线。

算术移动平均线(MA)计算公式:

$$MA = (C_1 + C_2 + C_3 + \cdots + C_n) \div n$$

注释:其中 C_n 为选定周期内的每日收盘价,n 为移动平均的周期天数。

例如,将 n 个交易日股票的收盘价分别为 C_1、C_2、$C_3 \cdots C_n$。那么,可以按照下列公式计算 5 日的均值。

第五天的均值为:$(C_1 + C_2 + C_3 + C_4 + C_5) \div 5$

第六天的均值为:$(C_2 + C_3 + C_4 + C_5 + C_6) \div 5$

第七天的均值为:$(C_3 + C_4 + C_5 + C_6 + C_7) \div 5$

……

把计算得到均值画在坐标轴(股价走势图)上,横轴为时间,纵轴为股价,并将它们用曲线连接起来,就得到一条 5 日均线。依据上述原理,可以得到 10 日、20 日等不同时间周期的均线。

2. 加权移动平均线

算术移动平均线将周期内所有的数据都一视同仁,没有考虑其中某一日价格对未来价格的影响因素。但是大家知道,最近的价格波动远远大于过去的价格波动对后市的影响。为了反映市场的实际情况,有人发明了加权移动平均线。

加权移动平均线,英文简称为"WMA",是在移动平均线基础上,认为价格形成的时间越近,对未来价格的波动影响越大,因此加大最近价格在移动平均线上的比重,从而体现其重要性。

加权最常用的方法是线型加权法,即分别按日数顺序给每日收盘价乘以一个加权系数,用以调整各日价格在平均线中所占比例。

加权移动平均线(WMA)计算公式:

$$WMA = (C_1 \times 1 + C_2 \times 2 + \cdots + C_n \times n) \div (1 + 2 + \cdots + n)$$

比如,以 5 日均线为例,从第一天到第五天,分别把各日价格乘以不同的系数 1、2、3、4、5,就得到了以下算式。

$$WMA = (C_1 \times 1 + C_2 \times 2 + C_3 \times 3 + C_4 \times 4 + C_5 \times 5) \div (1 + 2 + 3 + 4 + 5)$$

这样每日股价对均线的影响就发生了变化，第一天的影响最小，为1/15，第二天是2/15……第五天的影响最大，为5/15，这充分体现了时间在顺序上的重要性。

除了线型加权方式之外，还有一种平方系数加权方式，这种方式只是将各日价格所乘的线型系数进行了平方，改成了平方系数，从而使最近的价格拥有了更重的分量。

3. 指数平滑移动平均线

指数平滑移动平均线又称指数平均数指标，英文简称为"EMA"或"EXPMA"。指数平滑移动平均线在计算公式中着重强调了当天股价对股价走势的影响，克服了算术移动平均对于价格走势的滞后性，对趋势的变化更为敏感。

指数平滑移动平均线（EMA）计算公式：

EMA ＝［2×当日收盘价＋前日 EMA＋（n－1）×前日 EMA］÷（n＋1）

指数平滑移动平均线既省略了储存数据资料的麻烦，又省略了运算的麻烦，所以很多技术指标如 MACD、KDJ 等都是以 EMA 值进行运算的。

二、均线设置

投资者可以单独使用某一条均线来判断行情，也可以采取均线组合的方式进行分析。在操作时，日 K 线图往往是观察最多的图表，均线的时间参数大多基于日 K 线设置的。

均线系统的时间参数可以根据投资者的需要自行设定和增减，在实践中，从 3 日到数百日都有人采用。

以同花顺分析软件为例，投资者可以在日 K 线图页面上点击右键，随之出现一系列菜单，其中一项为"指标"选项。把鼠标放在该选项上方会出现 6 个菜单项，分别为："坐标曲线""删除均线""修改均线""设为常用""修改指标参数""指标使用说明"，如图 2-2 所示。点击"修改（P）均线"，就会出现均线参数设置页面，如图 2-3 所示。

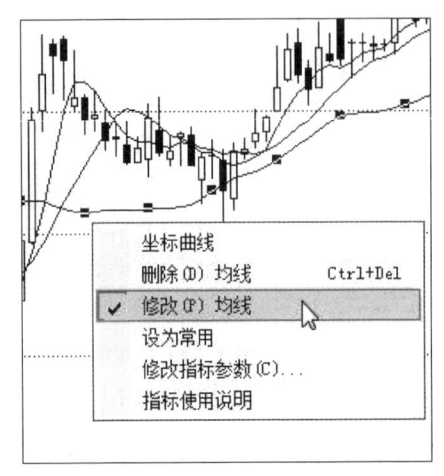

图 2-2　设置均线的参数　　　　图 2-3　均线设置

同花顺分析软件中，均线时间参数设置的最大范围为 8，也就是最多只允许设置 8 条均线。这对于普通投资者来说已经足够了，甚至根本没有必要设置这么多均线。通常均线组合都设为 2～4 条，一般最多不超过 5 条。否则的话，较多的均线会让投资者眼花缭乱，顾此失彼。

由于很多投资者都倾向于短线买卖，所以炒股软件默认的周期设置通常倾向于中短期均线，比如 5 日、10 日、20 日、30 日、60 日等。

目前股市中常用的均线组合有以下几种。

第一种，5 日均线、10 日均线、20 日均线。

第二种，5 日均线、10 日均线、30 日均线。

第三种，10 日均线、30 日均线、60 日均线。

第四种，5 日均线、10 日均线、30 日均线、60 日均线。

第五种，10 日均线、30 日均线、60 日均线、120 日均线。

第六种，30 日均线、60 日均线、120 日均线、250 日均线。

第七种，10 日均线、30 日均线、60 日均线、120 日均线、250 日均线。

第二节　均线基本交易含义

从整体上来看，均线反映的是市场上的投资者在一定时段内的平均持仓成本。但在实战过程中，每条均线都有其特定的交易含义。

一、5日均线——超短线交易利器

5日均线是近5个交易日内的股价或指数平均值连成的曲线，对应的是股价5日均线和指数5日均线。由于我国实行每周5天交易制，所以5日均线在技术分析上就有了重要的意义。

5日均线被称为短线运行的保护线，它反应灵敏，是短线投资者最关注的一条均线，可用作短线进出依据。当股价位于5日均线上方时，表示最近5个交易日买入的投资者基本处于盈利状态；反之，则表示最近5个交易日买入的投资者大多处于亏损状态。

通常来说，5日均线是超短线交易者的最爱。强势股上攻过程中，常常从突破5日均线开始，之后会沿着5日均线上行，股价回调也会在5日均线位置获得支撑。反之，若股价有效跌破了5日均线，则意味着短线行情有终结的可能。

下面来看一下栖霞建设的案例，如图2-4所示。

如图2-4所示，在2024年9月中旬以前，栖霞建设的股价一直处于振荡下行状态，股价运行在5日均线下方。

2024年9月13日，该股股价小幅放量完成了对5日均线的突破，这说明股价短线存在趋势转暖的可能。此后的几个交易日，该股股价一直运行在5日均线上方，5日均线也开始拐头向上，这说明股价对5日均线的突破有效，投资者可考虑短线入场。

此后，该股股价一路振荡上攻。到了10月9日，该股股价跌破5日均线，这说明股价短线有转弱的可能，投资者可考虑获利出场。

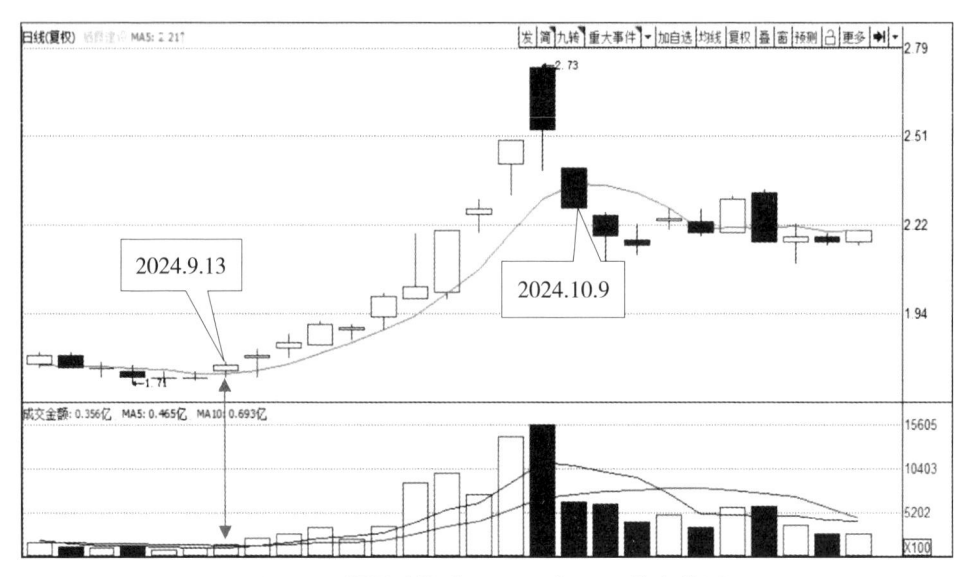

图 2-4 栖霞建设（600533）日 K 线走势图

二、10 日均线——单边连续趋势

由于 5 日均线起伏较大，在振荡行情中很难把握，很多投资者选择 10 日均线作为自己的短线操作工具，因为它不仅能正确地反映短期内股价平均成本的变动和趋势发展情况，而且稳定性相对更高一些，投资者不至于踏空行情或是被严重套牢。

10 日均线是短线波段的生命线，也是短期内多空双方力量强弱的分界线。当股价位于 10 日均线上方运行时，说明多方力量强于空方力量，市场属于强势，股价短期内以上涨为主；相反，当股价位于 10 日均线下方运行时，说明空方力量强于多方力量，市场属于弱势，股价短期内以下跌为主。

10 日均线是反映单边连续趋势的指标，在大盘或个股处于极度强势或极度弱势的情况下，会在一段时间内（通常是连续两周）沿 10 日均线连续运动，一直等到股价跌破或突破 10 日均线为止。许多个股，特别是庄家已经锁仓控盘的股票，在主升阶段，股价往往会沿着 10 日均线上涨，其结束的经典方式是大阴线爆出。

按照股价沿 10 日均线单边趋势持有股票的投资者，需要注意以下几点。

第一，股价突破 10 日均线后沿 10 日均线上行，说明股价处于强势上涨趋势中，投资者可耐心持股或追涨买入。

第二,某一交易日股价若跌破10日均线,且连续三个交易日位于10日均线下方,则说明此次跌破行为为有效跌破,投资者可考虑卖出股票。

下面来看一下中锐股份的案例,如图2-5所示。

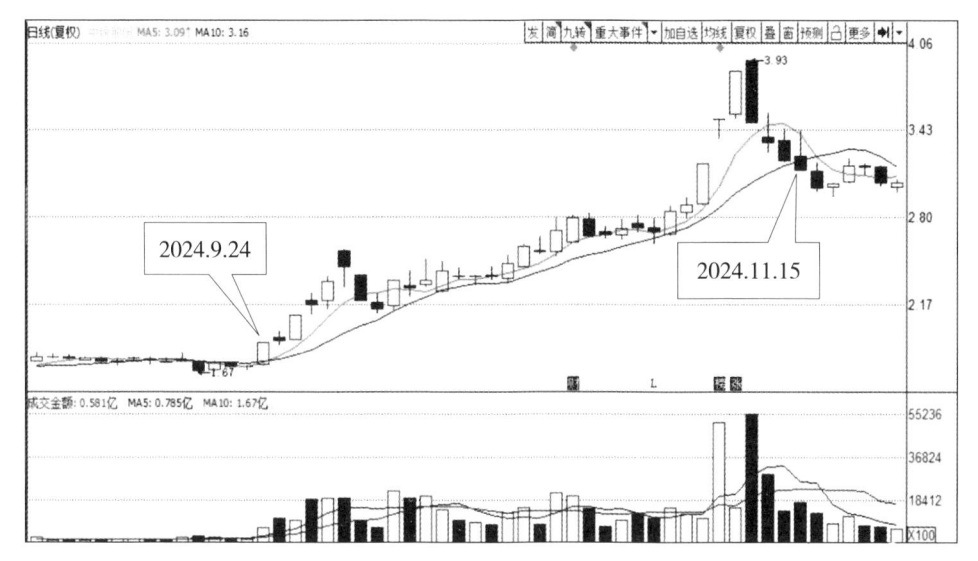

图2-5　10日均线:中锐股份(002374)日K线图

如图2-5所示,2024年9月24日,中锐股份的股价突破了10日均线。之后,股价经过一段时间的振荡盘整后开始快速上涨,且一直处于10日均线上方,这种走势说明该股股价处于极度强势行情中。在后半阶段,2024年11月15日,该股股价跌破了10日均线,其后三个交易日内,股价并未回归10日均线上方,说明此次跌破为有效跌破,投资者宜卖出手中的股票。

三、20日均线——中期趋势跟踪线

由于我国股市开市的时间基本上是每周一至周五,而一个月大概有4周,所以20日均线可以看作是月均线,代表一个月的平均成本。20日均线受到很多投资者的青睐,是投资分析中最重要的辅助均线,其预测底部的准确性极高。

在实战操作中,均线周期太短不容易反映大势,均线周期过长又不利于中短线买卖。更能反映股价和股指中期趋势的20日均线具有广泛的适用性,20日均线不仅为依据5日和10日均线操作的短线投资者提供了中期趋势指导，使短线投资者不至于"只见树木不见森林"，而且避免了30日均线和60日均线反应迟缓的问题，能帮助投资者提前做出预判，所以有人将它称作"万能均线"。

20日均线是中期趋势的跟踪线。20日均线在低位向下运行，当其拐头向上时，往往意味着股价将进入中线上升行情，投资者可以适量买入；20日均线在高位向上运行，当其拐头向下时，通常表示股价将进入中线调整或下降行情，投资者应选择空仓观望。下面来看一下普路通的案例，如图2-6所示。

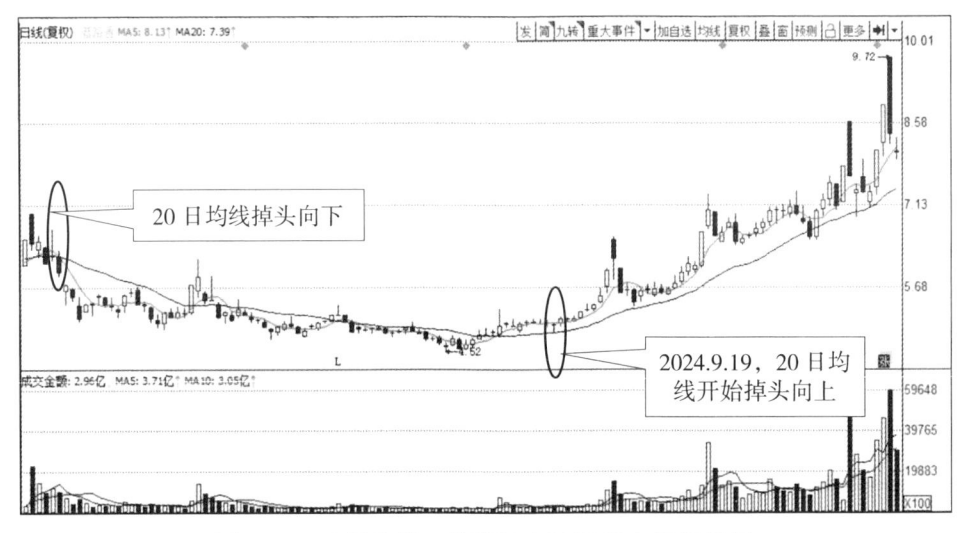

图2-6　20日均线：普路通（002769）日K线图

从图2-6中可以看出，2024年4月中旬到8月中旬，普路通的股价在20日均线下方且与均线同步下降。之后股价经过底部调整，开始掉头向上运行。2024年9月19日，在不断上涨的股价带动下，20日均线出现向上拐头现象。这种走势表明该股将会走出一波中期上涨行情，投资者可以适量买入。只要20日均线不出现拐头向下的情况，投资者就可一路持有。

四、30日均线——中线行情生命线

30日均线属于中期均线的技术范畴，是股价或指数近30天的平均收盘价。通过30日均线，投资者能够知道如何把握波段收益，规避波段风险，能够分析出庄家是否入驻或出货。

30日均线往往是大盘或者个股中线行情的生命线，是波段强弱的分水岭。

30日均线之下的股票就像麻雀，不可能远走高飞；30日均线之上的股票就像雄鹰，30日均线之上才可能展翅高飞。同理，30日均线也决定了大盘的强弱，大盘指数在30日均线之下，投资者最好不要动买入股票的念头，大盘指数在30日均线之上，且30日均线走平或上升，才是做多的最好时机。

如果股价和30日均线皆呈现上升趋势，表明上涨行情仍在继续，投资者可适度追涨。如果股价和30日均线皆呈现下降趋势，表明下跌行情仍在继续，投资者应该坚决空仓。该技巧比较适合中长线投资者使用，对于短线和超短线投资者来说，30日均线显得有些滞后。

股价与30日均线同步上行，操作要点包括以下几项。

第一，30日均线方向向右上方倾斜。

第二，股价向上突破30日均线后，一直沿30日均线同步上行，投资者可一直持有股票。

第三，股价在30日均线上方运行，可能会出现回调，但只要没有跌破30日均线，投资者就可以继续持股。下面来看一下华丽家族的案例，如图2-7所示。

图2-7　30日均线：华丽家族（600503）的日K线图

如图2-7所示，2024年上半年，华丽家族的股价出现了一波下跌行情。2024年7月31日，股价向上穿越30日均线。不过，此时30日均线的方向仍是向下的，说明此时股价的运行趋势仍然是向下的，不是最佳的入场时机。

9月4日，该股股价再度向上突破30日均线，鉴于此时30日均线仍处于下行趋势，投资者可仍旧保持关注。此后，该股股价出现了回调走势。9月25日，当股价回调至30日均线位置时，因受均线支撑而重新上攻，此时30日均线开始出现拐头向上态势，投资者可考虑入场建仓。

此后，该股一直沿30日均线上行。期间，该股也曾回调至30日均线附近，均因受均线支撑而再度上攻。这种走势表明该股一直处于中期上涨行情当中，投资者可以一直持股。如果股价处于低价位区间，投资者还可以适度加仓。

五、60日均线——中期牛熊分界线

60日均线是最近60日收盘平均价的连线，反映了最近三个月的平均成本，对股价或指数的后期走势，尤其是中长期走势有重要意义。相对于其他周期均线而言，60日均线更能清晰地显示行情大的变化趋势，既不过于敏感，也不过分滞后，因而又被称为趋势线。

60日均线为中线行情的分析和判断提供了比较准确的依据，所以在实际运用时受到投资者的青睐。庄家的平均持股成本一般用60日均线来表示。庄家总是在60日均线以下建仓，在60日均线以上出货。通常情况下，股价或指数如能向下有效跌破60日均线，会动摇多头市场，后市看跌；股价或指数如能向上有效突破60日均线，会扭转空头市场，后市看涨。

60日均线是中线牛熊的分界线。如果股价在60日均线上方不断攀升，且均线方向向上，那么表明这只股票正处于牛市行情中，投资者可追涨买入或持股待涨。如果股价在60日均线下方不断下跌，且均线方向向下，表明这只股票正处于熊市行情中，投资者应该果断止损或持币观望。

下面来看一下美克家居的案例，如图2-8所示。

如图2-8所示，自2024年9月27日美克家居的股价向上突破60日均线后，股价在60日均线上方振荡上升。不过，此时60日均线并未拐头向上，保守型投资者可继续等待，激进型投资者可考虑少量建仓。

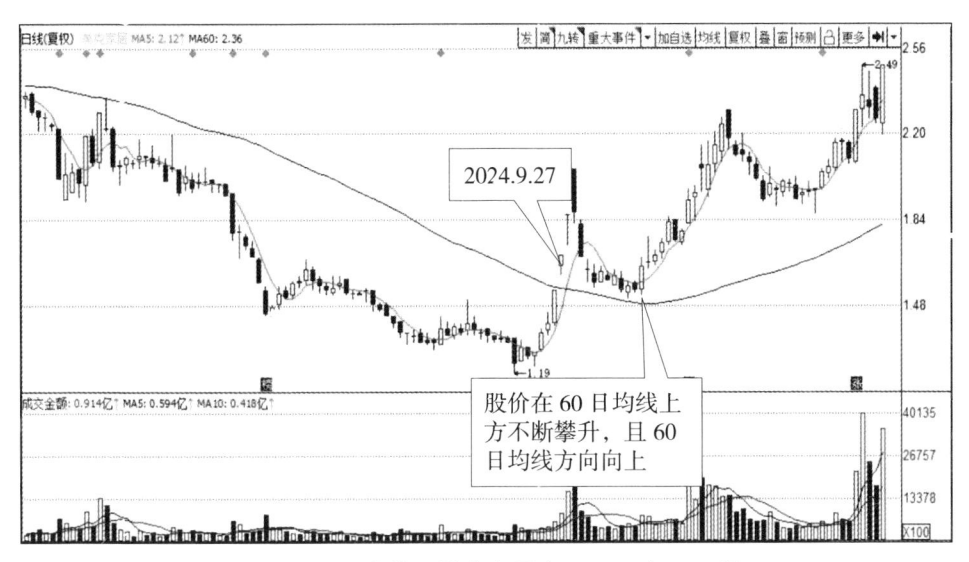

图 2-8　60 日均线：美克家居（600337）日 K 线图

10 月 22 日，该股股价经过一波回调后，遇 60 日均线支撑重新上攻，且 60 日均线拐头向上后，一路振荡上升，说明该股处于牛市行情中。在此过程中，即便股价出现小幅下跌，也能在较短的时间内恢复元气，再创新高。没有精力做短线或缺乏短线经验的投资者，可以将 60 日均线作为自己的"工作线"，只要 60 日均线不出现走平或掉头向下的情况，投资者就可以坚持持股。

第三节　均线研判要点

基于葛兰碧八项法则以及均线指标在交易实战的应用经验，投资者需要从以下几个方面对均线指标进行研判。

一、均线方向

均线方向，从某种意义上来说，直接反映了股价的运行趋势。均线方向，是均线指标分析的第一项要点。

均线通常有两种方向，一种是向上，另一种是向下。均线的方向与历史数据有关，如果均线当前值比前一阶段的均值大，那么均线方向是向上的；如果均线当前值比前一阶段的均值小，那么均线的方向是向下的。当中长期均线向上运行时，表示中长期趋势以上涨行情为主，此间出现的股价下跌通常是短期回调；当中长期均线向下运行时，表示中长期趋势以下跌行情为主，此间出现的股价上涨通常是短期反弹。

也就是说，均线的倾斜方向与股价运行大趋势是相吻合的，即短期均线方向向上，则股价短期处于或即将进入上涨趋势；短期均线方向向下，则股价短期处于或即将进入下降趋势，如图2-9所示。

图2-9 均线方向：江苏北人（688218）日K线走势图

图2-9所示，江苏北人的5日均线、10日均线和20日均线在2024年9月底出现拐头向上的走势，且股价K线一直位于均线上方，这预示股价将在中短期出现一波上涨走势。

运用均线方向判断股价运行趋势时，有以下两点需要注意。

第一，均线的选择。短期均线的走势能够对股价短期内的趋势进行预判，中长期均线也同样能够对股价中长期趋势进行预判。使用何种均线，主要取决于投资者投资策略的选择。

第二，通常情况下，若均线方向向下倾斜，则预示着股价将下行，此时投资者应尽量避免买入交易。

二、均线与 K 线相对位置

股价 K 线与均线的相对位置，反映了当前入场者与市场上大多数投资者持仓成本的对比情况。K 线位于均线上方，表示股价高于均线对应周期内的大多数投资者的持仓成本，也就意味着股价上涨相对比较容易。反之，则下跌比较容易。

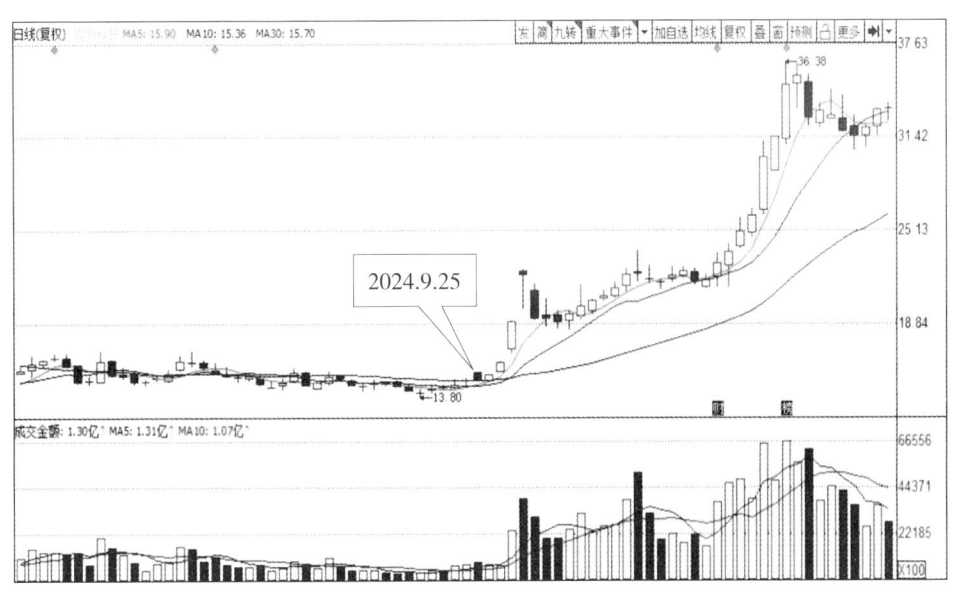

图 2-10　均线位置：震有科技（688418）日 K 线走势图

如图 2-10 所示，震有科技自 2024 年 9 月 25 日走出振荡区间后，股价 K 线一直位于均线上方，且均线方向向上，意味着股价将持续上涨走势。期间，股价曾几次回调至均线附近，均受到均线的支撑重新上涨。

运用 K 线和均线相对位置关系判断股价运行趋势时，需要重点关注均线的方向。均线方向向上，且股价位于均线上方，说明股价处于上涨趋势中；均线方向向下，且股价位于均线下方，则说明股价处于下跌趋势。

三、均线拐点

均线拐点是指在该点前后，均线的运行方向发生了相反的变化。当一条中长期均线向上运行很长时间之后，股价无力再创新高而出现下跌，均线也随之移动，进而形成一个波峰，这种拐点预示着原来的上升趋势可能转变为下降趋势。当一条中长期均线向下运行了很长时间之后，股价无法再创新低而出现上涨，均线也随之移动，进而形成一个波谷，这种拐点预示着原来的下降趋势可能转变为上升趋势。中长期均线的拐点有较高的参考价值，可使投资者有效掌握股票买卖的最佳时机。短期均线拐点较多，可信度也相对较低。

下面来看一下贝斯特的案例，如图 2-11 所示。

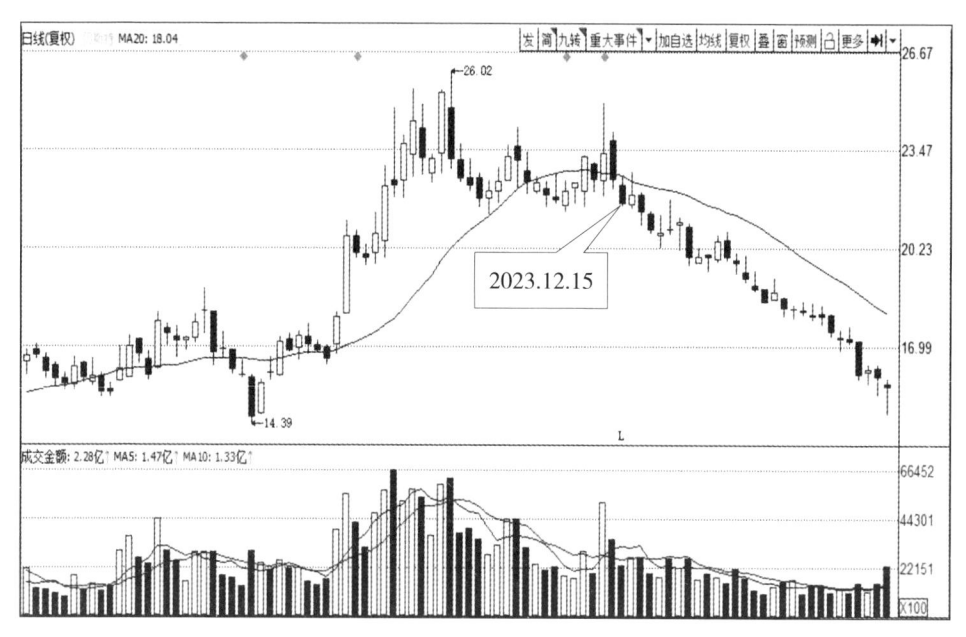

图 2-11　均线拐点：贝斯特（300580）日 K 线图

如图 2-11 所示，从 2023 年 11 月初开始，贝斯特的 20 日均线开始拐头加速向上运行，且股价运行于 20 日均线上方，这说明股价处于快速上升区间。2023 年 12 月 15 日，贝斯特跳空下跌并收出一根带长上影线的阴线，20 日均线也随之下降，拐点出现。这是行情反转的信号，之前的上涨行情下一步可能演变为下跌行情。

当然，均线拐头并不都是在某个交易日因股价大幅上涨或下跌引起的，还可能是由于股价连续小幅上涨或下跌引发。这时候，投资者需要注意两个关键节点：其一，股价对均线的穿越，穿越意味着股价运行趋势可能会发生反转；其二，均线完成拐头，拐头可对趋势反转进行确认。

四、均线斜率

均线斜率是指通过衡量当前均线的切线角度来判断均线运动的速度，其实质是均线一定时间内的涨幅。一般情况下，均线斜率用 60 日均线来衡量。当 60 日均线上行，即斜率为正时，斜率越大，说明股价上涨速度越快；当 60 日均线下行，即斜率为负时，斜率越大，说明股价下跌速度越快。

通常均线斜率为正且接近 45 度角，是最稳定的上涨走势。如果均线过于陡峭，说明股价涨得太快，涨势难以持久；如果均线过于平缓，则说明上升趋势过于虚弱，涨势不太可靠。

下面来看一下重庆路桥的案例，如图 2-12 所示。

图 2-12　均线斜率：重庆路桥（600106）日 K 线走势图

图 2-12 所示为重庆路桥 2024 年 6 月至 9 月的日 K 线图。2024 年 6 月，该股 20 日均线转为向下运行，开始时较为平缓，之后斜率慢慢变大，说明股价下跌的速度越来越快，在这种情况下投资者不宜进场操作。

2024 年 7 月底，该股股价小幅反弹，其后股价重新回归下跌通道。此时 20 日均线的斜率逐渐减小，这说明空方实力有所不足，未来存在转向的可能。

2024 年 9 月 13 日，该股股价大幅反攻，比均线提前一步止跌回升。在股价的带动下，20 日均线也向上拐头，斜率由负转正，且呈现逐渐变大态势，此时投资者可进场买入。

五、均线乖离

均线对股价有吸附功能。当股价上涨并远离均线时，股价会有向均线靠拢的愿望，因而会出现回档；当股价下跌并远离均线时，股价仍会有向均线靠拢的愿望，因而会出现反弹。这种股价与均线之间的偏离称为乖离。乖离可以用肉眼观察，但要精确衡量，还需要引入乖离率（BIAS）指标，这在后面的章节中会详细介绍。

下面先来看一下华达新材的案例，如图2-13所示。

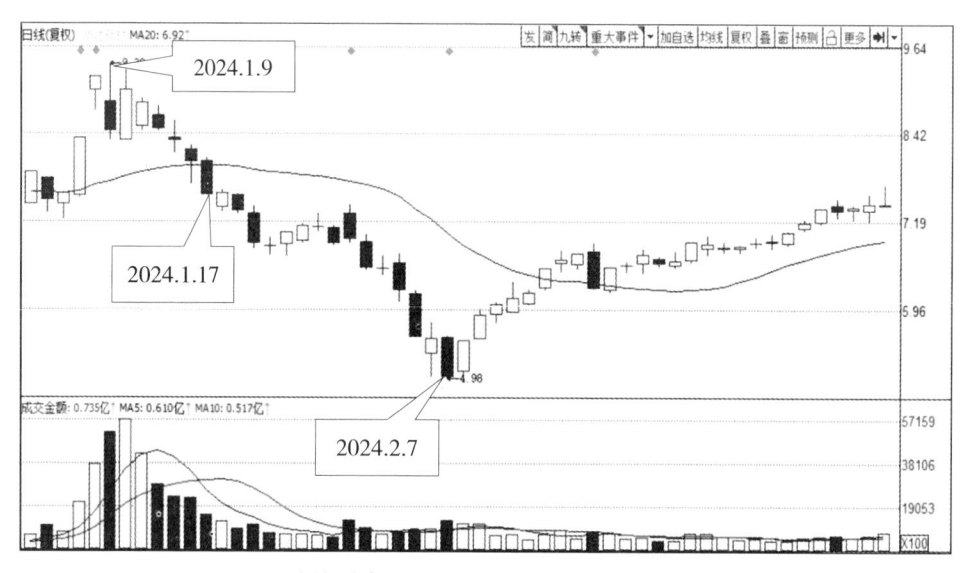

图2-13 均线乖离：华达新材（605158）日K线走势图

如图2-13所示，2024年1月9日，华达新材的股价从20日均线上方开始启动下跌，股价下跌的速度越来越快，并于1月17日跌破了20日均线。2月7日，该股股价再度大幅下跌，鉴于当时股价距离20日均线较远，多方有可能发力上攻，使股价向20日均线靠拢。果然，该股股价从次日（2月8日）开始连续以涨停报收。

第四节 均线系统的构成

均线分析系统,通常可以分为短期均线分析系统、中期均线分析系统和长期均线分析系统三种。

一、短期均线分析系统

短期均线,反映了近期买入股票的投资者的平均持仓成本。短期均线对于趋势交易者,特别是短线或超短线交易者具有极其重要的意义。通常情况下,只有股价站稳短期均线,即短期内买入股票的投资者都处于盈利状态,才是较佳的短期入场时机。

通常来说,均线分析系统至少由三条均线组成,短期均线分析系统也同样由三条均线组成,通常以5日均线、10日均线和30日均线构成。当然,有些投资者也会用其他周期的均线来替代这三条均线,从而形成自己的均线分析系统。一般来说,短期均线分析系统的均线组成大致有以下几类。

第一,3日均线、5日均线、10日均线。这是喜欢从事超短线、强势股交易的投资者常用的短期均线分析系统。由于3日均线要比5日均线灵敏度更高,因此可以极大地缩短投资者短线决策执行的时间。

第二,5日均线、10日均线、20日均线。该组短期均线系统是将常规分析系统中的30日均线替换成了20日均线,毕竟20日均线稳定性与灵敏性结合方面具有较强的优势。

(1)5日均线、10日均线、30日均线。

该组短期均线,是应用最广泛的一组短期均线分析系统。5日均线灵敏度较高,有助于投资者判断短线交易点位,很多超级强势股都是脚踩5日均线上行的;10日均线是短线的生命线,也就是短期内多空双方力量强弱的分界线。只要股价没有跌破10日均线,就说明股价短线行情仍在进行中;30日均线往往被认为是大盘或者个股中线行情的生命线,对于短线交易者来说,这是短线操作的基础线,即只有股价运行在 30 日均线上方时,才可以入场进行操作。

下面来看一下东华测试的案例,如图 2-14 所示。

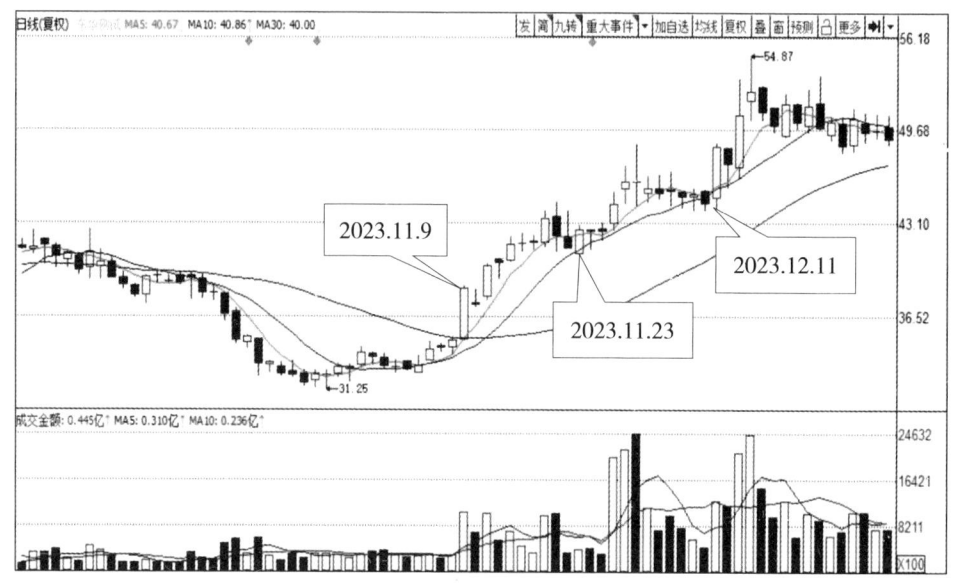

图 2-14　东华测试(300354)日 K 线走势图

如图 2-14 所示,东华测试的股价在 2023 年 10 月以前出现了一波振荡下跌走势,而后转入了横向筑底态势。到了 11 月份,该股股价出现了反转态势,股价开始启动向上,5 日均线和 10 日均线率先跟随拐头向上。

11 月 23 日,东华测试的股价放量上涨,并完成了对 30 日均线的穿越,而后 30 日均线也开始拐头向上运行,这说明整个股价运行态势彻底转为上升趋势,投资者可考虑积极入场做多。鉴于 23 日当日股价已经完成了对 5 日均线和 10 日均线的突破,这本身就是一个较佳的入场时机。

此后,该股股价振荡上扬。虽然该股股价几次出现了回调,甚至一度跌破 5 日均线,但股价仍旧运行在 10 日均线上方,说明股价强势依旧,投资者可继续持股。

(2)3 日均线、5 日均线、10 日均线。

对于超短线交易者来说,5 日、10 日、30 日的均线组合还是有一定滞后性的,毕竟连续两个交易日大幅走低,就可能让超短线交易者损失惨重。

更快地做出交易决策，是很多投资者首先要考虑的方向。从这点上来说，3日均线的优势就显现出来了。对于使用该组合的投资者来说，强势股必然会沿着3日均线快速上升，10日均线就是操盘的入场线，而5日均线就是卖出线。

下面来看一下阳煤化工的案例，如图2-15所示。

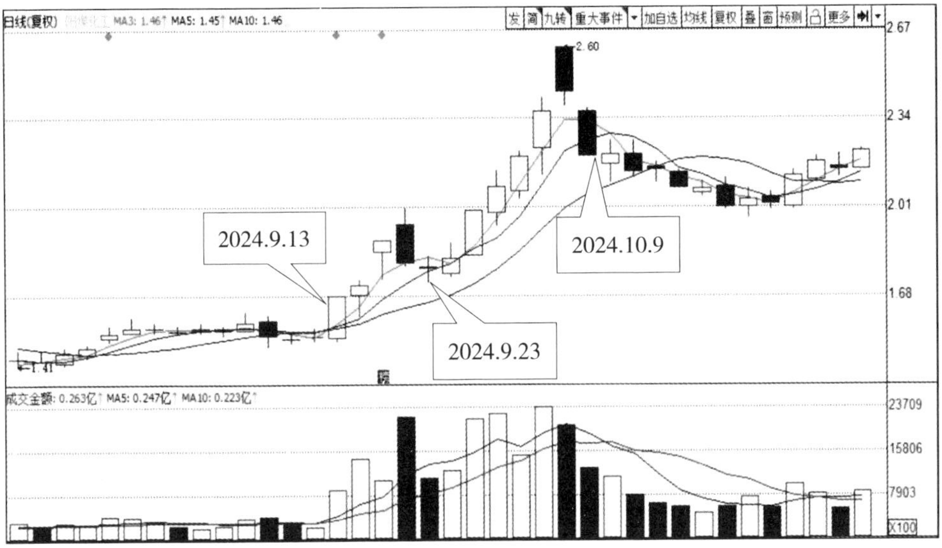

图2-15 阳煤化工（600691）日K线走势图

如图2-15所示，阳煤化工的股价自2024年9月中旬启动上攻，并一举突破了3日均线、5日均线和10日均线。9月13日，该股股价完成对均线的突破后，开始沿着3日均线振荡上升。9月23日，该股股价出现回调走势，一度跌破了3日均线，但在5日均线位置获得了支撑，这说明投资者还可以继续持股。

10月9日，该股股价大幅下跌，并跌破了5日均线。对于超短线交易者来说，此时就可以选择短线离场了。

二、中期均线分析系统

对于喜欢进行波段交易，特别是捕捉股价主升浪的交易者来说，短期均线系统存在灵敏度过高的问题，所以中期均线分析系统就成了这些投资者的最爱。

相对于短期均线分析系统，中期均线分析系统涵盖的均线周期更长。在中期均线分析系统中，20日均线和30日均线只能作为投资者买入与卖出的参考指标。

一般来说，中期均线分析系统的均线组大致有以下几类。

第一，10日均线、30日均线、60日均线。这是很多波段交易者喜欢使用的中期均线分析系统。该系统可以很好地把握短期股价波动（10日均线）与相对较长时间（60日均线）股价稳定性之间的协调，这对于中线交易者来说尤为重要。

第二，20日均线、30日均线、60日均线。该组短期均线系统是对前一组中期均线分析系统的调整和改进，目的是促使交易更加稳定。

下面来看一下禾川科技的案例，如图2-16所示。

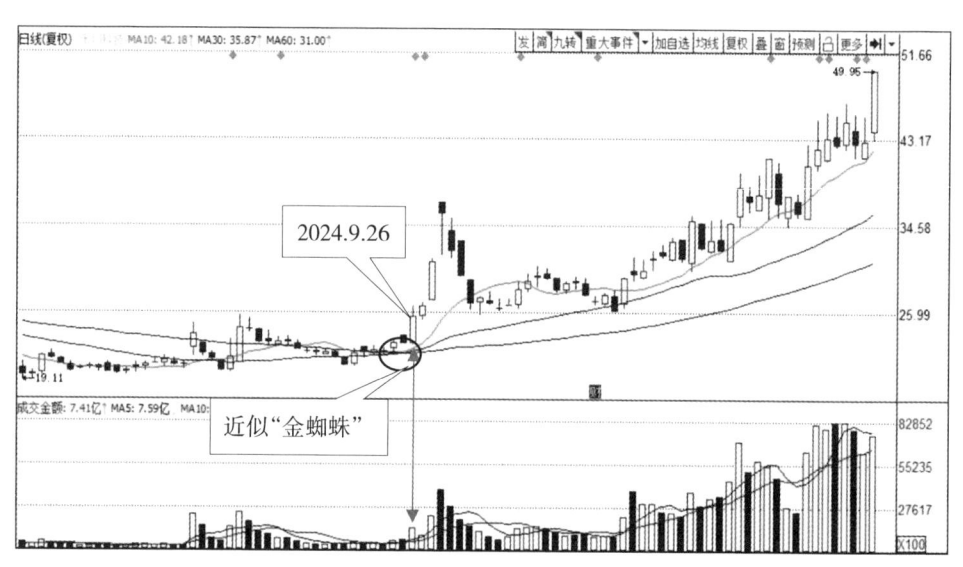

图2-16 禾川科技（688320）日K线走势图

如图2-16所示，禾川科技的股价在经历了一波横向盘整后，自2024年9月下旬进入了上升通道。观察该股中期均线系统可以发现，该股股价在2024年9月26日出现了放量上攻走势，且在当日各条中期均线系统也发出了强烈的买入信号。

第一，股价在前两个交易日完成对10日均线的突破后，再度放量上攻，这是典型的股价突破成功和上攻启动信号。

第二，10日均线、30日均线、60日均线形成了近似"金蜘蛛"形态，这是典型的强烈看涨信号，后面章节还会详细解读该形态。

第三，股价K线完成了对60日均线的穿越，且稳稳地站在60日均线之上，60日均线开始拐头向上。这也是典型的中期看涨形态，投资者可以考虑积极入场做多。

三、长期均线分析系统

对于想要长期持股的交易者来说，中短期均线分析系统还是过于敏感了，无法适应长线持仓者的需求。长期均线分析系统对识别股价运行趋势具有重要的价值。

相对于中短期均线分析系统，长期均线分析系统涵盖的均线周期更长。长期均线分析系统中常用的均线包括60日均线、120日均线、250日均线，甚至是500日均线。构建长期均线分析系统中的均线组合，投资者可根据个人实际需求进行调整。

一般来说，长期均线分析系统的均线组大致有以下几类。

第一，30日均线、60日均线、120日均线。这是很多波段交易者喜欢使用的长期均线分析系统。120日均线可以让投资者识别理想的交易环境，30日均线可以帮助投资者寻找交易的入场时机。

第二，30日均线、60日均线、250日均线。该组长期均线系统是对前一组长期均线分析系统的调整和改进，目的是促使交易更加稳定。

从理论上来说，长线交易者也有一些使用500日均线的，不过，鉴于A股高波动的特征，过长时间的均线，可能会让自己选择的入场点和离场点过于滞后。

下面来看一下天利科技的案例，如图2-17所示。

如图2-17所示，天利科技的股价在2024年上半年一直处于振荡下行状态，股价K线一直运行于120日均线下方，这说明股价长期走势不佳，投资者不宜入场。

2024年7月31日，该股股价放量上攻，并完成了对30日均线、60日均线和120日均线的突破。不过，此时该股120日均线仍呈下行趋势，仍不适宜入场交易。

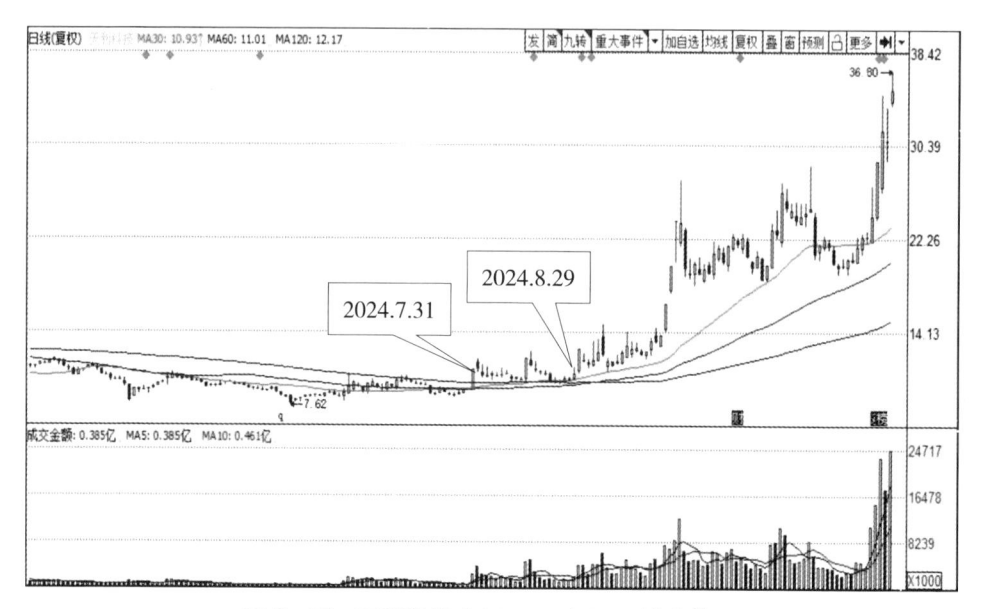

图 2-17　天利科技（688320）日 K 线走势图

8月29日，该股股价小幅上攻，120日均线开始拐头向上，这就能够满足长线交易的入场需求了。同时，伴随着股价的上升，30日均线和60日均线也完成了对120日均线的突破，这也属于典型的看涨信号。基于以上判断，投资者可积极入场建仓该股。

第三章

均线指标经典分析

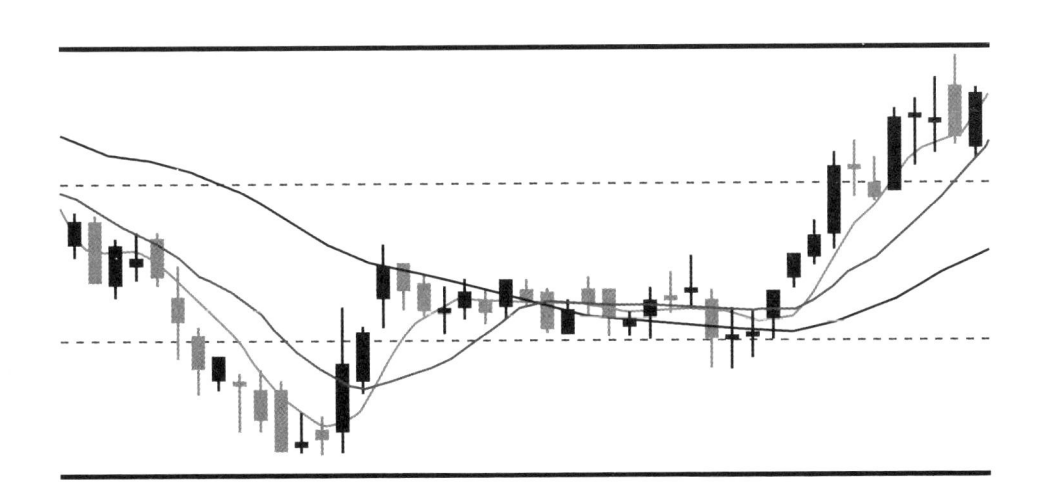

随着股价的波动，股价 K 线与均线、均线与均线之间会呈现不同的形态。一些经典形态的出现，往往意味着其后股价很可能会出现某种走势。对均线各类经典形态进行研究，就是为了提升对股价未来走势预测的准确性。

第一节　均线支撑与阻力

均线的支撑与阻力作用，是均线分析的核心内容之一。从均线的构成理论来说，均线位本身并没有所谓的支撑与阻力，只是由于市场持仓、持股者的心理作用，最终使均线具有了较强的支撑与阻力作用，而且越是长周期的均线，其支撑与阻力作用就越强。因股价与均线所处位置不同，均线对股价的反作用力可分为支撑与阻力两类。

一、均线支撑作用

均线支撑作用是均线最基础、最核心的功能。均线能够产生支撑作用，内在原因在于市场平均持仓理论。每条均线都反映了一段时间内的市场平均持仓成本，当股价处于均线上方时，说明整个市场大部分投资者处于盈利状态。基于市场赚钱效应，就会有越来越多的场外投资者青睐这只股票。这些场外投资者会将均线位置看成一个较佳的入场位（在此位置入场，可以获得和市场大多数投资者相同的持仓成本）。于是，当股价回调至均线附近时，场外资金纷纷入场，拉动股价迅速反弹，这也就坚定了投资者对均线支撑作用的信心。

当然，均线不同，股价所处位置不同，均线支撑能力的强弱也会有所不同。

第一，从理论上来说，每条均线都具有一定的支撑作用，区别在于有的均线支撑力度大一些，有的均线支撑力度小一些。

第二，通常来说，越是长期均线，支撑力度越强。中长期均线的支撑力度普遍要强于短期均线。

第三，均线对股价具有一定的支撑作用，但并不意味着回调中股价遇到均线就一定会反弹。投资者一定要看到股价确实在某天均线处获得了足够的支撑，并出现反弹迹象时，才能进场买入股票，不可提前入场。

第四，通常来说，股价向均线靠拢过程中，成交量若能呈现逐渐萎缩状态，股价遇到均线支撑后出现上涨态势，成交量同步放大，则更可印证均线的支撑作用有效，投资者可考虑进场买入股票。

下面来看一下格力电器的案例，如图3-1所示。

图3-1　格力电器（000651）日K线走势图

如图3-1所示，格力电器的股价经过一波振荡上升后，自2024年9月初开始出现回调走势。该股股价在回调过程中，成交量逐步萎缩，股价K线先后跌破了5日均线和10日均线。9月12日，该股股价回调至30日均线附近时（盘中一度跌破30日均线，后又被拉回），因受30日均线的支撑而重新上升。

此后，该股股价重新进入上升通道，并掀起了一波上升行情，由此可见30日均线对股价的支撑作用。

从上述案例中可以看出，并不是所有均线都具有相同的支撑作用。格力电器的股价自 9 月初回调时，5 日均线和 10 日均线尽管同样具有支撑作用，但却不足以支撑当时下跌的股价。直至股价回落至 30 日均线附近时，该股股价才获得足够的支撑。

二、均线阻力作用

与支撑作用相似，阻力作用也是均线的核心功能之一。均线能够产生阻力作用，内在原因也是市场平均持仓理论。每条均线都反映了一段时间内的市场平均持仓成本，当股价处于均线下方时，说明整个市场上大部分投资者处于亏损状态，持仓投资者都在努力寻求一个最佳的出局时机。作为市场平均持仓成本线，均线位置就会成为持仓者最佳的离场点位（毕竟此位置与市场大多数投资者的持仓成本相同，在该位置离场投资者在心理上能够获得足够的安慰）。于是，当股价反弹至均线附近时，场内投资者纷纷卖出股票离场，带动股价迅速回落，这也就坚定了投资者对均线阻力作用的信心。

当然，均线不同，股价所处的位置不同，均线阻力作用的强弱也会有所不同。

第一，从理论上来说，每条均线都具有一定的阻力作用，区别在于有的均线阻力力度大一些，有的均线阻力力度小一些。

第二，通常来说，越是长期的均线，阻力力度越强。中长期均线的阻力普遍要强于短期均线。当然，若股价能完成对这些强阻力位均线的突破，往往会引爆新一波的行情。

第三，均线对股价具有一定的阻力作用，但并不意味着反弹中股价遇到均线就一定会回落。投资者看到股价确实在某一均线处受到了阻力并出现回落迹象时，要第一时间离场，不可恋战。

第四，通常来说，股价向均线反弹的过程中，成交量应该能够放大；反之，若反弹过程中成交量并未放大，甚至出现了萎缩，则反弹突破的概率不高。

下面来看一下航新科技的案例，如图 3-2 所示。

如图 3-2 所示，航新科技的股价经过一波振荡上升后，自 2023 年 11 月中旬出现触顶回落走势。此后该股股价先后跌破了各条中短期均线，这说明该股股价正式进入了下行通道。

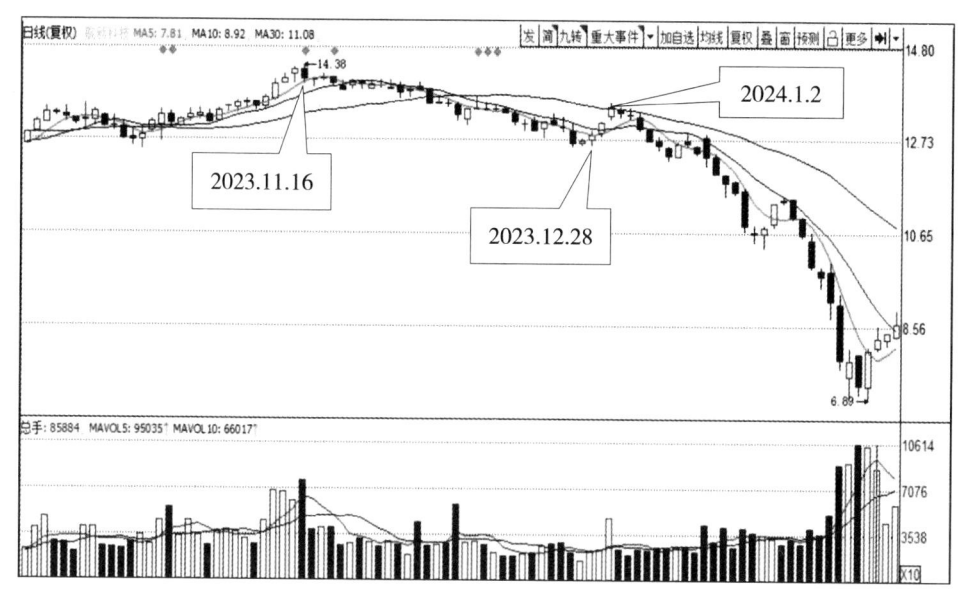

图 3-2 航新科技（300424）日 K 线走势图

2023 年 12 月 28 日，该股股价在下跌过程中出现反弹走势，不过该反弹并未持续太长的时间。到 2024 年 1 月 2 日，该股股价反弹至 30 日均线附近时，因受到 30 日均线的阻力作用而重新开始下跌。

此后，该股股价重新进入下行通道，并开启了新一波下跌行情，由此可见 30 日均线对股价的阻力作用。

与支撑作用相似，从上述案例中可以看出，并不是所有均线都具有相同的支撑作用。航新科技的股价自 2023 年 12 月底反弹时，5 日均线和 10 日均线尽管同样具有阻力作用，但却不足以阻挡当时反弹的股价。直至反弹至 30 日均线附近时，该股股价才遇阻回落。

第二节　股价 K 线与均线突破

股价 K 线对均线形成有效突破，也就位意味着当前投资者的平均持仓成本与一段时间内的市场平均成本之间的对比发生了变化，这种变化势必对投资者未来的操盘产生一定的影响。

一、股价K线向上突破均线

股价向上突破均线，是指股价经过连续上涨，自下而上完成了对均线系统的穿越。当然，股价所突破的均线周期不同，反映的交易含义也有所区别。具体说来，包括以下几方面。

第一，股价K线所突破的均线周期，决定了交易含义的持续性。股价K线突破短期均线，只能说明股价存在短线走强的可能；股价K线突破长期均线，则说明股价存在长期走强的可能。

第二，通常情况下，股价K线自下而上完成对均线的突破后，就意味着多方占据了优势地位，未来股价上行的可能性很大。若此后均线倾向方向随之改变，则可增强股价上行的可能性。

第三，越是长期的均线，对股价的阻力作用越明显，股价K线对其突破也越困难，突破时往往需要更多的成交量相配合。

第四，股价K线对均线突破的有效性，也是投资者需要考虑的一个方面。并不是股价K线自下而上越过均线，就说明股价完成了对均线的突破。只有股价K线连续三个交易日站在均线之上，或者越过均线3个百分点后，才可以确认股价对均线的突破有效。

下面来看一下江苏北人的案例，如图3-3所示。

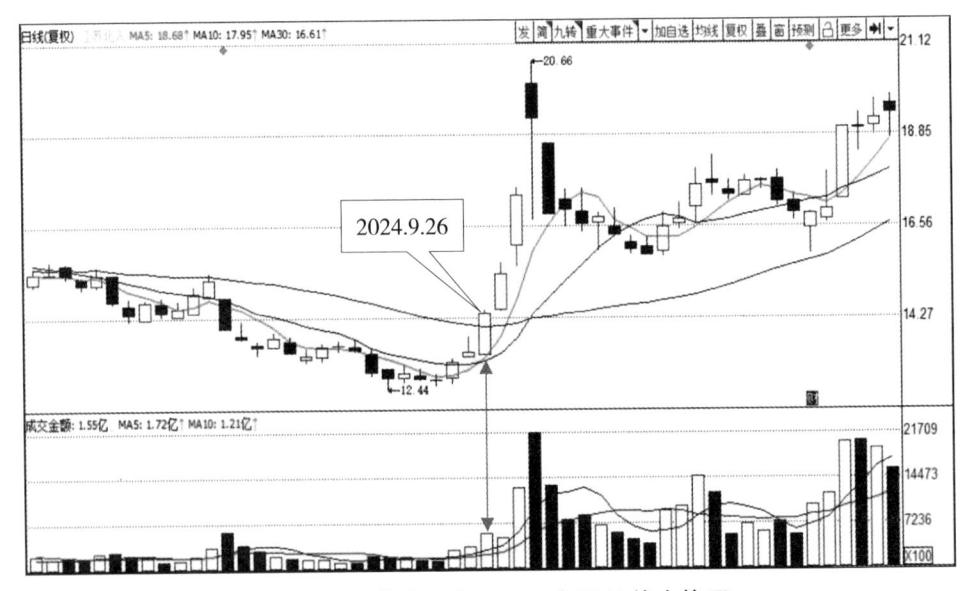

图3-3 江苏北人（688218）日K线走势图

如图 3-3 所示，江苏北人的股价在 2024 年 8 月底经历了一波下跌，股价下跌到 12.44 元后开始反转向上。2024 年 9 月 24 日，股价突破 5 日均线和 10 日均线；9 月 26 日，该股股价又突破了 30 日均线，与此同时，30 日均线也出现掉头向上的迹象。随着股价的上涨，成交量也出现放大的迹象，这预示股价在中期内将出现一波上涨行情。

从图 3-3 中可以看出，股价 K 线向上突破 5 日均线后，连续三个交易日站在 5 日均线之上，这说明股价对 5 日均线的突破为有效突破。其后，股价突破 10 日均线和 30 日均线也都属于典型的有效突破，这是股价进入中线上升趋势的一个较为明确的信号。

在研判股价向上突破均线时，还需要考虑股价对均线的假突破情况。很多主力都喜欢利用散户在股价向上突破均线后买入的心理，先是让股价做出向上突破的动作，待散户追涨入场后，再反向向下打压股价，将散户套牢于高位。

识别股价线对均线的真假突破时，应该注意以下几点。

第一，三日原则或 3% 原则。如果股价自下而上突破均线后，三个交易日内没有回到均线下方，则可认定此次突破为真突破，否则为假突破。若股价自下而上突破均线后，与均线存在 3% 以上的距离时，也可以认定此次突破为真突破。当然，投资者参照的均线不同，交易策略不同，确认标准也会有所不同。比如，操作强势股时，股价波动往往都比较剧烈，有时股价会大幅跌破均线，但持续时间不会太久；有些股票跌破均线的时间稍长，但跌幅不是很大，其后股价又迅速反弹回来了。

第二，成交量分析。股价自下而上突破均线后，如果成交量不能有效放大，则此次突破为假突破的可能性较大。

第三，均线方向。股价自下而上突破均线时，若均线呈现向右上方倾斜或放平态势，那么突破有效性将会大大提升。

二、股价 K 线向下跌破均线

股价向下跌破均线，即当前市场上的投资者的持仓成本低于一段时间内的平均持仓成本，处于亏损状态。由于此时亏损刚刚形成，很多投资者会选择出逃，以回避更大的损失。

股价向下跌破均线，是指股价经过连续下跌，自上而下完成对均线系统的穿越。股价跌破的均线周期不同，反映的交易含义也有所区别。具体说来，包括以下几方面。

第一，股价K线突跌破的均线分析周期，决定了交易含义的持续性。股价K线跌破短期均线，只能说明股价存在短线走弱的可能；股价K线跌破长期均线，则说明股价存在长期走弱的可能。

第二，通常情况下，股价K线自上而下完成对均线的跌破后，就意味着空方占据了优势地位，未来股价下行的概率很高。若此后均线的倾向方向随之改变，则可增强股价下行的可能性。

第三，越是长期的均线，对股价的支撑作用越明显，股价K线对其跌破也越困难。跌破时，往往可能伴随着放量情况。

第四，股价K线对均线跌破的有效性，也是投资者需要考虑的一个方面。并不是股价K线自上而下越过均线，就说明股价完成了对均线的跌破。只有股价K线连续三个交易日处于均线之下，或者越过均线3个百分点后，才可以确认股价对均线的跌破有效。

下面来看一下上青岛啤酒的案例，如图3-4所示。

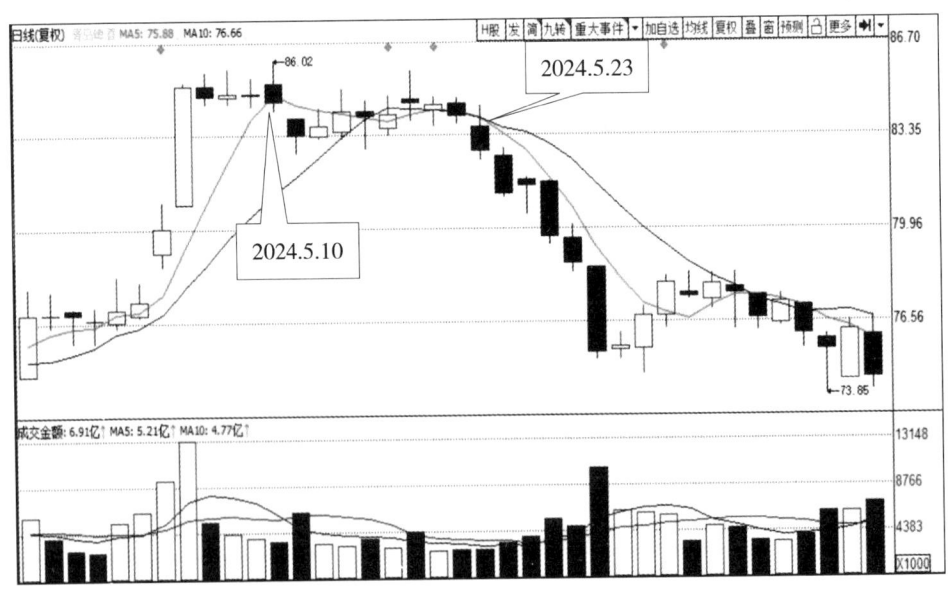

图3-4　青岛啤酒（600600）日K线走势图

如图 3-4 所示，青岛啤酒的股价在 2024 年 5 月初出现了一波快速上攻。股价上涨到 86.02 元后，开始出现触顶迹象。此后，该股股价出现了一段时间的横向振荡走势。

2024 年 5 月 23 日，股价向下跌破 10 日均线，与此同时，10 日均线也出现放平迹象，这预示股价在中期内将出现一波下跌行情。

从图 3-4 中可以看出，股价 K 线向下跌破 10 日均线后，连续三个交易日处于 10 日均线之下，且 30 日均线出现拐头向下迹象，这说明股价对 10 日均线的跌破为有效跌破，这是股价进入中线下行趋势的一个较为明确的信号。

在研判股价向下跌破均线时，还需要考虑股价对均线的真假跌破情况。很多主力都喜欢利用散户在股价向下跌破均线后卖出的心理，先是让股价做出向下跌破的动作，待散户卖出股票后，再反向向上拉升股价，顺利将散户手中的筹码以较低的价格拿到手。

投资者在识别股价线对均线的真假跌破时，应该注意以下几点。

第一，三日原则或 3% 原则。如果股价自上而下跌破均线后，在三个交易日内没有回到均线上方，则可认定此次跌破为真跌破，否则为假跌破。若股价自上而下跌破均线后，与均线存在 3% 以上的距离时，也可以认定此次跌破为真跌破。

第二，通常情况下，越是周期较长的均线，越具有较强的支撑作用，股价自上而下跌破均线时，一般不需要成交量的配合。不过，若股价向下跌破均线时，成交量出现明显萎缩，则要预防"假跌破"，不要过早卖出手中的股票。

第三，均线方向。股价自上而下跌破均线时，若均线呈现向右下方倾斜或放平的态势，那么，跌破的有效性将会大大提升。

第三节 多头排列与空头排列

随着股价的波动，各条均线之间会呈现不同的分布与排列形态。其中，最具典型性的排列形态为多头排列和空头排列。

一、多头排列

多头排列，属于典型的一种看涨形态，通常是指短期均线、中期均线和长期均线按照自上而下的顺序排列，三条均线呈现向上倾斜态势，如图3-5所示。各条均线指标呈现多头排列，说明短期入场投资者的平均持仓成本更高，而股价又高于均线，说明市场上大部分投资者都处于盈利状态，股价未来继续上升的概率很大。多头排列反映出多方力量强大，股价进入了一个稳定的上升期，通常是中线进场的机会。

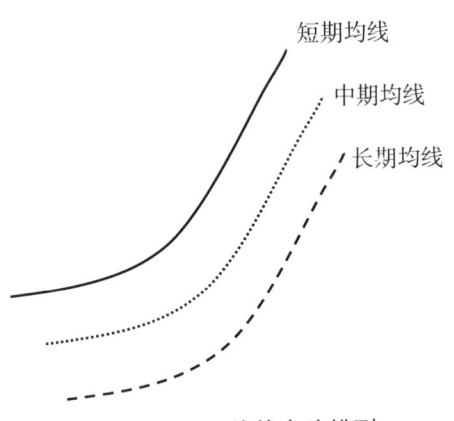

图3-5 均线多头排列

根据均线多头排列进行操作时，应该注意以下几点。

第一，当均线呈多头排列时，投资者可以在前期和中期积极做多，尤其是多头排列刚形成的首个交易日，是最佳的介入时机。

第二，均线如呈多头排列，股价往往会处于短期均线之上运行。如果股价回落并在某条均线附近获得支撑再度上涨，投资者仍可适量买入。

第三，当股价上涨到高位后，均线虽然仍呈多头排列，但是已经有走平或掉头向下的迹象，此时投资者应该对买入持谨慎态度。

下面看一下海尔智家的案例，如图 3-6 所示。

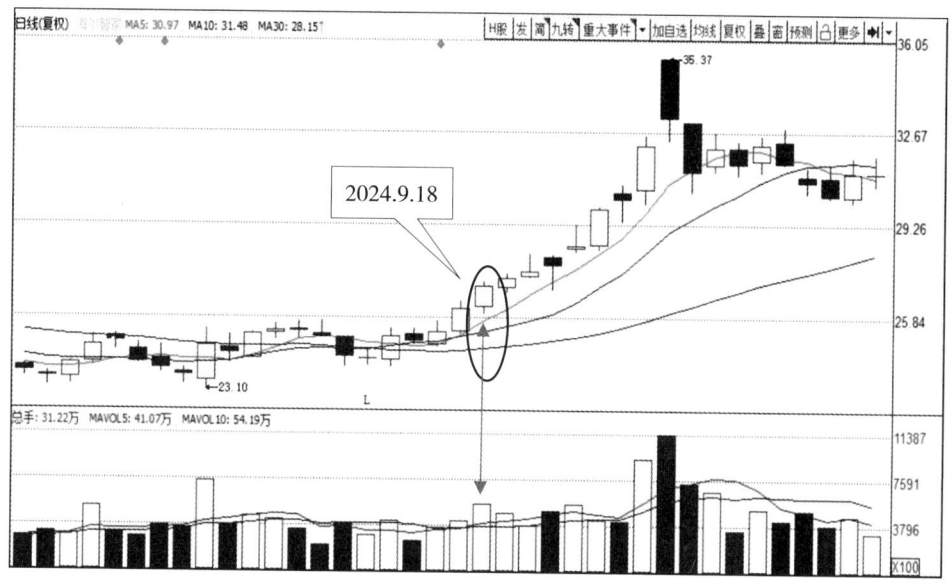

图 3-6　海尔智家（600690）日 K 线走势图

如图 3-6 所示，2024 年 9 月初，海尔智家的股价成功筑底后开始启动上涨行情。2024 年 9 月 18 日，该股股价延续了之前的上升走势，当日股价高开高走收出小阳线，并且 5 日均线、10 日均线和 30 日均线构成的均线系统进入到多头排列状态。虽然此时 K 线显示为放量小阳线，但说明股价短期涨势已经基本确立，投资者可追涨买入该股。此后，该股股价出现了一波较长时间的上涨行情。

二、空头排列

空头排列，是指长期均线、中期均线和短期均线按照自上而下的顺序排列，三条均线呈现向下倾斜态，如图 3-7 所示。均线空头排列，表示空方力量强大，股价进入了一个持续下跌期，通常是中线离场的信号。

根据均线空头排列进行操作时，应该注意以下几点。

第一，当均线呈空头排列时，投资者可以在前期和中期积极做空，尤其是空头排列刚形成的首个交易日，是最佳的卖出时机。

长期均线 - - -
中期均线 ·······
短期均线 ———

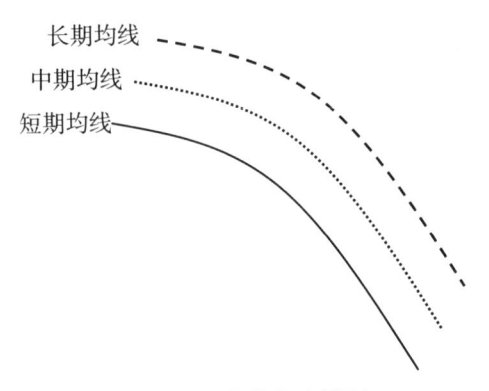

图 3-7　均线空头排列

第二，均线如呈空头排列，股价大多会处于短期均线之下运行，如果股价反弹，并在某条均线附近遇到阻力再度下跌，持股者应果断卖出。

第三，当股价下跌到低位后，虽然均线仍呈空头排列，但是已经有走平或掉头向上的迹象，此时投资者不应再盲目割肉。

下面来看一下绿色动力的案例，如图 3-8 所示。

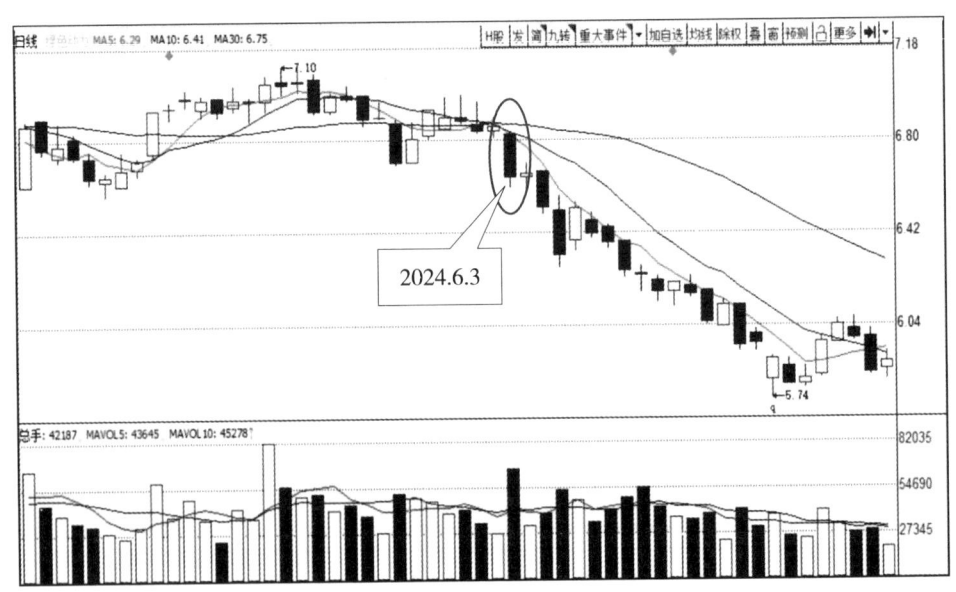

图 3-8　绿色动力（601330）日 K 线走势图

如图 3-8 所示，2024 年 6 月 3 日，绿色动力的股价大幅下挫，与此同时，5 日均线向下跌破 10 日和 30 日均线，5 日、10 日和 30 日均线形成了空头排列状态，这意味着该股已进入到空头市场中，股价整体趋势将转弱。由于绿色动力之前已经盘整了很多个交易日，所以这次出现的空头排列会引发一波较大的下跌行情。

第四节　黄金交叉与死亡交叉

股价波动必然会带动各条均线的运动方向、角度产生一定的变化，当K线图上的均线多于两条时，这些均线之间就可能发生交叉的情况。在各类交叉之中，以多头交叉（黄金交叉）和空头交叉（死亡交叉）最为典型。

一、黄金交叉

黄金交叉，即多头交叉，简称金叉，是指周期较短的均线由下而上穿过周期较长的均线，而且这两条均线的方向都是向上的。也就是说，股价经过一段时间的振荡或下跌后，随着股价的上升，短期均线快速上升，对中长期均线形成突破，并带动中长期均线上升，这就会在K线图上出现黄金交叉形态。均线金叉代表阻力线被向上突破，表示行情股价将继续上涨，通常是买入信号。

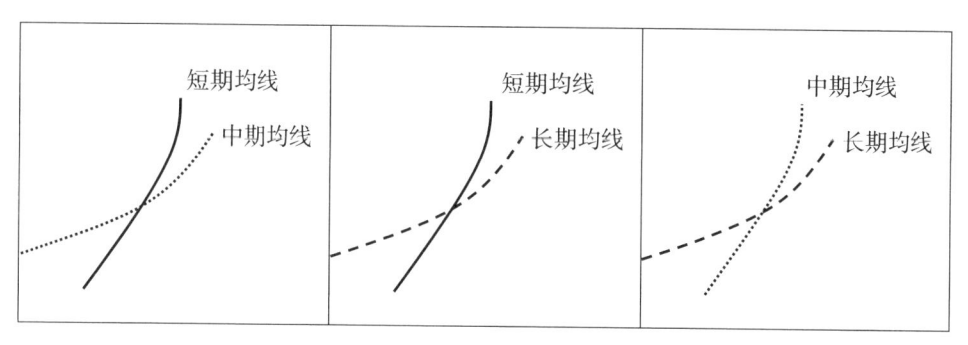

图 3-9　均线金叉

根据均线黄金交叉进行操作时，应该注意以下几点。

第一，短期均线上穿上升中的长期均线，形成黄金交叉，投资者可以在金叉形成当天果断买入。

第二，均线形成金叉时，周期较长的均线应该是向上的，如果该均线走平或向下，则是一个虚假的金叉，不能视为买入信号。

第三，如果周 K 线图或月 K 线图上的均线出现金叉，中长期投资者可以考虑买进。

第四，两条交叉的均线上倾角度越大，周期越长，看涨信号越强烈。

第五，两条周期较长的均线发生金叉时，如果股价在交叉点上方附近，那么投资者可以适量买入；如果股价远离均线，那么投资者不宜买入。

下面来看一下熊猫乳品的案例，如图 3-10 所示。

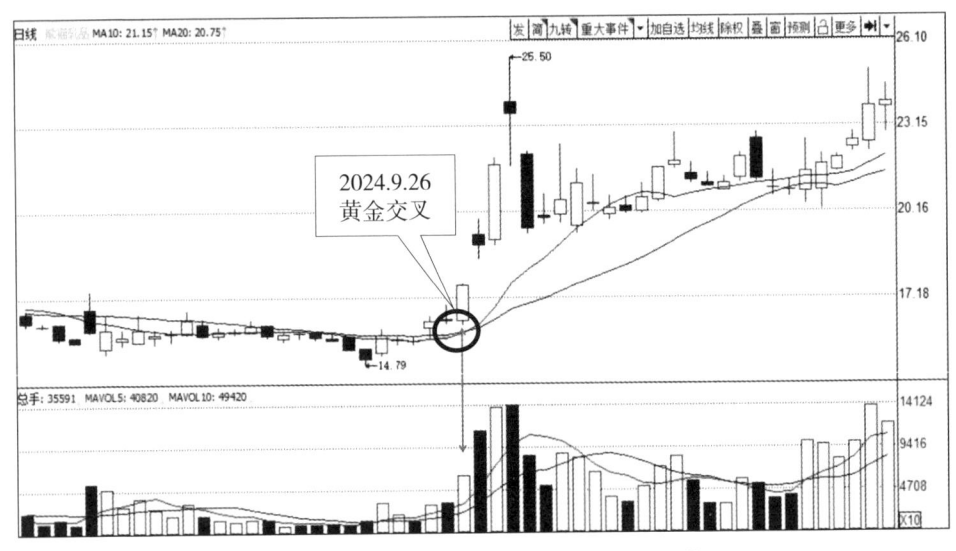

图 3-10　熊猫乳品（300898）日 K 线走势图

如图 3-10 所示，2024 年 9 月下旬，处于整理走势中的熊猫乳品股价开始反弹，带动 10 日均线、20 日均线向上移动。2024 年 9 月 26 日，在大盘大幅上涨的带动下，10 日均线上穿了处于上升状态的 20 日均线。与此同时，该股股价 K 线位于黄金交叉点上方，成交量也放大了很多倍，这属于比较明确的买入信号，投资者可考虑此时买入该股。

其后，该股股价一路上行。由此可见，黄金交叉发出的信号准确性较高。

黄金交叉出现的位置不同，其操作方式也会有所不同。

第一，长期均线以下的黄金交叉。

股价触底反弹向上，带动短线均线（如 5 日均线）向上穿越中期均线（如 10 日均线）形成黄金交叉，但若交叉点位于长期均线（如 30 日均线）下方，则说明此时的黄金交叉引发的股价上涨可能面临较大的压力,上涨空间有限。不过,如果此后股价能够向上突破长期均线(如30日均线),则意味着股价将迎来新一波上涨。

下面来看一下瑞丰新材的案例,如图3-11所示。

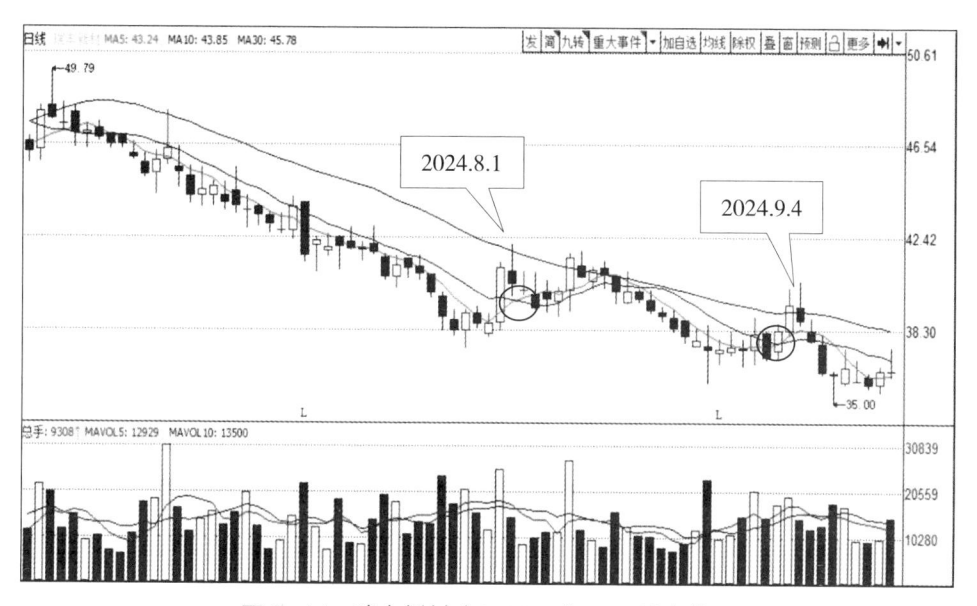

图3-11 瑞丰新材(300910)日K线走势图

如图3-11所示,瑞丰新材的股价在2024年5月中旬开始启动了一波下跌走势,股价与均线双双下挫。到了2024年7月底,该股股价触底反弹。2024年8月1日,该股股价在前日大幅上攻的基础上再度上攻,但因上方阻力过大出现回落,在K线图上留下了一根带长上影线的阴线。与此同时,5日均线向上穿越10日均线,形成了低位黄金交叉形态。不过,此时黄金交叉点位于30日均线下方,说明股价上涨的空间可能非常有限,投资者宜注意防控风险。

此后,该股很快因为股价触及30日均线而重新进入下跌通道。9月初,该股股价再度反弹,5日均线再度与10日均线形成黄金交叉,但交叉点同样位于30日均线下方,未来仍旧看跌。

第二,长期均线上方附近的黄金交叉。

股价经过一段时间的振荡整理后启动上涨,带动短线均线(如5日均线)

向上穿越中期均线（如 10 日均线）形成黄金交叉，若交叉点位于长期均线（如 30 日均线）上方附近位置，且长期均线出现放平或拐头向上迹象，则说明此时的黄金交叉引发的股价上涨动力较足，上涨空间较大，投资者可放心追涨。

下面来看一下万辰集团的案例，如图 3-12 所示。

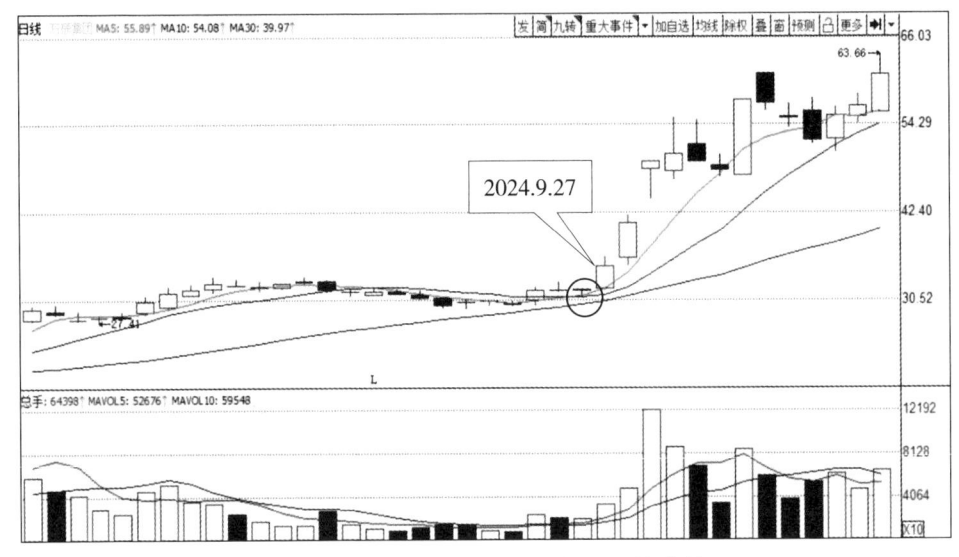

图 3-12 万辰集团（300972）日 K 线走势图

如图 3-12 所示，万辰集团的股价自 2024 年 8 月中旬开始启动了一波温和上涨走势。进入 9 月，股价开始横向振荡整理。与此同时，30 日均线出现了放平并向右上方倾斜态势，这种环境比较有利于短线操作。

2024 年 9 月 27 日，该股股价收出一根中阳线，接着 5 日均线向上穿越 10 日均线形成了低位黄金交叉形态。此黄金交叉点位于 30 日均线上方附近位置，且 30 日均线开始向右上方倾斜，说明股价上涨的空间可能非常大，投资者宜追涨买入。

此后，该股开启了一波大幅上涨行情。

二、死亡交叉

死亡交叉，即空头交叉，简称死叉，是指周期较短的均线由上而下穿过周期较长的均线，而且这两条均线的方向都是向下的。也就是说，股价经过一段时间的振荡或上涨后，随着股价的下跌，短期均线快速下降，对中长期均线形成突破，并带动中长期均线下降，这样就会在 K 线图上出现死亡交叉形态。均线死叉，代表阻力线被向下突破，表示行情股价将继续下降，通常是卖出信号。

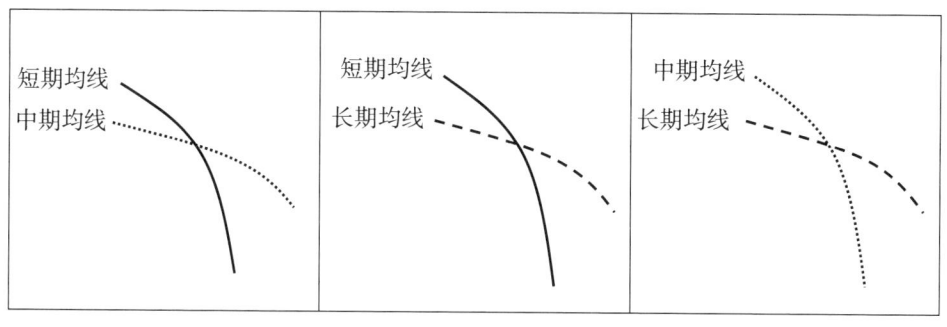

图 3-13　均线死叉

根据均线死亡交叉进行操作时，应该注意以下几点。

第一，短期均线跌破下降中的长期均线，形成死亡交叉，投资者应该在死叉形成当天果断卖出。

第二，均线形成死叉时，周期较长的均线应该是向下的。如果该均线走平或向上，则是一个虚假的死叉，不能视为卖出信号。

第三，如果周 K 线图上的均线出现死叉，中长期投资者应该积极做空，持币观望。

第四，两条交叉的均线下倾的角度越大，均线周期越长，看跌信号越强烈。

第五，两条周期较长的均线发生死叉时，如果股价在交叉点下方附近，那么投资者可以继续做空；如果股价位于均线下方较远的位置，那么股价有可能出现反弹，持股者不宜马上割肉，应等反弹出现后择高卖出。

下面来看一下普莱得的案例，如图 3-14 所示。

如图 3-14 所示，2024 年 7 月底，处于反弹行情末期的普莱得创出阶段高点后回落，当天收出一根上影线很长的阳线。次日该股收出一根十字线，表示多方无力上攻，股价随时有下跌可能。之后该股出现连续的小幅下跌。

2024 年 8 月 2 日，普莱得 5 日均线跌破了正在向下移动的 10 日均线，形成了死亡交叉。这是较为明显的卖出信号，投资者应考虑卖出该股。

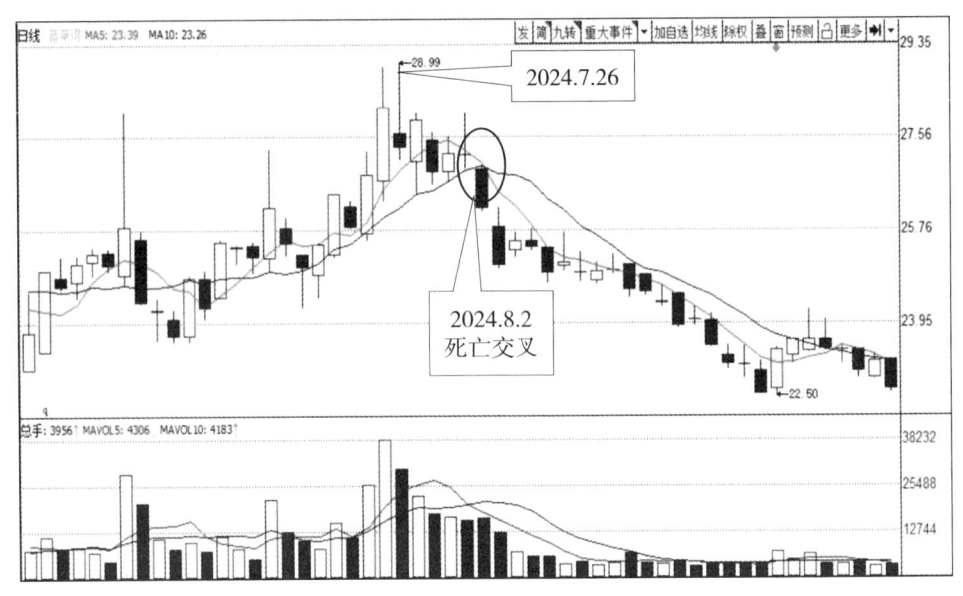

图 3-14　普莱得（301353）日 K 线走势图

其后，该股股价虽出现反弹，但反弹力度很小，5 日均线向上运行遇 10 日均线受阻后重新下跌，此后该股开始了一波快速杀跌过程。

死亡交叉出现的位置不同，其操作方式也会有所不同。

第一，长期均线上的高位死亡交叉。

股价经过一段时间的上涨后，出现筑顶迹象，带动短线均线（如 5 日均线）向下穿越中期均线（如 10 日均线）形成死亡交叉，若交叉点位于长期均线（如 30 日均线）上方，且长期均线仍向右上方倾斜，则长期均线（如 30 日均线）位置可能成为股价的最后支撑位，一旦股价跌破长期均线，将会引发一波较大的下跌行情。

下面来看一下润泽科技的案例，如图 3-15 所示。

如图 3-15 所示，2024 年 3 月，处于反弹行情末期的润泽科技出现筑顶迹象。3 月 7 日，该股延续了之前的下跌态势，收出一根小阴线，且 5 日均线同步向下跌破了 10 日均线，形成死亡交叉，这是较为明显的卖出信号。观察 30 日均线可知：此时 30 日均线仍向右上方倾斜，说明中长线趋势仍是向上的，30 日均线位置可能成为股价下跌的支撑位。保守型投资者可在死亡交叉出现时卖出该股；激进型投资者可将 30 日均线位当成最后的防线，即股价跌破 30 日均线再卖出股票。

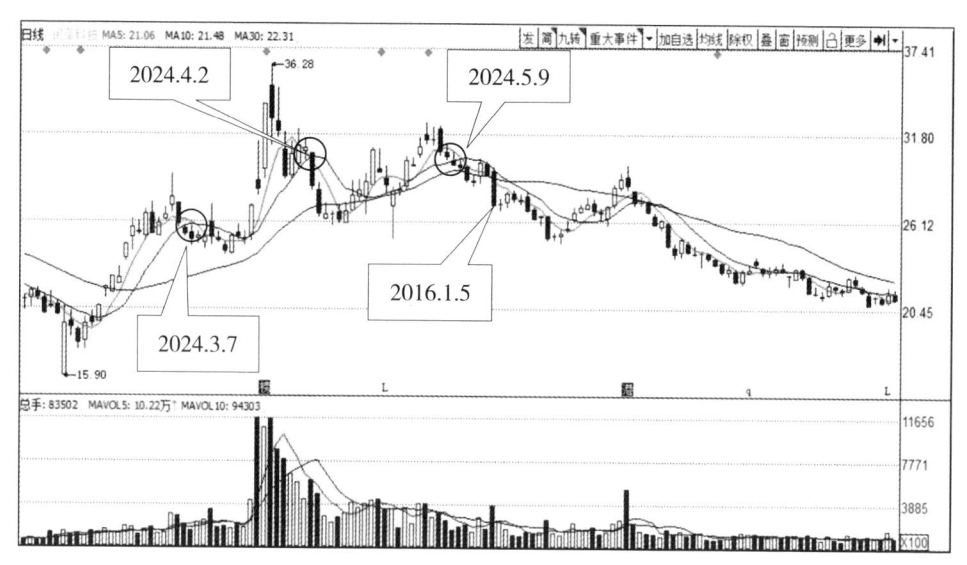

图 3-15 润泽科技（600385）日 K 线走势图

其后，该股股价又经历一波上升后，在 4 月 2 日再度收出一根大阴线，5 日均线向下跌破 10 日均线，形成死亡交叉。不过，该交叉点仍旧位于 30 日均线上方，投资者仍可保持观望。

此后，该股股价又出现一波下跌，股价甚至一度跌破了 30 日均线，投资者可考虑卖出股票。其后，该股股价再度反弹，但在 5 月 9 日时，5 日均线再度向下穿越 10 日均线，形成死叉，且股价 K 线和均线很快全部跌破了 30 日均线，这是投资者最后清仓的机会。

第二，长期均线下的高位死亡交叉。

股价进入顶部区域后，出现一系列振荡走势。某一交易日股价大幅下跌，短期均线（如 5 日均线）向下跌破中期均线（如 10 日均线），且交叉点位于长期均线（如 30 日均线）下方，则意味着股价将启动快速下跌走势，投资者宜卖出手中的股票。

下面来看一下佳云科技的案例，如图 3-16 所示。

如图 3-16 所示，从 2024 年年初开始，佳云科技的股价正式进入下行通道，股价 K 线一直运行在 30 日均线的下方。4 月底，该股股价出现了一波反弹走势。其后，随着股价的反弹，5 日均线向上穿越 10 日均线，形成黄金交叉形态。

图 3-16　佳云科技（300242）日 K 线走势图

不过，当股价反弹至 30 日均线附近时，因受均线的阻力而重新下跌。5 月 13 日，该股收出一根大阴线，且 5 日均线同步向下跌破了 10 日均线，形成死亡交叉，这是较为明显的卖出信号。观察 30 日均线可知：此交叉点位于 30 日均线下方，且 30 日均线向右下方倾斜，说明未来下跌的概率极大，投资者宜清空仓位。

第五节　缠绕的形态、时间与位置

均线缠绕，是指短期均线与中期均线、长期均线靠拢或出现连续的交叉形态。从均线缠绕最终的演化形态来看，无论何种均线缠绕，最终都会以多头发散或空头发散结束。不过，均线缠绕的形态、位置与持续时间不同，其交易含义也有所不同。

第一，按照均线缠绕形态划分，可将均线缠绕分为深度缠绕和浅度缠绕。

第二，按照均线缠绕位置划分，可将均线缠绕分为高位缠绕和低位缠绕。

第三，按照均线缠绕持续时间划分，可将均线缠绕分为短期缠绕和长期缠绕。

从实际情况来看，均线缠绕在一定程度上反映了多空双方在缠绕位置存在较大的分歧，进而发生了较大程度的博弈。多数情况下，均线缠绕终结后，股价还将延续之前的方向继续运动。

一、缠绕形态：浅度缠绕与深度缠绕

在实战中，短期均线与中长期均线缠绕的程度并不相同。有的缠绕是短期均线与中长期均线产生了某种亲近状态，有的缠绕则属于事实上发生了连续的交叉。

1. 浅度缠绕

从严格定义来看，所谓浅度缠绕，并非真正意义上的缠绕。该形态是指短期均线向中长期均线靠拢或接近后，并未出现突破，而是继续沿着先前的运行趋势运行，如图3-17所示。

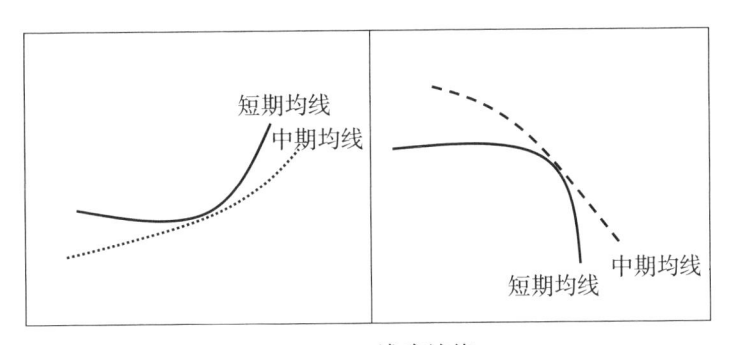

图3-17 浅度缠绕

从图3-17中可以看出，短期均线均未突破中期均线，只是在靠近中期均线后，因受中期均线的支撑或阻力作用而恢复之前的运行趋势。从本质上来说，该形态的出现是对股价先前运行趋势的一种强化，即股价还将按照先前的趋势运行，其基本操作要点如下。

第一，股价处于上升趋势时，随着股价的调整，短期均线向中长期均线靠拢，中长期均线向右上方倾斜，短期均线受中长期均线的支撑而重新上行，这属于典型的看涨信号。

第二，股价处于上升趋势中，股价与短期均线同步回调时，若成交量出现萎缩迹象，当短期均线重新上升时，若成交量同步放大，则可增强股价未来上升的概率。

第三，股价处于下降趋势时，随着股价的反弹，短期均线向中长期均线靠拢，中长期均线向右下方倾斜，短期均线因受中长期均线的阻力而重新下降，这属于典型的看跌信号。

下面来看一下长安汽车的案例，如图3-18所示。

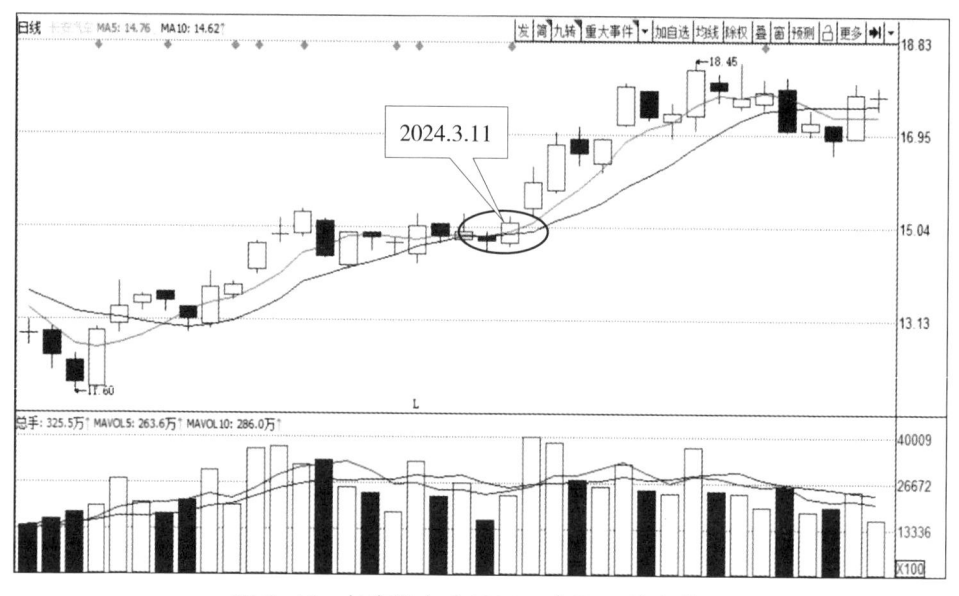

图3-18　长安汽车（000625）日K线走势图

如图3-18所示，从2024年2月初开始，长安汽车的股价开启了一波振荡上升走势。在股价上升过程中，各条均线呈现多头排列迹象。2月底，随着股价的调整，长安汽车的5日均线同步出现回调。当其回调至10日均线附近时，因受10日均线的支撑而反向上行，即5日均线与10日均线出现了浅度缠绕状态，这意味着股价将重归上升通道，投资者可积极入场加仓。随后，该股股价出现了一波大幅上升走势。

下面再来看一下晶雪节能的案例，如图3-19所示。

如图3-19所示，从2023年11月下旬开始，晶雪节能的股价开启了一波振荡下跌走势。12月5日，该股股价以小阴线报收，10日均线向下跌破

30日均线，标志着股价运行态势正式进入下行通道。

图3-19　晶雪节能（301010）日K线走势图

在股价下跌过程中，各条均线呈现空头排列。2024年年初，随着股价的反弹，晶雪节能10日均线同步出现反弹迹象。当其反弹至30日均线附近时，因受30日均线的阻力而反向下行，即10日均线与30日均线出现了浅度缠绕状态，这意味着股价将重归下降通道，投资者宜继续保持观望。随后，该股股价出现了一波大幅下跌走势。

2. 深度缠绕

深度缠绕，是与浅度缠绕相对的概念，指短期均线向中长期均线靠拢后出现了交叉，甚至出现多次、长时间的交叉现象。通常情况下，股价会继续沿着先前的运行趋势运行，如图3-20所示。

从图3-20中可以看出，深度缠绕与浅度缠绕存在明显的不同，短期均线与中长期均线产生了事实上的交叉，且可能是多次交叉。其基本操作要点如下。

第一，股价经过一段时间的上涨后，随着股价的调整，短期均线向中长期均线靠拢，并出现反复的交叉，意味着股价上涨趋势存在变数，投资者需密切关注股价其后的走势。

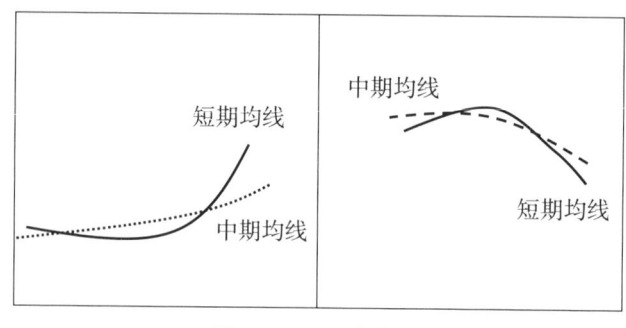

图 3-20　深度缠绕

第二，股价经过一段时间的上涨后，短期均线与中长期均线出现缠绕，若只是经历了连续两次交叉后，股价立即上行，则意味着此时的缠绕只是主力洗盘，未来股价仍可能保持强势；反之，若股价出现长时间的缠绕，则意味着股价运行趋势可能会发生改变。

第三，股价经过一段时间的下跌后，随着股价的反弹，短期均线向中长期均线靠拢，并出现反复的交叉，这意味着股价下行趋势存在变数，投资者需密切关注以后的走势。

第四，股价经过一段时间的下跌后，短期均线与中长期均线出现缠绕，若只是经历了连续两次交叉后，股价立即下行，则意味着此时的缠绕只是短暂的反弹，未来股价仍可能保持弱势；反之，若股价出现长时间的缠绕，则意味着股价运行趋势可能会发生改变。

下面先来看一下普冉股份的案例，如图 3-21 所示。

如图 3-21 所示，从 2024 年 2 月初开始，普冉股份的股价开启了一波振荡上涨走势。在股价上涨过程中，各条均线呈现多头排列。2024 年 3 月中旬，随着股价的回调，普冉股份 10 日均线同步出现调整迹象。4 月 8 日，随着股价走低，10 日均线向下跌破 20 日均线，形成死叉，但很快股价又反向上攻。4 月 23 日，股价大幅上涨，10 日均线重新向上突破 20 日均线。至此，10 日均线与 20 日均线出现了深度缠绕状态，鉴于股价与均线的关系，意味着股价将重归上涨通道，投资者可考虑追涨买入。随后，该股股价出现了一波大幅上升走势。

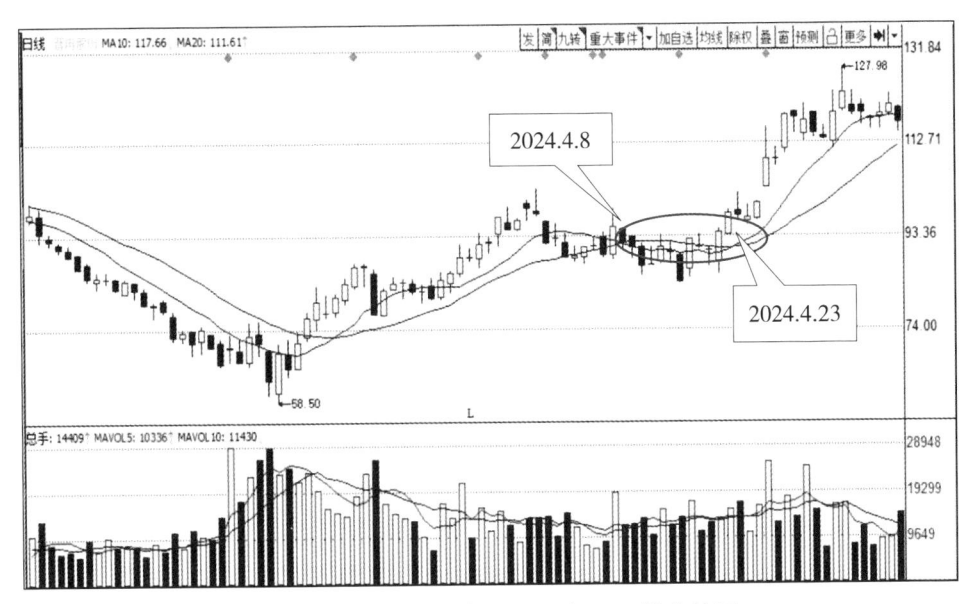

图 3-21　普冉股份（688766）日 K 线走势图

下面再来看一下中青旅的案例，如图 3-22 所示。

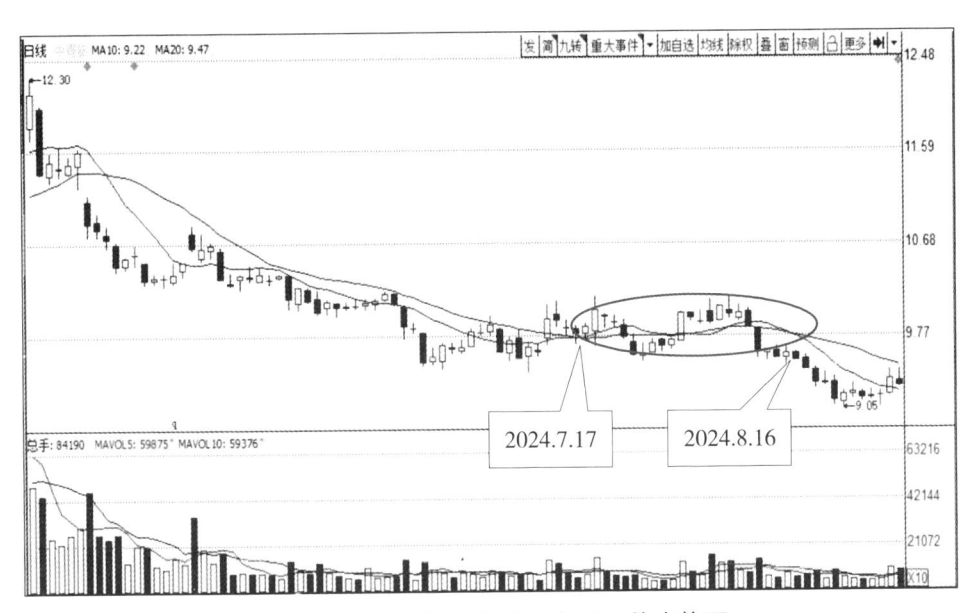

图 3-22　中青旅（600138）日 K 线走势图

如图 3-22 所示，从 2023 年 4 月初开始，中青旅的股价开启了一波振荡下跌走势。在股价下跌过程中，各条均线呈现空头排列。2024 年 6 月中旬，随着股价的反弹，中青旅 10 日均线同步出现反弹迹象。7 月 17 日，随着股价走高，10日均线向上突破了20日均线，形成金叉，其后，该股股价出现了一波横向盘整走势。

8月16日，中青旅股价大幅下跌，10日均线重新向下跌破20日均线。至此，10日均线与20日均线出现了深度缠绕状态。鉴于股价与均线的关系，意味着股价将重归下跌通道，投资者宜继续保持观望。随后，该股股价出现了一波大幅下跌走势。

通过上述两个案例可以看出，即使属于深度缠绕，但若缠绕时间过短，股价运行趋势也很少会发生改变。比如，只经历了一次金叉与死叉的缠绕，与浅度缠绕的交易信号就十分相近。当然，若各条均线缠绕时间较长，投资者就需要重新分析股价未来的运行趋势。后面分析讲解的缠绕时间与位置，指的都是这种深度缠绕。

二、缠绕时间：短期缠绕与长期缠绕

通常情况下，短期缠绕很难改变股价的运行趋势，而长期缠绕则意味着多空力量的某种均衡，未来股价运行方向充满了不确定性。均线缠绕时间的操作要点有以下几点。

第一，均线缠绕时间越长，说明多空双方争斗越激烈，未来股价的不确定性越强。

第二，长时间的均线缠绕，就是一种均线黏合，未来股价可能会出现典型的多头发散（即上升行情）或典型的空头发散（即下跌行情）。

第三，按照均线缠绕理论或均线黏合理论，均线缠绕时间越长，未来缠绕结束后，股价上涨或下跌的幅度也就越大，这就是大家经常所说的"横有多长，竖有多高"。

第四，长期均线缠绕是投资者需要重点观察的对象，一旦均线结束缠绕，股价很可能会出现单边上升或下跌走势。

前面提及的案例均属于均线缠绕中的短期缠绕，下面提及的均线缠绕案例则为长期缠绕，如图3-23所示。

如图3-23所示，中海达的股价自2024年5月中旬开始横向振荡，其各条均线随之出现缠绕状况，这说明多空双方实力暂时处于均衡状态，股价还未确定未来的突破方向。

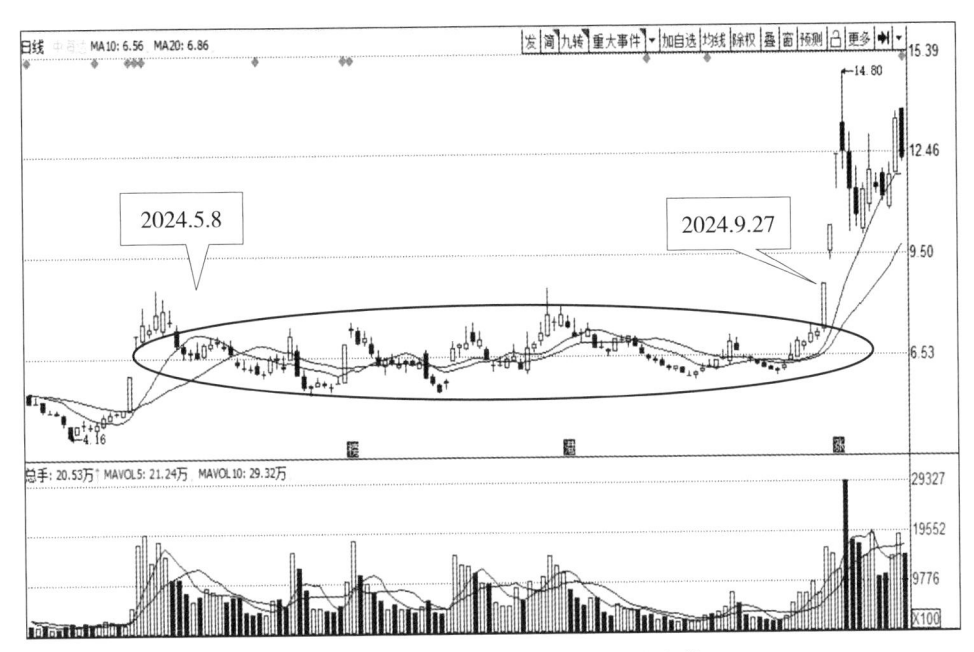

图 3-23 中海达（300177）日 K 线走势图

9月27日，该股股价结束了四个多月的盘整后放量上升，各条均线也在此时结束了缠绕，开始出现多头发散排列，这说明股价已经进入了上升通道，投资者可积极入场做多。

三、缠绕位置：低位缠绕与高位缠绕

从某种意义上来说，均线缠绕出现的位置，对其未来的走势影响非常大。也就是说，同样的均线缠绕，发生的位置不同，股价未来突破的方向也可能不同。其具体操作要点有以下几点。

第一，股价经过一段时间的上涨后到达顶部区域，此时，各条均线若发生长期缠绕现象，则未来股价下跌的概率极高。

第二，股价进入高位发生均线缠绕时，如成交量出现放大迹象，可能属于主力出货的迹象，投资者宜做好离场准备，一旦股价向下突破，立即撤出。

第三，股价经过一段时间的下跌后到达底部区域，此时各条均线若出现长期缠绕现象，则未来股价上涨的概率极高。

第四，股价进入低位发生均线缠绕时，如在均线缠绕尾声，成交量出现放大，可能属于主力入场建仓的迹象，投资者宜做好入场准备，一旦股价向

上突破，立即入场买入。

第五，股价经过一段时间的下跌后，若发生均线缠绕现象，也有可能仅属于股价下行途中的短暂修正，投资者不宜立即入场，未来也存在下跌的可能。

总之，均线缠绕发生之后，投资者还是要等到股价对缠绕区域完成突破后，才能判断股价的运行趋势，不宜过早做出预判并采取行动。

下面来看一下冰山冷热的案例，如图 3-24 所示。

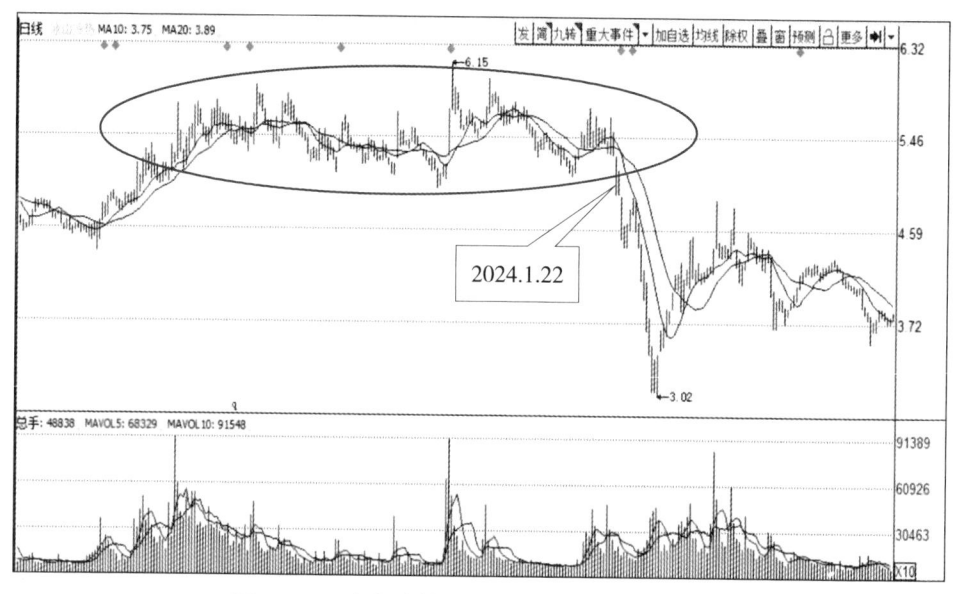

图 3-24　冰山冷热（000530）日 K 线走势图

如图 3-24 所示，冰山冷热的股价自 2023 年 4 月底启动了一波振荡上升走势。在该股股价不断上扬的过程中，各条均线开始出现多头排列，说明多方实力强劲，投资者可耐心持股待涨。

进入 7 月份之后，该股股价上升趋势有所减弱，在成交量不断放大的同时，股价并未创出新高。该股票自 10 月份有出现顶部形态的迹象，各条均线也同步出现缠绕状态，这说明股价正在选择突破的方向。不过，由于该股股价先前已经有了较大幅度的上涨，此时均线缠绕后，未来下跌的概率极高，投资者可做好卖出准备。

2024 年 1 月 22 日，该股股价向下跌破了缠绕区域，说明股价即将进入下跌通道，投资者宜立即清空手中的仓位。该股走势较为极端，风险比较高。

下面再来看一下读者传媒的案例，如图 3-25 所示。

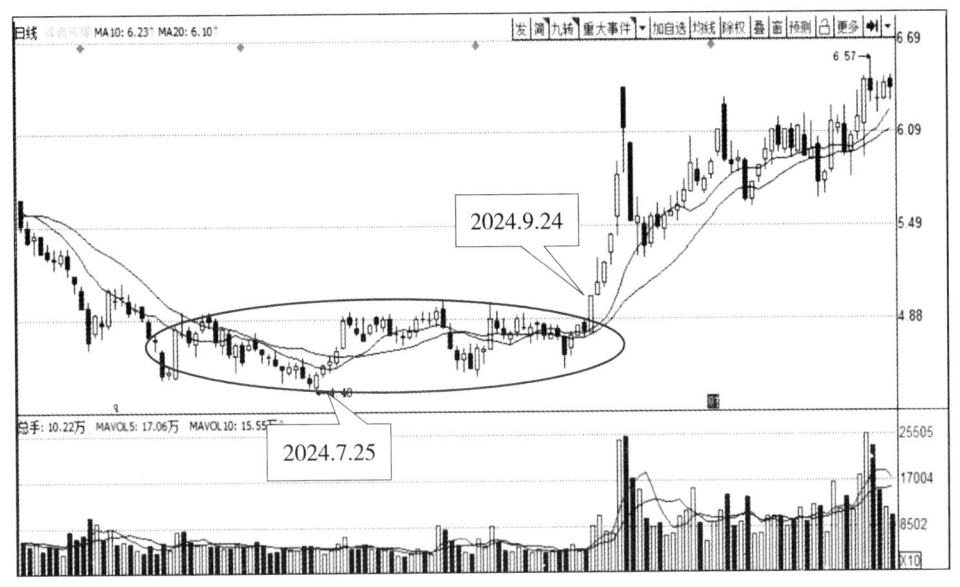

图 3-25　读者传媒（609399）日 K 线走势图

如图 3-25 所示，读者传媒的股价自 2023 年 12 月下旬启动了一波振荡下跌走势。在该股股价不断下跌过程中，各条均线开始出现空头排列，说明空方实力强劲，投资者宜观望。

进入 2024 年 7 月之后，该股股价下降趋势有所减弱。随后，该股股价出现振荡横盘趋势，各条均线也同步出现缠绕状态，这说明股价正在选择突破的方向。不过，由于该股股价先前已经有了较大幅度的下跌，且均线出现向右上方倾斜态势，说明均线缠绕结束后，未来上涨的概率极高，投资者可做好买入准备。

9 月 24 日，该股股价向上突破了缠绕区域，这说明股价即将进入上升通道，投资者可考虑追涨买入股票。

第六节　从黏合到发散

随着股价进行盘整状态，各条均线也可能会依次转入放平状态。与此同时，一些短期均线的波动可能会更为频繁，进而在 K 线图上形成一定的黏合状态。当这些均线终结黏合状态时，就意味着股价可能会发起新一波行情。

一、低位黏合

通常来说，随着股价在低位盘整，各条均线产生黏合之后，股价未来上升的概率相对会大一些，但这并不是绝对的，有时这种黏合也会在下跌中途出现。

股价经过一波快速下跌之后，进入相对低位区间。此后，股价开始横向振荡，各条均线也会随着股价的横向盘整逐渐黏合在一处，如图 3-26 所示。

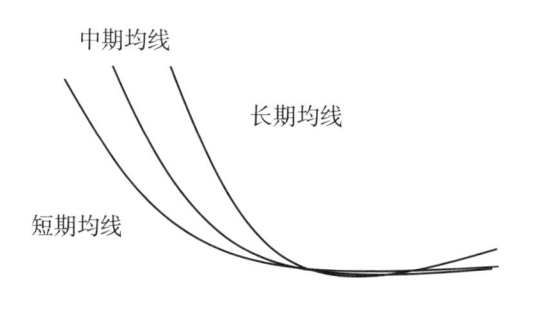

图 3-26　均线低位黏合

根据均线低位黏合进行操作时，应该注意以下几点。

第一，股价经过长时间下跌后，在企稳的前提下，均线才会出现黏合，这说明股价正在选择突破方向。

第二，一般来说，底部黏合持续的时间对股价未来走势存在一定的影响。短时间的黏合，存在无法完全消化上方套牢盘的情况，因而未来股价下跌时，各条均线呈现空头发散排列的可能性较大；反之，若股价盘整时间较长,均线经过了长时间的黏合,套牢盘已经被消化完了,那么,未来股价上行,均线呈现多头发散排列的概率较高。

第三,股价黏合期间,成交量可能会出现持续的缩量状态。当均线即将从黏合状态转为发散状态时,成交量会出现温和放大,这也是股价即将启动的一个典型迹象。

第四,均线低位黏合后上涨的可能性较大,但并不意味着黏合之后股价一定会上涨,投资者还要防备主力的诱多或诱空等行为。

第五,通常情况下,均线黏合持续的时间越长,未来上涨或下跌的幅度也越大。

第六,当股价出现放量上攻,且各条均线开始呈现多头发散排列时,往往意味着股价已经正式进入上升通道,这是投资者最佳的入场机会。

下面来看一下山石网科的案例,如图3-27所示。

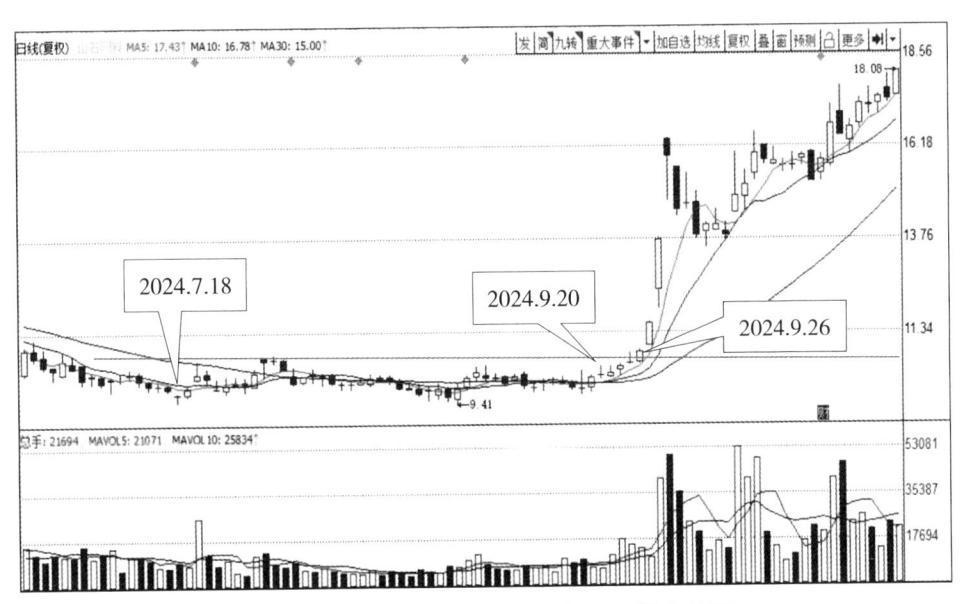

图3-27 山石网科(688030)日K线走势图

如图3-27所示,山石网科的股价自2023年11月下旬启动一波下跌走势,经历了漫长的下跌后,在2024年7月中旬进入了底部盘整区域。该股股价在底部振荡盘整时,各条均线逐渐靠拢,并形成了黏合状态,这说明该股股价正在选择突破的方向,投资者宜密切关注该股其后的走势。

2024年9月20日，该股股价小幅上攻，此后各条均线开始终结黏合，呈现多头发散排列。股价向上突破整理区域，各条均线开始呈多头发散排列，说明股价上涨空间已经打开，投资者宜追涨买入该股。9月26日，该股股价大幅上攻，并突破了底部盘整区域，均线多头发散形态已经形成，上升趋势同时确立。

二、高位黏合

通常来说，随着股价在高位盘整，各条均线产生黏合之后，股价未来下跌的概率相对会大一些，但这并不是绝对的，有时这种黏合也会在上涨中途出现。

股价经过一波快速上涨之后，进入相对高位区间。此后，股价开始横向振荡，各条均线也会随着股价的横向盘整而逐渐黏合在一处，如图3-28所示。

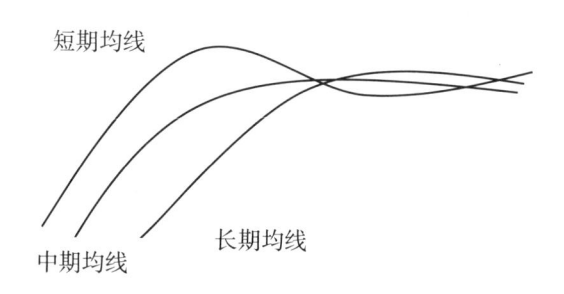

图 3-28　均线高位黏合

根据均线高位黏合进行操作时，应该注意以下几点。

第一，股价经过长时间上涨后出现滞涨迹象，均线才会出现黏合，这说明股价正在选择突破方向。

第二，股价黏合期间，成交量可能会居高不下或不规则地放量与缩量，这往往属于主力出货的形态，投资者务必提高警惕。

第三，均线高位黏合，很有可能属于主力借机出货的时段。由于主力出货速度远比消化套牢盘快，这也使得均线高位黏合持续的时间相对较短。当主力出货完毕，股价下行，各条均线就会呈现空头发散排列。

第四，均线高位黏合后，下跌的可能性较大，但并不意味着黏合之后股价一定会下跌，投资者还要防备主力的诱多或诱空等行为。

第五，通常情况下，均线黏合持续的时间越长，未来股价上涨或下跌的幅度也越大。

第六，当股价出现大幅下跌，且各条均线开始呈现空头发散排列时，往往意味着股价已经正式进入下跌通道，这是投资者最后的清仓机会。

下面来看一下泰福泵业的案例，如图3-29所示。

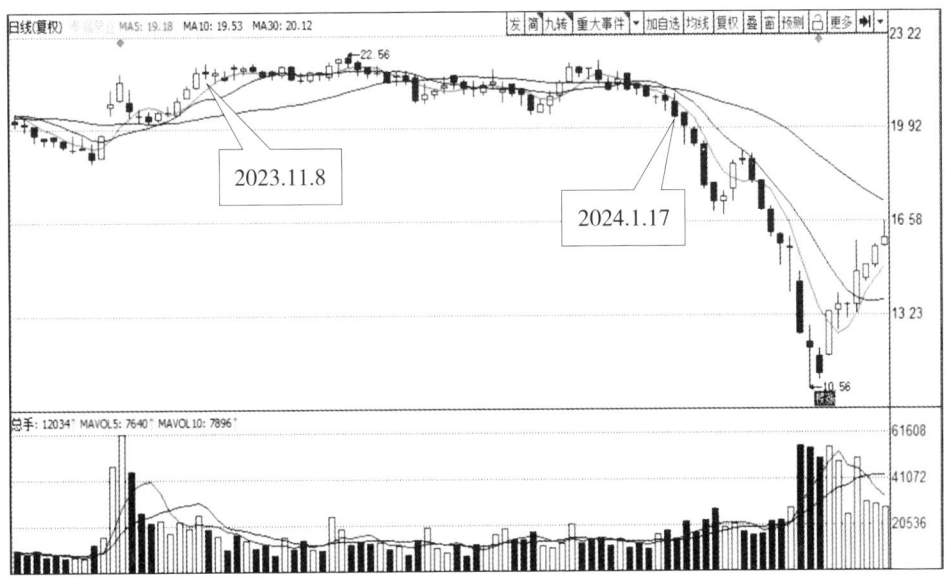

图3-29 泰福泵业（300992）日K线走势图

如图3-29所示，泰福泵业的股价在2023年11月中旬冲高回落后，开始出现了均线高位黏合形态。股价经过一段时间的盘整之后，5日、10日和30日均线逐渐黏合在一起。经过较长时间的蓄势之后（实质上是主力通过在高位振荡完成出货任务），2024年1月17日，空方已经聚集了足够的打压能量，持仓者纷纷卖出，带动股价下跌并跌破支撑线区域，均线系统也呈现明显的空头发散排列。这种K线图上的均线黏合向下发散形态，极有可能导致股价在短期内走出暴跌行情，投资者宜远离这样的股票。

第四章

均线组合形态分析

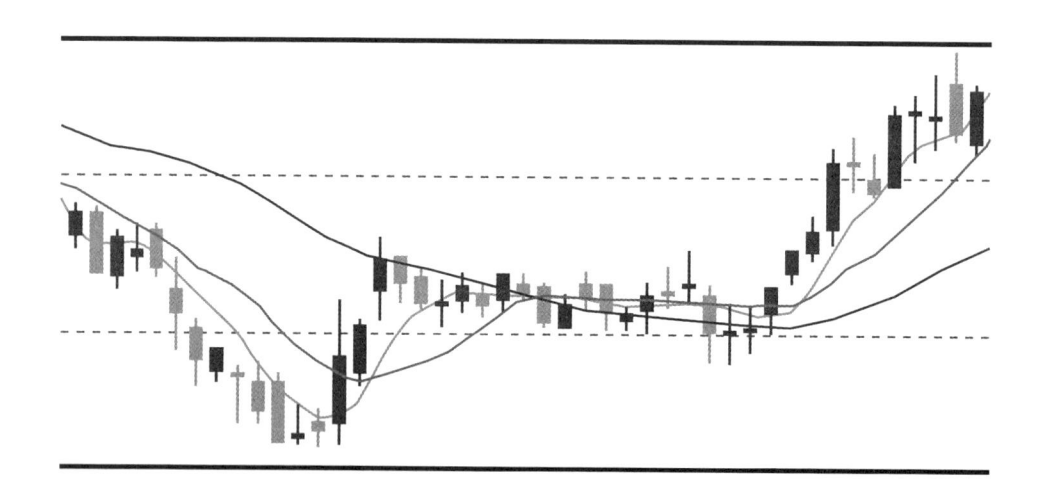

第四章 均线组合形态分析

随着股价的波动，各条均线也会呈现不同的分布形态。均线与均线、均线与 K 线构成的形态中，有一些较为经典的形态，往往具有强烈的看多或看空意义。

第一节 均线组合分析技法

一些特定的均线组合形态出现，往往预示着股价可能发生变化。本节给出的就是一些经过实战检验的、对预测股价运行趋势比较有效的均线组合。

一、价托与价压

价托与价压，可以看成是金叉与死叉的变异形态。

1. 价托

股价经过整理后向上攀升时，短期均线、中期均线分别上穿长期均线，就会形成一个尖头向上的不规范的三角形，这个三角形就称为"价托"，如图 4-1 所示。价托，顾名思义，有将股价高高托起的意思，是看涨买入信号。

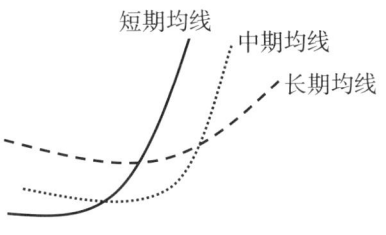

图 4-1 价托

按照出现的时间不同，价托又可以分为银山谷和金山谷两种形态。银山谷是指股价从底部启动上涨后，三条均线交叉所形成的第一个尖头向上的三角形。它的出现表示股价筑底成功，但是由于距离底部太近，有时主力为了试探上方的抛压，会在短暂反弹后进行洗盘，因此银山谷更适合短线操作。

金山谷出现在银山谷之后,也是一个尖头向上的三角形。金山谷的出现是对银山谷的再一次确认,说明多方在之前上攻的基础上准备更加充分,是比银山谷更为可靠的买入信号,如图 4-2 所示。

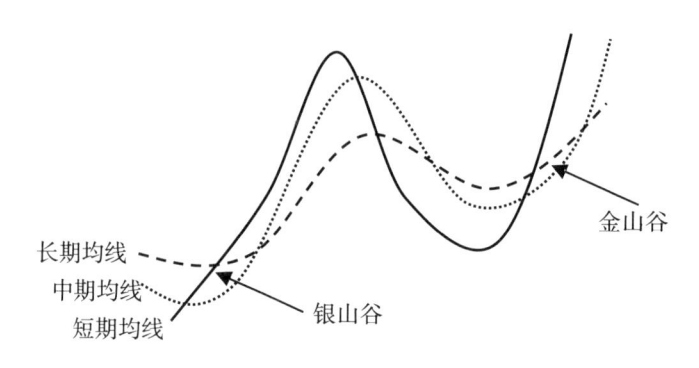

图 4-2　银山谷和金山谷

按照价托进行操作时,应该注意以下几点。

第一,价托相当于"三个金叉+多头排列",其技术含义比金叉更强一些。股价上升趋势一旦形成,涨幅通常会在 20% 以上。

第二,价托尚未完成之时,通常可以提前预测到该形态的出现。如果长期均线出现明显的上倾状态,在短期均线金叉长期均线时,投资者就可买入。

第三,一根大阳线上穿价托三角形,是股价强势反转上涨的信号。另外,价托上如出现多方炮形态(两阳夹一阴),会增大未来股价上涨的力度。

第四,价托形成后,若股价相对较高,很可能会面临回调。如果股价在某条均线上获得支撑企稳回升,投资者也可买入。

第五,当三条均线形成价托后,股价上扬不多,而后缓慢滑落,此为反弹行情,投资者应对买入持谨慎态度。

第六,价托的三角形面积越大,未来的上涨空间可能会越大。

第七,在盘整行情中,均线的波动也会加剧,此时形成的价托是没有参考意义的。

第八,通常情况下,金山谷的位置会高于银山谷,但个别时候也会略低于银山谷。金山谷的位置越高,与银山谷间隔时间越长,信号越准确,股价上升的潜力也就越大。

第九,银山谷出现之后,股价可能直接涨了上去,不一定会出现金山谷。

单把金山谷作为买入点的投资者，可能会因此踏空行情。

下面来看一下青山纸业的案例，如图4-3所示。

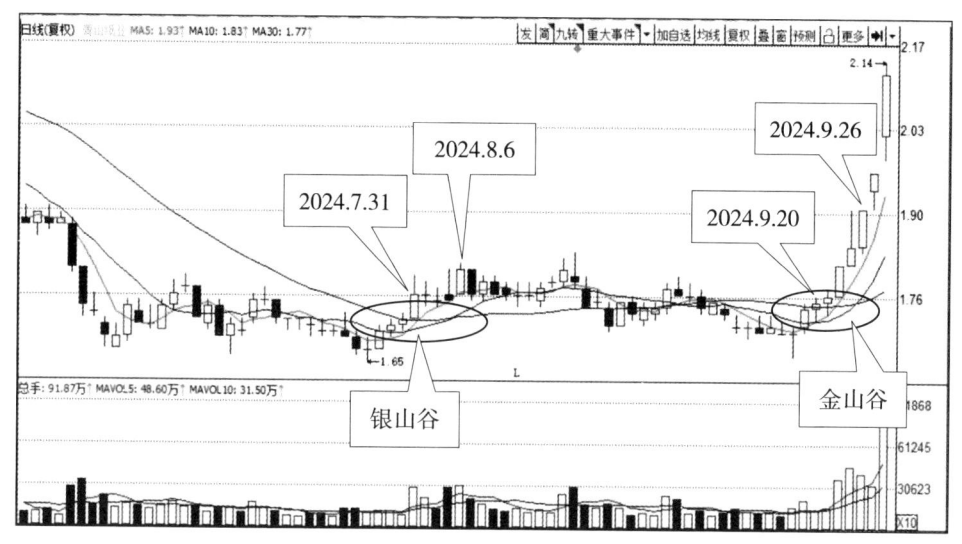

图 4-3 青山纸业（600103）日 K 线走势图

如图4-3所示，2024年7月底，青山纸业在深跌之后触底反弹。7月31日，5日均线向上突破了上升中10日均线，形成金叉。几个交易日后的8月6日，在5日均线突破30日均线后，10日均线也完成了对30日均线的突破，三条均线形成价托形态，激进的投资者可以适量买入。

此后，该股股价经历了小幅回调。2024年9月20日至9月26日期间，该股5日均线、10日均线、30日均线再次走出价托形态，构成了金山谷形态。此后，均线进入到多头排列状态，股价保持稳步攀升态势。

2. 价压

股票经过整理后向下回落时，短期均线由上向下穿越中期均线和长期均线，然后中期均线向下穿越长期均线，就会形成一个尖头向下的不规范的三角形，这个三角形就称为"价压"，如图4-4所示。价压，顾名思义就是打压股价不断下跌。价压的出现表明空方已经聚集了大量的能量来打压股价，因此是看跌卖出信号。

按照不同的使用情况和均线周期长短，价压可以分为五种类型：月价压、季价压、短长结合的价压、超短期价压和超长期价压。它们的使用方法与价托正好相反，投资者可参考前面介绍的价托类型，只要将做多策略改为做空策略就可以了。

```
        短期均线
   中期均线 ······
长期均线 ————
```

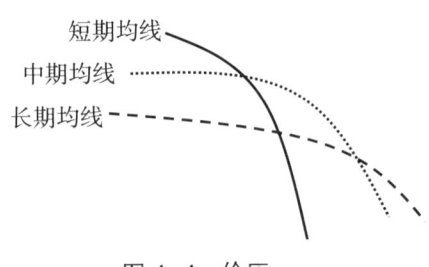

图 4-4　价压

价压又称死亡谷，暗示贸然进入者，十有八九会丧失生存机会。据资料统计，在股价前期大幅上涨的情况下，均线系统出现价压形态，日后股价下跌和上涨的比例通常是 8∶2，且一旦股价启动下跌，跌幅往往会很大。

按照价压进行操作时，应该注意以下几点。

第一，价压相当于"三个死叉＋空头排列"，其技术含义比死叉更强一些，是重要的反转信号。

第二，均线在高位形成价压，是非常危险的信号，说明多头行情在卖盘的压力下已经转为空头行情。看到该信号后，投资者应该果断卖出，空仓观望。

第三，通常来说，投资者应该在短期均线死叉中期均线或短期均线死叉长期均线时就应离场，如果在这两个死叉形成时还没有来得及卖出，那么当中期均线死叉长期均线，价压正式形成之日，就是"最后一个清空仓位和保存元气的机会"。

第四，一根大阴线下破价压三角形，是强势反转下跌信号。另外，价压下如出现空方炮形态（两阴夹一阳），会增大未来股价的下跌力度。

第五，价压形成后，若股价相对较低，随后很可能会出现反弹。如果股价在某条均线上遇到阻力重新回落，持股者应把握机会果断卖出。

第六，价压的三角形面积越大，未来的下跌空间可能会越大。

第七，在上涨行情中，当三条均线形成价压后，股价下跌有限，而后又企稳回升，此为回档行情。不过投资者最好还是先出来观望，等到价压的威胁解除了再重新进场。这样操作虽然损失了一些手续费，却能够保证资金的安全。

第八，在下跌行情中，有时也会出现价托形态，但这种价托常常只是反弹行情，不久便会转化为价压。在转化过程中，均线需要形成一个8字形麻花结，股价常在这里重新跌破三条均线，并且在振荡一段时期后开始下破前期低点。

第九，周K线图或月K线图上出现价压形态，表明真正的熊市行情已经到来，投资者应该果断撤离，否则会遭受巨大的损失。

下面来看一下阳普医疗的案例，如图4-5所示。

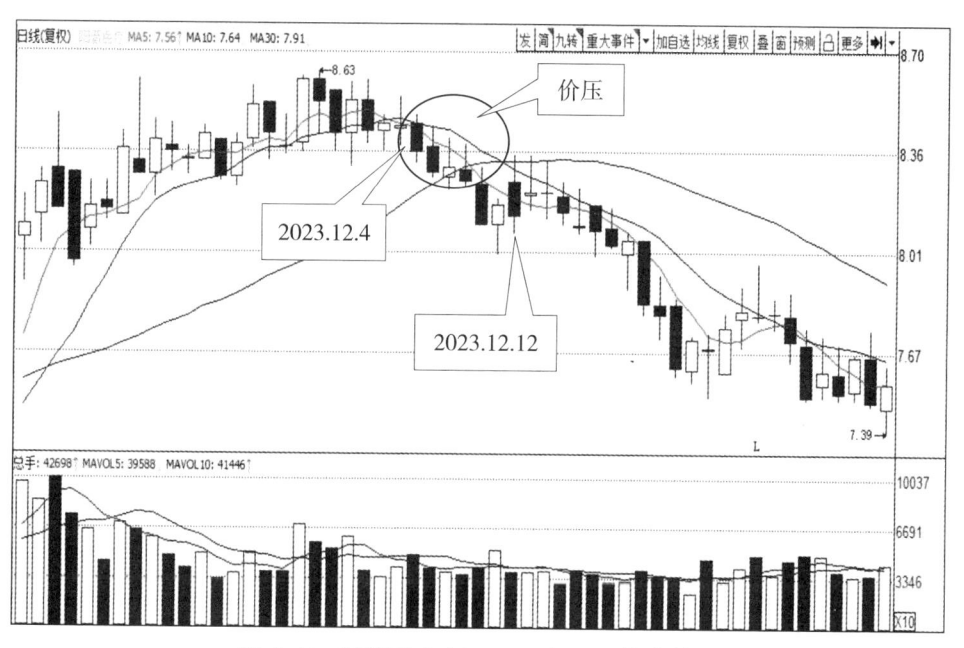

图4-5　阳普医疗（300030）日K线走势图

如图4-5所示，2023年11月中旬，阳普医疗的股价上涨到阶段高位后出现滞涨现象。2023年12月4日，该股收出一根大阴线，同时5日均线向下跌破10日均线形成死叉。两天后，5日均线又跌破30日均线。在这两次死叉形成之时，投资者应该考虑卖出。2023年12月12日，10日均线下穿30日均线，价压形态正式形成，仍然持仓的投资者应果断平仓。此后，30日均线、10日均线和5日均线呈现空头排列，股价也随之逐渐下移。

二、金蜘蛛与死蜘蛛

金蜘蛛与死蜘蛛形态，本质上是金叉与死叉形态的加强版，因而具有更强的交易指示作用。

1. 金蜘蛛

金蜘蛛，又称均线交叉向上发展，是价托的特殊形式。其形态特征是：短期均线、中期均线和长期均线先是由上而下从发散逐渐收敛，在同一点形成交叉，然后三条均线继续向上发散，均线也由之前的空头排列转变为多头排列，如图4-6所示。金蜘蛛是看涨信号，投资者在看到此图形后，应该以做多为主。

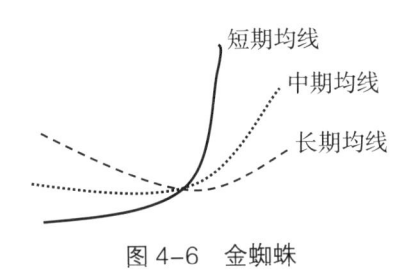

图 4-6　金蜘蛛

按照金蜘蛛形态进行操作时，应该注意以下几点。

第一，当大盘或个股均线系统出现金蜘蛛形态时，投资者可以在向上发散的初始阶段买进。在日K线图中，金蜘蛛形态的最佳买入点一般为均线交叉向上发散初期。

第二，之所以会出现金蜘蛛形态，是因为三条均线发生了共振，所以金蜘蛛形态对股价的支撑力比价托要更好一些。

第三，金蜘蛛形态的结点朝未来水平方向形成辐射带，对股价的未来走势有支撑和推动作用。

第四，在金蜘蛛形成过程中，成交量放量越明显，看涨信号的可信度越大。如果股价在收敛交叉时放出巨量，则说明主力吸筹完毕，上涨指日可待。

第五，金蜘蛛形成后，均线系统向上发散的角度越大，未来股价上涨的潜力就越大。

第六，金蜘蛛形态完成后，股价缩量回调到某一均线获得支撑时，是低吸的好机会。股价一旦放量突破金蜘蛛上方的整理平台，更是一个较好的买入机会。

第七，金蜘蛛形态出现后，只要均线系统仍保持向上发散状，投资者就可积极做多，反之就应该保持观望。

第八，金蜘蛛形态常常出现在一些黑马股中，投资者一旦发现该形态，就要抓住机会，及时买入。

下面来看一下桂发祥的案例，如图4-7所示。

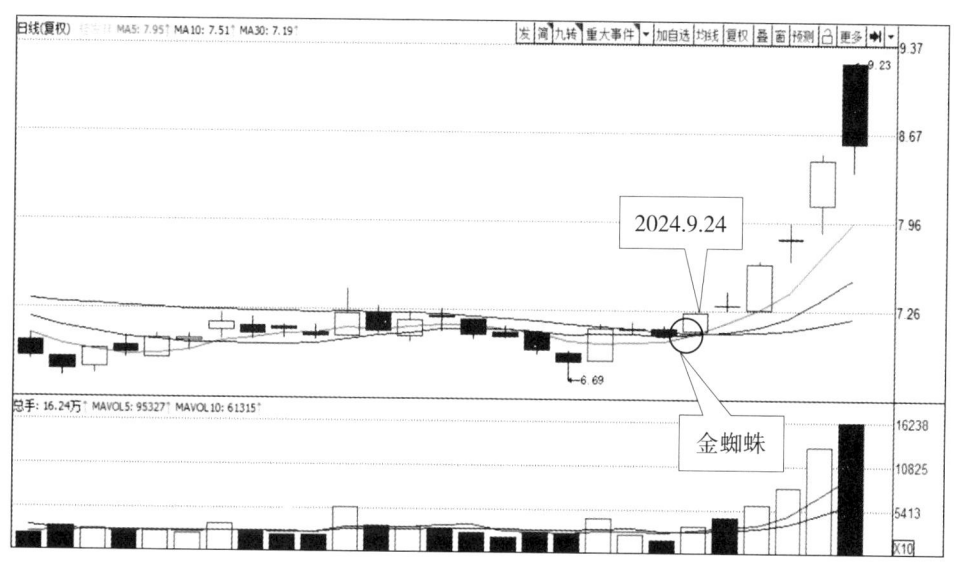

图4-7　金蜘蛛：桂发祥（002820）日K线图

如图4-7所示，2024年9月24日，桂发祥的股价在底部振荡盘整多日后启动了上涨行情，并于当日一举突破5日、10日和30日均线，并且这三条均线形成了金蜘蛛形态，说明该股未来走势向好，投资者宜追涨买入该股。

2. 死蜘蛛

死蜘蛛，又称均线交叉向下发展，是价压的特殊形式。其形态特征是：短期均线、中期均线和长期均线先是由下而上从发散逐渐收敛，在同一点形成交叉，然后三条均线继续向下发散，均线也由之前的多头排列转变为空头排列，如图4-8所示。死蜘蛛是看跌信号，投资者在看到此图形后，应该以做空为主。

```
                    ------- 长期均线
              ........  中期均线
         ----    短期均线
```

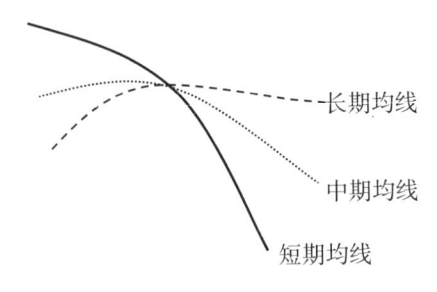

图 4-8 死蜘蛛

按照死蜘蛛形态进行操作时，应该注意以下几点。

第一，死蜘蛛形态的杀伤力不容小觑。当个股均线系统出现死蜘蛛形态时，投资者可以在向下发散的初始阶段果断卖出。在日K线图中，死蜘蛛形态的最佳卖出点一般也是交叉的当日。

第二，死蜘蛛的形成是因为均线系统发生了向下共振，所以死蜘蛛形态对股价的压力比价压要更强一些。

第三，死蜘蛛形态的结点朝未来水平方向形成辐射带，对股价的未来走势有阻碍和压制作用。

第四，如果死蜘蛛形态形成后，成交量呈不断萎缩状态，则看跌信号更为可靠。

第五，前期股价上涨的时间越长，上涨幅度越大，死蜘蛛形态形成后，股价下跌的力度相应也会越大。

第六，死蜘蛛形态完成后，股价反弹到某一均线附近遇阻时，是卖出的好机会。股价跌破死蜘蛛下方的整理平台，也是一个较好的卖出机会。

第七，死蜘蛛形态出现后，只要均线系统仍保持向下发散状，投资者就应继续做空。

下面来看一下宏川智慧的案例，如图 4-9 所示。

如图 4-9 所示，宏川智慧自 2024 年 5 月初创下阶段反弹高点后出现了回落。其后，该股出现反弹，这次反弹以小阳线为主，说明多方上攻力量较弱。果然，这次反弹仅维持了不到一个月的时间，股价再度出现回落。随后，6 月 5 日，5 日、10 日和 30 日均线在同一点死叉，形成了死蜘蛛形态。鉴于死蜘蛛的"毒性"非比寻常，投资者如不及时离场，就只能在漫漫下跌路上扼腕叹息了。

第四章　均线组合形态分析

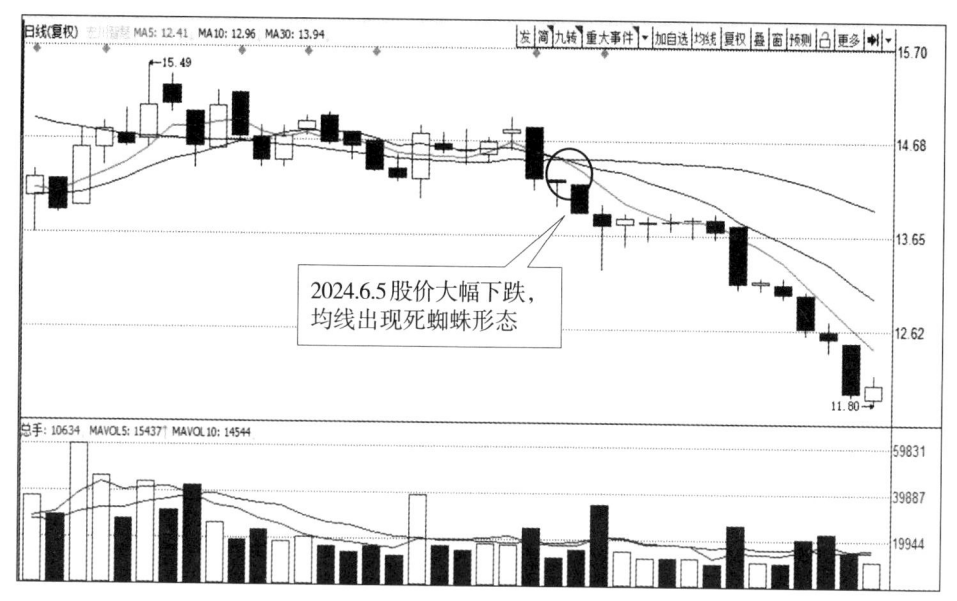

2024.6.5 股价大幅下跌，均线出现死蜘蛛形态

图 4-9　死蜘蛛：宏川智慧（002930）日 K 线图

三、顺向火车道与反向火车道

顺向火车道和反向火车道都是由 120 日和 250 日这两条均线构成的。120 日和 250 日两条均线都属于长期均线，这两条均线的趋势一旦形，成短期内不会轻易改变。当两条均线以近乎平行的方式一起向上运行时，就形成了顺向火车道形态，表示股价处于长期上涨行情中。当两条均线以近乎平行的方式一起向下运行时，就形成了反向火车道形态，表示股价处于长期下跌行情中，如图 4-10 所示。

1. 顺向火车道形态

顺向火车道形态，又称"两线顺向火车轨"形态，是指 120 日均线在上，250 日均线在下，两者就像火车的两条轨道一样，以近乎平行的方式一起向右上平稳运行，如图 4-11 所示。如果某只个股形成了顺向火车道形态，通常表示该股处于长线上涨行情中，而且有可能成为这波行情的大牛股。

根据顺向火车道形态进行操作时，应该注意以下几点。

第一，顺向火车道形态是一种十分可靠的看涨信号，这种形态首先要求股价前期走势没有大幅振荡，其次要求两条均线以近于平行状态运行过一段时间。

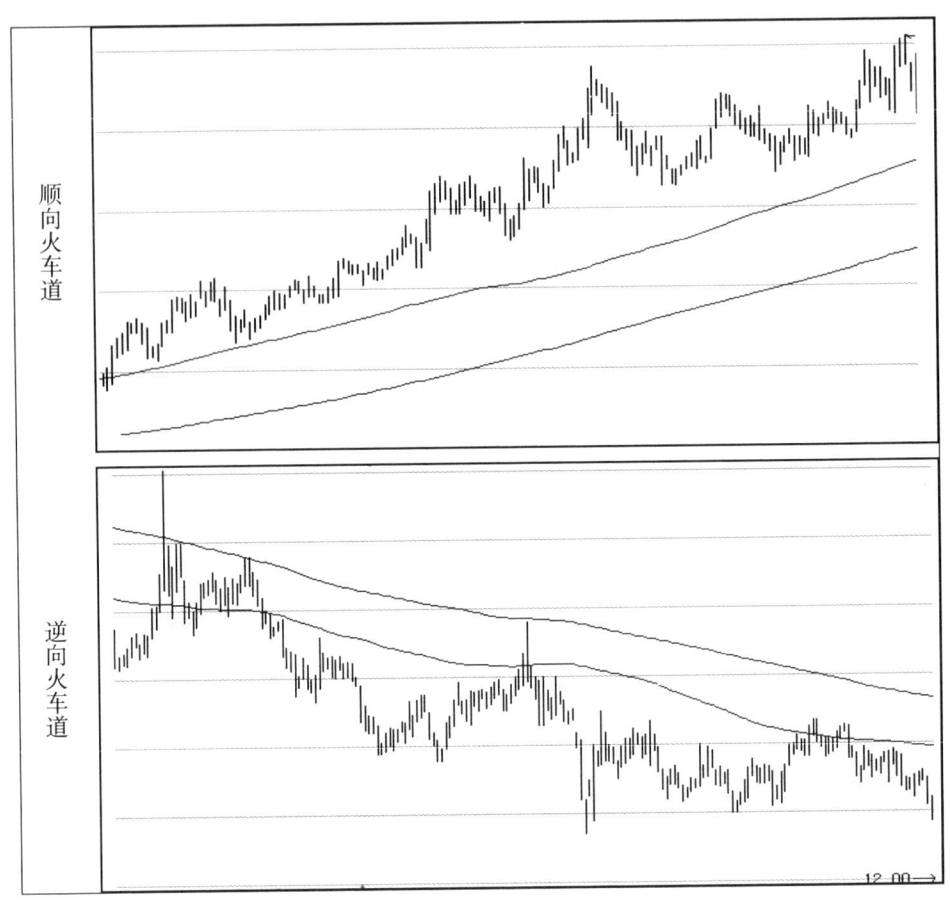

图 4-10　120 日与 250 日两条均线间的关系

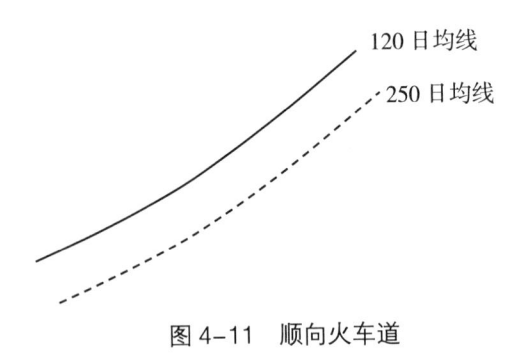

图 4-11　顺向火车道

第二，出现顺向火车道形态的股票，通常都产生于庄家控盘度较高的低价小盘股中。

第三，具有顺向火车道形态的个股，整体上涨时间非常长，从庄家建仓到拉升到高位，往往会持续至少一年的时间。

第四，长期均线系统形成顺向火车道形态后，股价会在均线的支撑下大幅上涨，投资者如能长期持股，获利将非常惊人。

第五，该类股票经常会脱离大盘，形成自己独立的行情。只要大盘处于牛市状态，即使碰到与大盘走势不同步却具有顺向火车道特征的个股，投资者依然可以介入。

第六，初期形成顺向火车道走势，是股价长期走牛的必备条件之一，但并不意味着必然会形成长牛行情，行情有可能在中途夭折。

第七，这种走势一般很难长期把握，很多投资者会在半途被甩下来。投资者可以参考中期均线所形成的"小火车道"进行分析和操作，以免遭受长期的折磨与考验。

第八，顺向火车道形成后，股价往往会有一个快速上涨阶段。这一阶段出现的时间，会受到股票基本面、大盘走势和庄家思路等多重因素的制约。

第九，顺向火车道形态也有可能在熊市中出现，这时市场整体不活跃，某只个股的庄家却也不急于出货，而是通过长期的操盘过程将股价缓慢拉升，说明其志存高远。未来大势一旦向好，该股将会成为最先启动的强势股。

第十，顺向火车道形态大多在牛市中出现，均线的平行状态很容易被破坏，因此很难持久。有时，庄家为了获得更多利润，有可能为了集中筹码而进行洗盘，也有可能已完成锁仓而快速拉升。如果庄家振荡洗盘，会造成均线逐渐趋近甚至黏合在一起；如果庄家锁仓大幅拉升，则会使均线系统呈发散分离状态。

下面来看一下长江电力的案例，如图4-12所示。

如图4-12所示，2023年到2024年年底期间，长江电力的股价在120日均线和250日均线上方运行，120日均线上穿250日均线后不久，该股进入振荡整理走势。期间，120日均线和250日均线逐渐走平。股价也曾一度触及120日均线，但受120日线支撑而重新上升。此后，该股股价再次出现回调，且股价回调至120日均线附近时，形成近似双底的形态后，又被拉升而起，均线系统也由走平转为向上翘头。此时120日均线和250日均线共同形成了顺向火车道形态，这种形态出现后，该股具备了长牛走势的基础。

如果投资者能在启动上涨时果断买入，到相对高位时卖出，就能获得翻倍的利润。

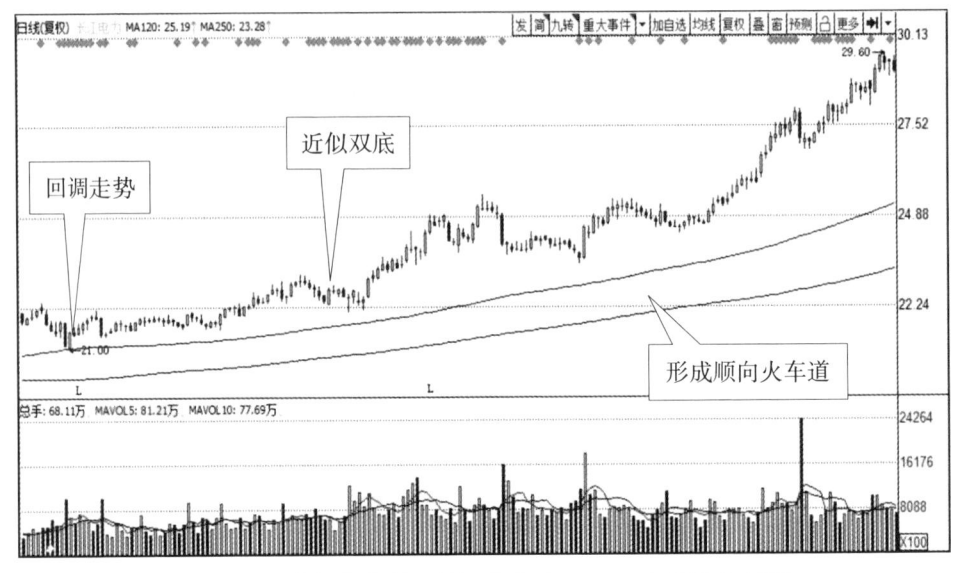

图中标注：回调走势、近似双底、形成顺向火车道

图 4-12　顺向火车道：长江电力（600900）的日 K 线图

2. 反向火车道形态

反向火车道形态，又称"两线反向火车轨"形态，是指 250 日均线在上，120 日均线在下，两者就像火车的两条轨道一样，以近乎平行的方式一起向下稳定运行，如图 4-13 所示。如果某只个股形成了反向火车道形态，通常表示该股处于长线下跌行情中，且未来跌幅将非常大。见到此均线形态后，投资者应该迅速出局。

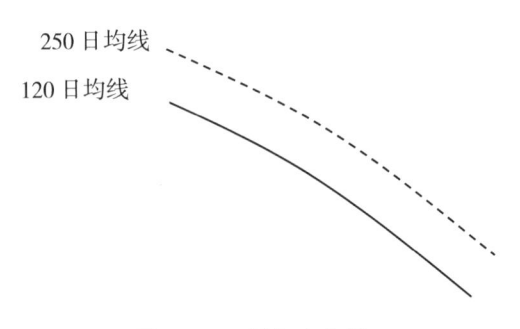

图 4-13　反向火车道

随着散户投资者风险意识的提高，庄家很难在高位放量出货，所以庄家往往采取长期操作策略，选择在半山腰而不是在顶部出货。在股价大幅下跌之后，很多投资者会误认为未来会有反弹买入的机会，这种行为正好成为庄家出货的助力。一旦庄家顺利完成出货，股价当然会继续跌向更低点。为了避免落入庄家设置的出货陷阱，投资者可以使用反向火车道形态早一些发现它的危险。

根据反向火车道形态进行操作时，应该注意以下几点。

第一，反向火车道形态是一种强烈的看跌信号，形态表现为120日均线与250日均线死叉后呈空头排列，且两条均线以近似平行状态运行了一段时间。

第二，反向火车道形态大多出现在流通盘较小的庄股中。

第三，均线系统形成反向火车道形态，股价未来下跌的幅度会很大，持续的时间也会很长。

第四，在反向火车道形成之前，即120日均线下穿250日均线之时，持股者就应该卖出手中所有的股票。当均线系统形成反向火车道形态时，股价已经下跌一段时间了，这时下跌行情仍没有结束的意思，投资者最好保持空仓观望。

第五，反向火车道也有可能在牛市中出现。这时市场整体向好，但由于某只个股缺乏可操作空间，所以庄家在拉升到一定程度时，就会趁势出货，致使股价下跌。

第六，如果反向火车道形态发生变化，但是跌势依旧，那么投资者仍应该选择回避策略。

第七，120日和250日均线构成的反向火车道形态的反应太慢，容易错失卖出机会。因此投资者可以参考中期均线形成的"小火车道"形态进行分析和操作。

下面来看一下宜宾纸业的案例，如图4-14所示。

如图4-14所示，自2023年下半年开始，宜宾纸业的股价就开始进入下行通道，120日均线和250日均线开始呈现反向火车道形态。2024年1月5日，宜宾纸业的股价经过一波反弹后，因触及250日均线而回落。之后股价开始从高位振荡下跌，120日和250日均线开始放平并进入下跌趋势。该股均线系统的反向火车道形态随后显现威力，股价几次反弹，均因受制于这两条均线而夭折。也就是说，主要股价没有彻底完成对反向火车道形态的突破，投资者就不宜入场交易。

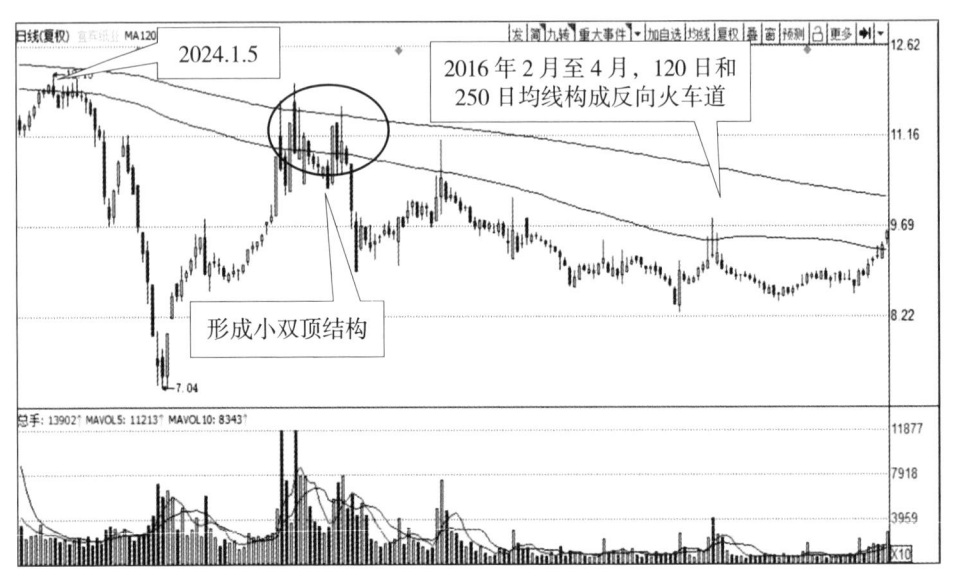

图 4-14　反向火车道：宜宾纸业（600793）日K线图

四、逐浪上升与逐浪下降

逐浪上升与逐浪下降，是与多头排列、空头排列不同但效果相近的均线排列形态。

1. 逐浪上升形态

逐浪上升形态出现在上涨行情中，形态表现为：短期、中期均线沿着长期均线以波浪形的方式向上攀升，在此期间，短期均线和中期均线多次出现交叉现象，如图4-15所示。出现逐浪上升形态，表示股价整体呈上升趋势，多方力量始终占据主导地位，空方的打压无法动摇上涨基础。看到该形态，投资者应该以看多做多为主。

根据逐浪上升形态进行操作时，应该注意以下几点。

第一，在日K线图中，逐浪上升形态的短期、中期和长期均线时间参数可以分别设为5日、10日和30日。由于庄家常常利用30日均线设置洗盘陷阱，所以稳健的投资者也可以用 40 日均线来替代 30 日均线。

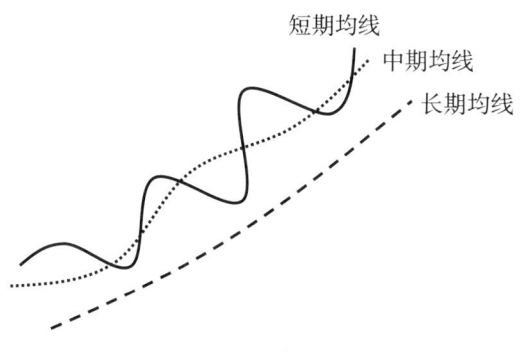

图 4-15 逐浪上升形态

第二，逐浪上升形态中，长期均线呈向上倾斜状，托着短期和中期均线按进二退一的方式一浪一浪向上运行，波形十分清晰。

第三，逐浪上升形态是做多信号，投资者在见到该形态后，只要股价不过分上涨，就可以在股价落到长期均线处时买进。

第四，均线逐浪上升形态一旦形成，股价大多会有一个较大的涨幅，投资者只要耐心持股，收益一般比频繁进出高得多。

第五，逐浪上升时，中短期均线的波形越规则，看涨信号越可靠。

第六，如果在波浪式前进过程中出现了有效跌破长期均线的现象，投资者须保持警觉，必要时应该果断止损出局。所谓有效跌破，是指股价连续 3 日收于长期均线下方，或是股价低于长期均线超过 3%。

下面来看一下威领股份的案例，如图 4-16 所示。

如图 4-16 所示，2024 年 8 月至 12 月，威领股份的 5 日和 10 日均线沿着 30 日均线一浪一浪地向上攀升，形成了逐浪上升形态。投资者如能在逐浪上升形态前期买入，就能把握住后期股价大幅上涨的行情。在此过程中，不建议投资者做快进快出的短线操作，因为高抛低吸以博取短线差价的操作方式不仅风险高，而且投资者可能需要以比卖出价更高的价格重新买回刚刚卖出的股票，这样收益会远低于长期耐心持股获利。逐浪上升形态最后阶段，股价连续向下跌破 5 日均线和 10 日均线，投资者此时应考虑减仓。2024 年 12 月 6 日，股价有效跌破了 30 日均线，这是股价见顶信号，投资者应该果断清仓，出局观望。

图中标注:
- 2024年8月至12月,逐浪上升形态
- 2024.12.6 股价有效跌破30日均线

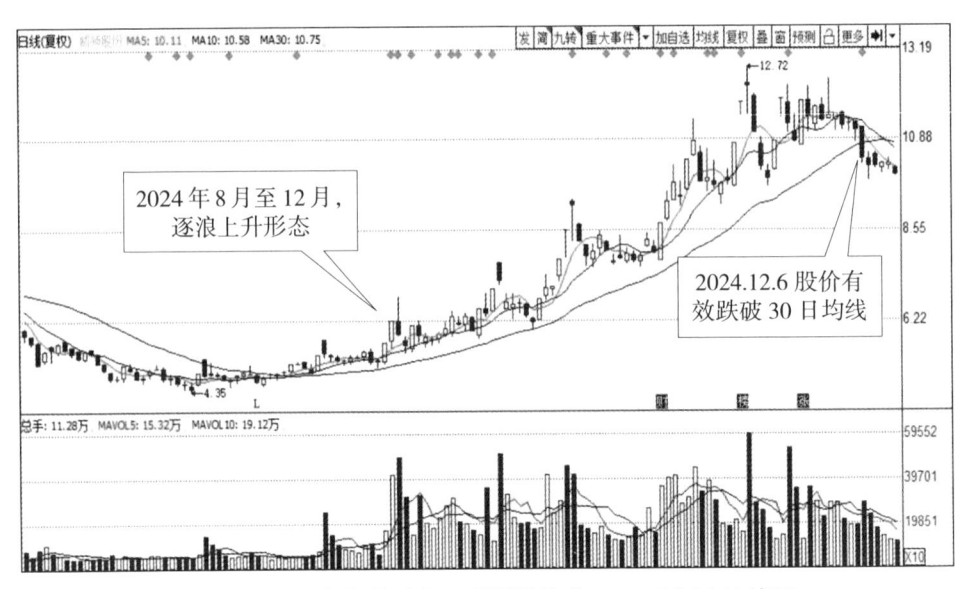

图 4-16 逐浪上升形态:威领股份(002667)日K线图

2. 逐浪下降形态

逐浪下降形态出现在下跌行情中,形态表现为:短期、中期均线沿着长期均线以波浪的形式向下滑行,在此期间,短期均线和中期均线多次出现交叉现象,如图 4-17 所示。出现逐浪下降形态,表示股价整体呈下降趋势,空方力量始终占据主导地位,多方只有招架之功,没有还手之力。看到该形态,投资者应该以看空做空为主。

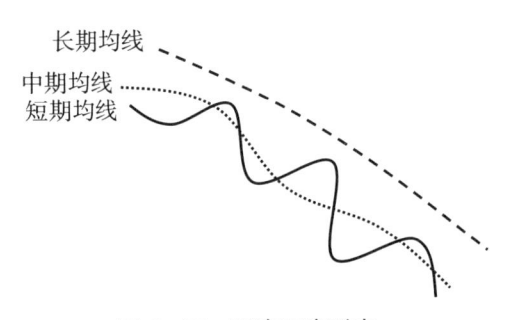

图 4-17 逐浪下降形态

根据逐浪下降形态进行操作时,应该注意以下几点。

第一,在日K线图中,逐浪上升形态的短期、中期和长期均线的时间参数可以分别设为 5 日、10 日和 30 日。由于庄家常常利用 30 日均线设置骗线

陷阱，所以稳健的投资者也可以用 40 日均线来替代 30 日均线。

第二，逐浪下降形态中，长期均线呈向下倾斜状，压着短期和中期均线按退二进一的方式一浪一浪向下运行，波形十分清晰。

第三，逐浪下降形态是做空信号，投资者在见到该形态后，应该保持空头思维。持股者应该看清形势，坚决逢高卖出；持币者要捂牢钱袋，少参与或者不参与。

第四，出现逐浪下降形态后，只要股价不过分下跌，均可在股价触及长期均线处卖出。

第五，一般说来，出现逐浪下降形态，股价未来将会有非常大的跌幅，所以只要不在逐浪下降形态的末端抛出，都可在更低价位将筹码捡回来。

第六，只有在逐浪下降形态发生明显变化后，才可以考虑是否应该介入以及应该在什么价位介入。

下面来看一下祥鑫科技的案例，如图 4-18 所示。

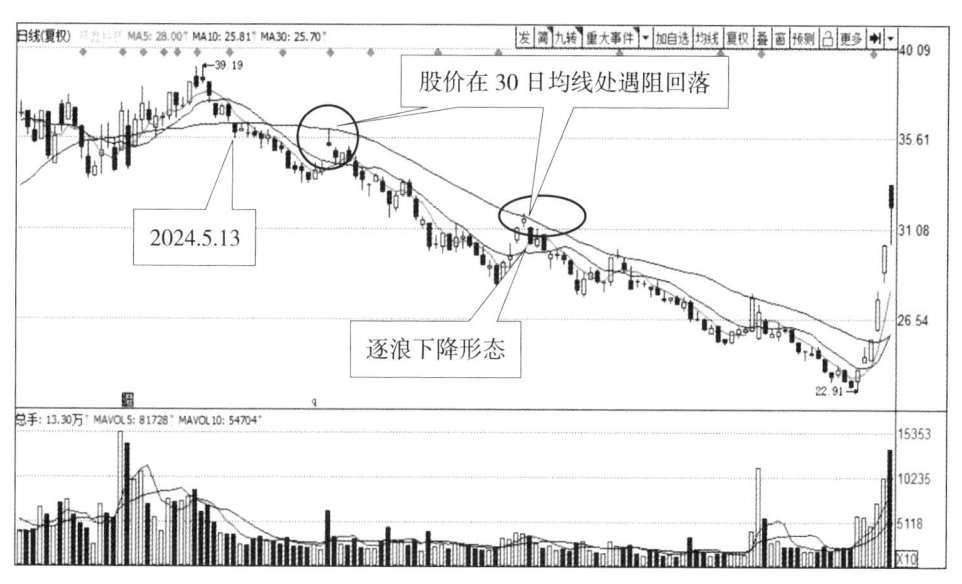

图 4-18　逐浪下降形态：祥鑫科技（002965）的日 K 线图

如图 4-18 所示，2024 年 5 月 13 日，祥鑫科技的股价继续了之前的下跌走势，并跌破了 30 日均线，下降趋势正式成形。下降趋势形成后，股价一浪接着一浪向下运动，每当股价反弹到 30 日均线附近时，便会遇到较大的阻力，股价会向下一个低点滑落。5 日和 10 日均线也在 30 日均线的压制下不断下降，且两线多次出现交叉现象，这就形成了逐浪下降形态。投资者在遇到这种形态时，应该果断做空。

第二节　K线与均线组合分析技法

一些特殊的K线形态，本身就能预测股价的运行趋势，将其与均线组合分析，无疑可增强预测的准确性。

一、蛟龙出海

蛟龙出海，又称一阳破多线，是指一根拔地而起的大阳线向上连续突破短期、中期和长期均线，收盘价位于这些均线之上，如图4-19所示。蛟龙出海形态是一种明显的上攻信号，暗喻股价像一条久卧海中的蛟龙，突然腾空而起，一飞冲天。

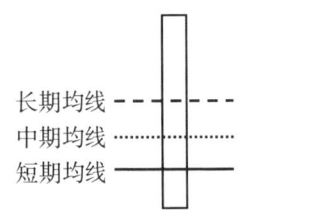

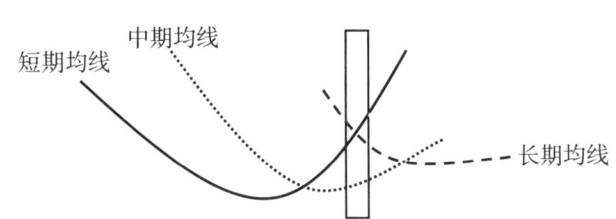

图4-19　蛟龙出海形态

根据蛟龙出海形态进行操作时，应该注意以下几点。

第一，蛟龙出海形态一般出现在下跌末期或低价位区间，前期股价走势为横盘整理或小幅振荡。

第二，蛟龙出海形态表示多方突然发力上攻，是强烈的看涨信号，投资者不宜继续看空。

第三，出现蛟龙出海形态后，激进的投资者可以大胆跟进，稳健的投资者可以再观察几日，等到股价站稳均线时再买进不迟。

第四，大阳线的实体越长，收盘价距离均线的位置越远，看涨信号越强烈。

第五，在形成蛟龙出海形态的同时，应该有成交量放量的配合，如成交量没有同步放大，则信号的可信度会差一些。

第六，形成蛟龙出海形态时，均线可能是多头排列，也可能是空头排列，亦有可能形成金叉。

第七，在周K线或月K线图上出现蛟龙出海这种技术形态，看涨信号更为强烈，投资者可重仓买入。

下面来看一下奥瑞金的案例，如图4-20所示。

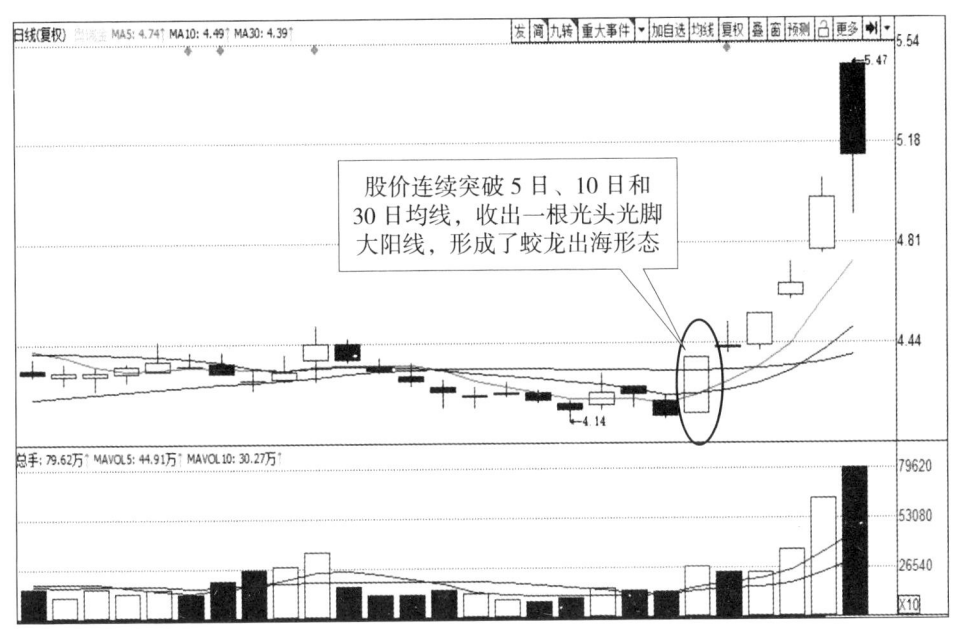

图4-20 蛟龙出海：奥瑞金（002701）日K线图

如图4-20所示，2024年9月，奥瑞金处于阶段性底部的盘整阶段。2024年9月26日，该股放量上涨，股价连续突破5日、10日和30日均线，收出一根光头光脚阳线。看到这种情况，激进的投资者可以适量买入，稳健的投资者可以再观察几日，等待股价站稳均线后再介入。

二、断头铡刀

断头铡刀，又称一阴破多线，是指一根大幅下跌的大阴线向下连续突破短期、中期和长期均线，收盘价位于这些均线之下，如图4-21所示。断头铡刀形态是一种明显的看跌信号，暗喻股价上涨势头已经到顶，头部将被铡断，下跌之势无法抵挡。

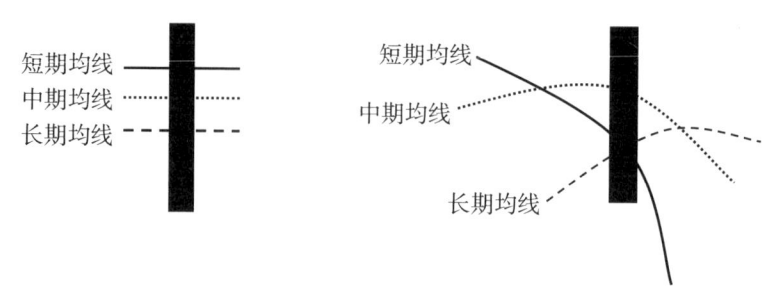

图 4-21　断头铡刀形态

根据断头铡刀形态进行操作时，应该注意以下几点。

第一，断头铡刀形态一般出现在上涨末期或高价位区域，均线系统一般呈现收敛状态。

第二，断头铡刀表示空方突然抛盘打压股价，是强烈的卖出信号。无论是激进的投资者还是稳健的投资者，在遇到这种走势时，千万不能继续做多，而应该果断减仓或是清仓。

第三，某个交易日，如果投资者发现一根阴线连续吃掉多条均线，就表示断头铡刀形态正在形成。

第四，大阴线实体越长，收盘价距离均线的位置越低，看跌信号越强烈。

第五，股价下跌的同时，如果成交量显著放大，则股价日后下跌的空间也相应较大。

第六，断头铡刀形成时，均线可能是空头排列，也可能是多头排列，亦有可能形成死叉。

第七，在周 K 线或月 K 线图上出现断头铡刀这种技术形态，看空信号更为强烈，投资者应清仓离场。

下面来看一下江铃汽车的案例，如图 4-22 所示。

如图 4-22 所示，2024 年 4 月 24 日，正在高位反复振荡的江铃汽车放量下跌，股价连续跌破 5 日、10 日和 30 日均线，形成了断头铡刀形态。这是强烈的看空信号，投资者应该在当天果断实施减仓或平仓操作，不能有丝毫犹豫。毕竟在如此疲软的走势中，越早卖出，损失就越小。

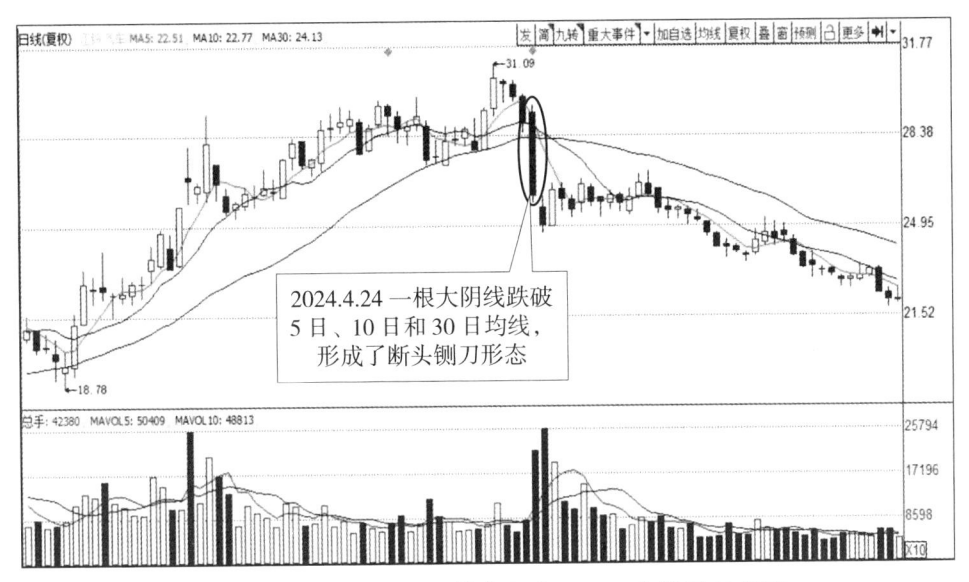

图 4-22　断头铡刀：江铃汽车（000550）的日 K 线图

三、突破跳空阴线 + 均线金叉

突破跳空阴线是一个典型的洗盘信号，此时，如果均线能够出现黄金交叉，则意味着股价将发动一波上涨，如图 4-23 所示。

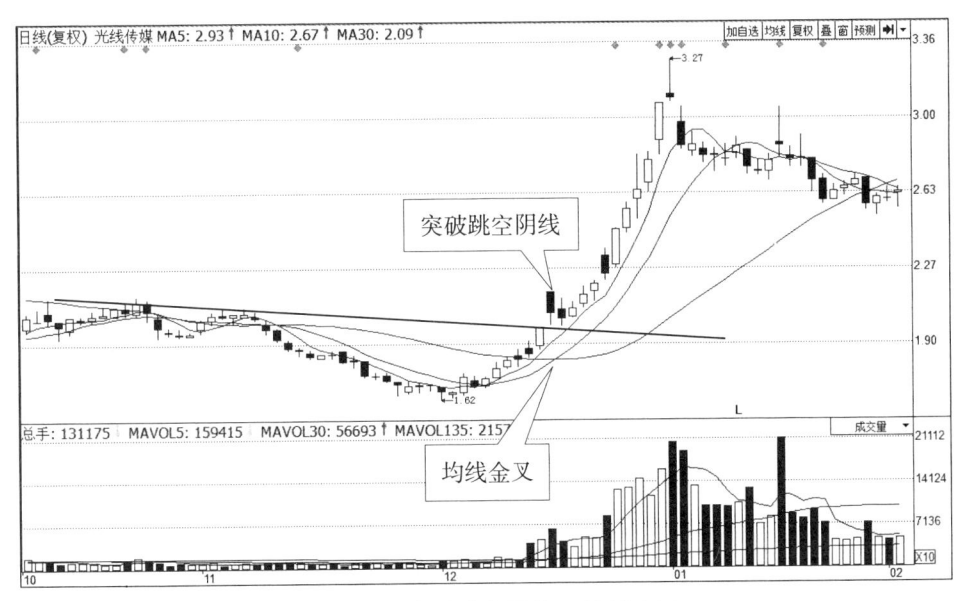

图 4-23　突破跳空阴线 + 均线金叉

根据"突破跳空阴线＋均线金叉"形态进行操作时，应该注意以下几点。

第一，某一日股价以跳空高开的形式突破了前期的某个高点，其后股价出现回落，在K线图上留下一根阴线。

第二，股价走出阴线当天或次日，短期均线上穿中期均线形成黄金交叉形态。

第三，股价跳空高开当天成交量可以放大，但不能出现巨量。

第四，股价跳空高开低走之后，有时股价还会出现回调，投资者宜谨慎。

第五，跳空高开低走次日，股价重新上涨时，就是该股第一个买点。当股价突破重要阻力位时，就是加仓该股的好时机。

下面来看一下重庆啤酒的案例，如图4-24所示。

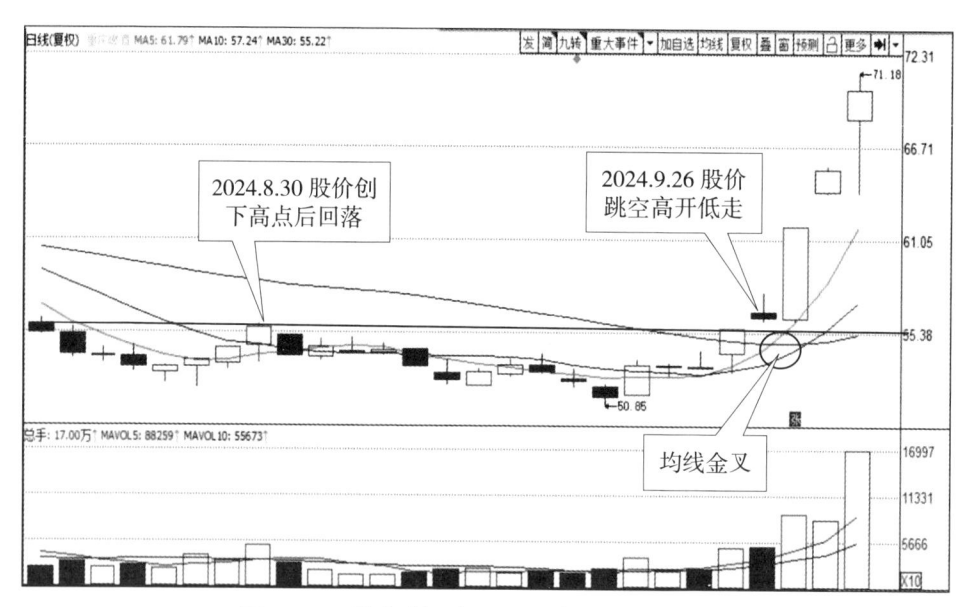

图4-24 重庆啤酒（600132）日K线走势图

如图4-24所示，2024年8月30日，重庆啤酒的股价创下一个阶段高点后，走出一波下跌行情。股价经过一段时间回调后，重新开始上涨。

9月26日，重庆啤酒的股价出现了发动上涨行情，当天股价跳空高开后逐渐走低，在K线图上留下了一根带长下影线的阴线。当天，重庆啤酒的

第四章 均线组合形态分析

5日均线上穿30日均线形成黄金交叉，预示股价其后将走强。

9月27日，重庆啤酒股价低开高走，投资者应于当天买入该股。

四、涨停过顶+均线多头

涨停过顶是一个重要的买入信号。股价涨停过顶的同时，如果均线能呈多头排列，那么，股价上涨的概率非常大，如图4-25所示。

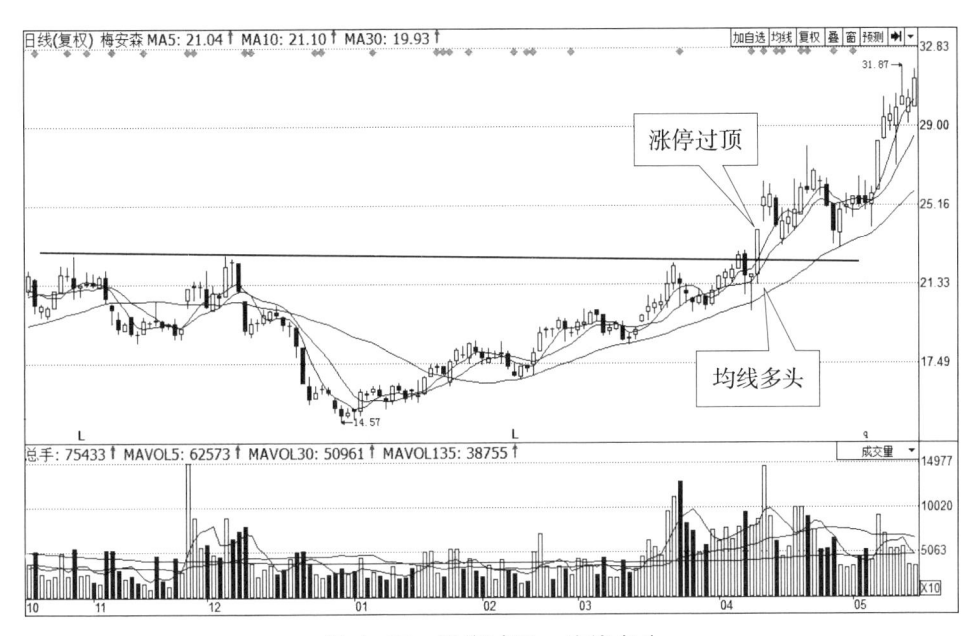

图4-25 涨停过顶+均线多头

根据"涨停过顶+均线多头"形态进行操作时，应该注意以下几点。

第一，股价涨停前已经出现了一波上涨行情。

第二，股价到达前期高点位置时，突然以放量涨停的方式突破前期高点。

第三，股价突破前期高点当日，各条均线呈多头发散排列。

第四，股价突破前期高点前，如果股价已经数次突破前期高点未果更好。

第五，当股价以涨停方式突破前期高点位置之时，就是该股第一个买点。当股价突破重要阻力位时，就是加仓该股的好时机。

下面来看一下海螺新材的案例，如图4-26所示。

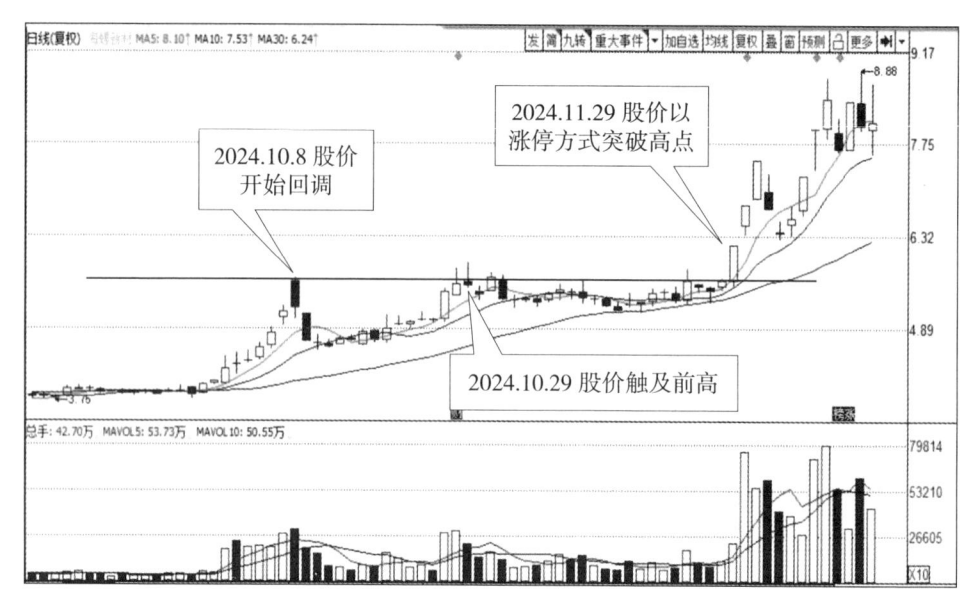

图 4-26 海螺新材 (000619) 日 K 线走势图

如图 4-26 所示，2024 年 10 月 8 日，海螺新材的股价在创下一个前期高点后出现下跌走势，其后又出现了振荡反弹行情。

2024 年 10 月 29 日，该股股价反弹至前期高点附近时，因受其阻力而重新回调；11 月 29 日，该股股价在缓慢上涨一段时间后出现走强态势。其后，股价以放量涨停的方式突破了前期高点，这说明股价将走出一波上涨行情。

股价向上突破前期高点时，各条均线呈多头发散排列，这说明股价短期将呈强势，投资者可买入该股。

五、蛤蟆跳空 + 均线多头

蛤蟆跳空是一组经典的上涨信号组合，该信号与均线综合应用，可加大股价上涨的可能性，如图 4-27 所示。

根据"蛤蟆跳空 + 均线多头"形态进行操作时，应该注意以下几点。

第一，股价上涨过程的两个高点连线构成了股价的上涨压力线。

第二，股价自下而上来到上涨压力线附近，突然跳空高开高走，形成一个缺口。

第三，股价跳空上涨当天，成交量呈放大态势。

第四章 均线组合形态分析

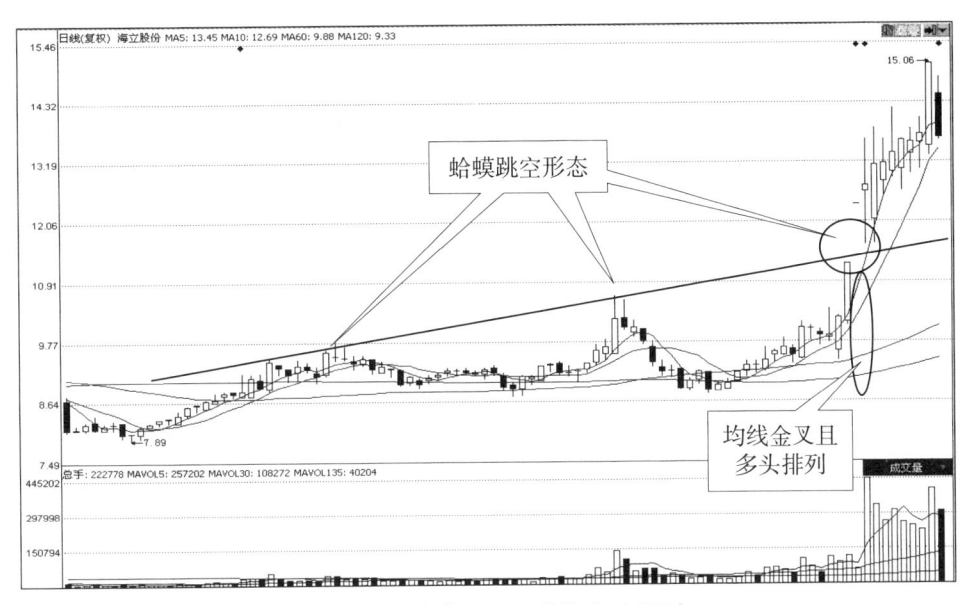

图 4-27 蛤蟆跳空 + 均线多头排列

第四，股价跳空上涨时，均线呈多头发散排列。

第五，当股价突破上涨压力线之时，就是该股第一个买点。当股价突破重要阻力位时，就是加仓该股的好时机。

下面来看一下江淮汽车的案例，如图 4-28 所示。

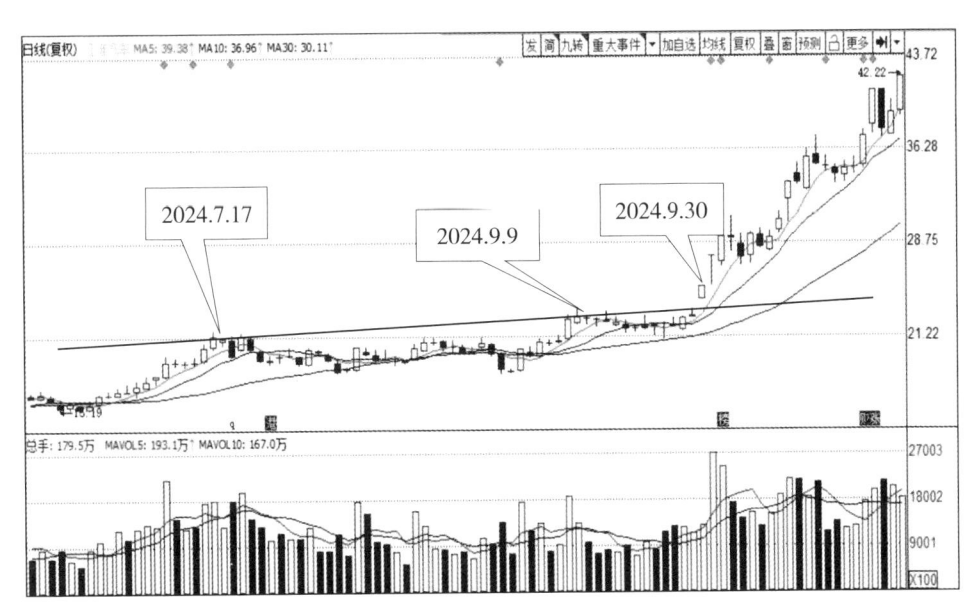

图 4-28 江淮汽车（600418）日 K 线走势图

如图 4-28 所示,江淮汽车的股价经过一波盘整后,在 2024 年 9 月 30 日形成蛤蟆跳空形态,预示股价将要大涨。

2024 年 7 月到 9 月期间,江淮汽车的股价先后走出了两个短期高点,且后一个高点要高于前一个高点,这说明股价逐波走高。投资者可以将两个高点连接成上涨压力线。

2024 年 9 月 30 日,江淮汽车直接以涨停价开盘,并全天封于涨停板,这就与前一交易日的股价形成一个跳空缺口,且这一缺口位于上涨压力线之上,标志着蛤蟆跳空形态正式形成。此时,江淮汽车的各条均线呈多头发散排列,这也预示着股价将走出一波上涨行情,投资者可追涨买入该股。

六、黄金坑+均线多头

黄金坑也是典型的上涨信号。当股价走出黄金坑时,如均线同步呈多头排列,则股价上涨的概率非常大,如图 4-29 所示。

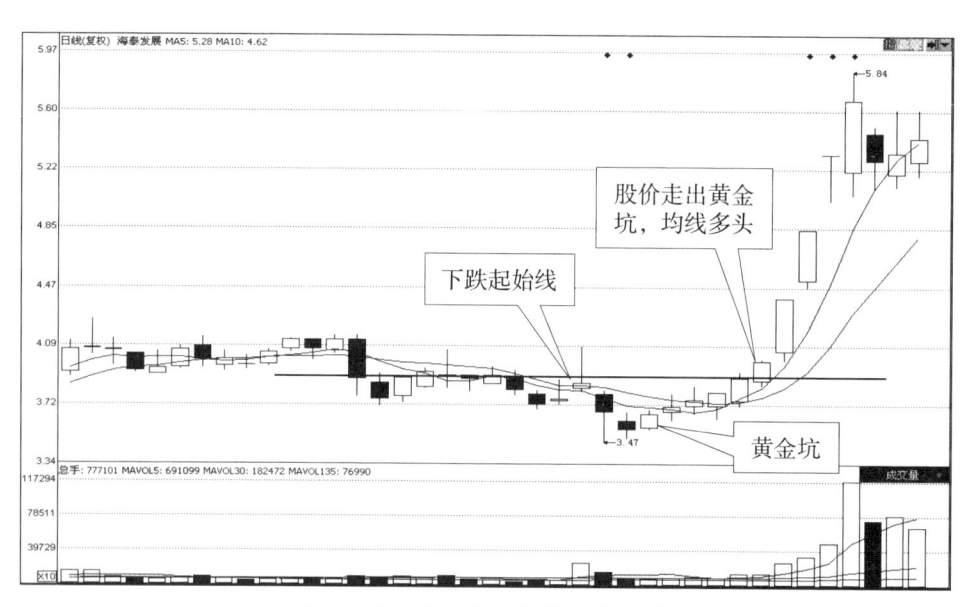

图 4-29 黄金坑+均线多头排列

根据"黄金坑+均线金叉"形态进行操作时,应该注意以下几点。

第一,某一日股价启动下跌走势,经过连续数日杀跌之后出现筑底迹象。

第二,接着,股价开始缓慢上涨,成交量同步放大。

第四章　均线组合形态分析

第三，股价来到下跌起始线位置时，会出现放量突破走势，说明股价走势趋强。

第四，股价走出黄金坑区域时，均线出现多头发散排列。

第五，当股价突破黄金坑下跌起始线，并位于各条均线之上时，就是该股买点。当股价突破重要阻力位时，就是加仓该股的好时机。

下面来看一下嘉元科技的案例，如图4-30所示。

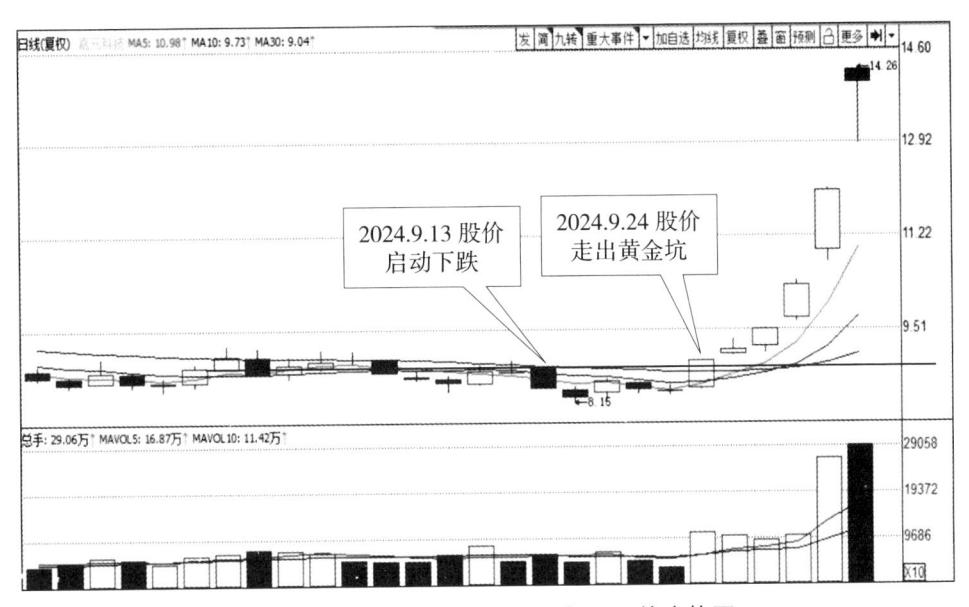

图4-30　嘉元科技（688388）日K线走势图

如图4-30所示，嘉元科技的股价在2024年9月期间走出了黄金坑形态，说明该股未来走势趋强。

2024年9月13日，嘉元科技的股价经过了一段时间的盘整之后出现了下跌走势。股价经过若干个交易日的下跌之后，反转向上。

9月24日，该股股价以涨停的方式突破了下跌起始线位置，这标志着黄金坑形态最终形成，投资者可于当日买入该股。

观察该股成交量可知：股价下跌过程中，成交量出现了萎缩态势，而股价持续上攻时，成交量出现了持续放大态势，这说明有资金持续流入该股。

观察该股均线走势可知：当股价发动上攻时，均线刚刚完成黄金交叉，其后各条均线很快呈多头发散排列，这也意味着股价将出现上涨行情。

第五章

均线与其他技术指标组合分析技术

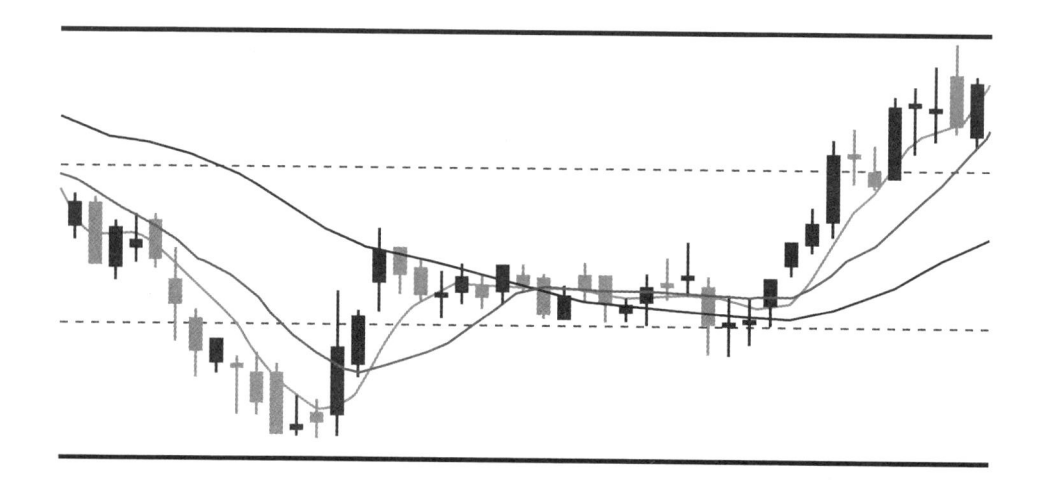

单独技术指标发出的交易信号，必然会涉及一个准确性的问题，均线指标也不例外。将均线与其他技术指标结合分析，无疑可以大大增强均线指标发出交易信号的准确性。

第一节 成交量辅助系统

成交量是市场供需关系的量化表现，指在单位时间内达成交易的总量。在技术分析领域，常有"量在价先"之说。利用均线指标判断股票交易点位时，成交量系统也是非常重要的辅助参考指标之一。

一、成交量基础分析：放量与缩量

成交量分析中，最基础的就是放量与缩量。在每日的股票交易过程中，成交量不可能总是保持相同的数据，多数情况下不是缩量就是放量。在不同的交易环境下，放量与缩量往往蕴含着不同的交易含义。

1. 缩量

缩量，即成交量逐期缩减的一种成交量组合形态，如图 5-1 所示。

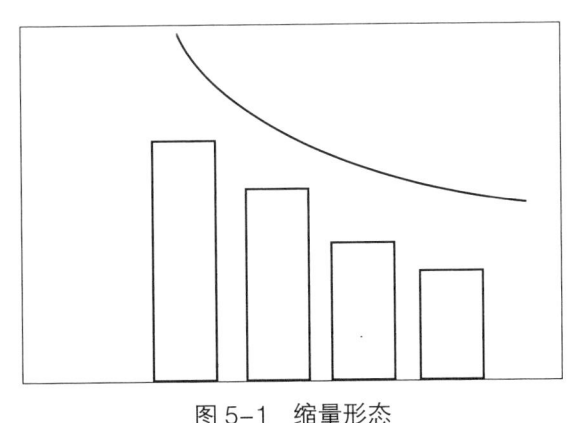

图 5-1 缩量形态

出现缩量，表明大部分人交易意愿不强，持有股票者不愿意卖出，或者持币者不愿意入场。缩量形态在上升趋势和下跌趋势中出现的时机不同，意义也有所区别。

第一，上升趋势中的缩量，被称为量缩价涨或价升量减。缩量上涨，是指在成交量萎缩的情况下，股价反而出现较大涨幅的量价背离现象。股价上升启动前期，若成交量出现缩量状态，说明主力控盘程度较高，散户卖出意愿不强。该时段的缩量上升，很可能是主力锁仓拉升形成的，未来股价继续上攻的概率极高。在一段较长时间的上涨之后，股价往往已经处于高价位区间，此时如果股价不断创出新高，而成交量却未能跟上，那么就在技术面上形成了量缩价涨的背离现象，这通常是行情难以持续的反转信号，投资者应保持警觉，此时最适宜的操作是趁势减仓。

第二，下降趋势中的缩量，又称为量缩价跌或价量齐跌，是指在成交量萎缩的同时，股价也同步出现下跌的量价配合现象。

在下跌初期或途中，如果股价走势因成交量的递减而下跌，是十分正常的现象，表示股价将持续下跌。通常在下跌之后，上方卖压减轻，股价会进入短暂的反弹周期，但是整体向下的趋势基本是确定的。

在低价位区域或股价经过较长时间下跌之后出现量缩价跌，表明空方力量正在逐渐减弱，是市场止跌回升的先兆。另外，在股价深度下跌之后，量价关系有可能演化成"地量地价"。

2. 放量

放量，即成交量逐期放大的一种成交量组合形态，如图 5-2 所示。

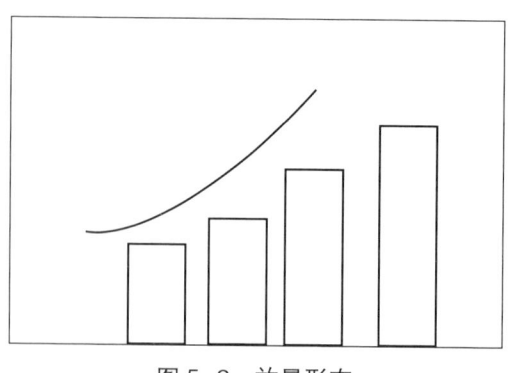

图 5-2　放量形态

出现放量，表明大部分人交易意愿较强，持有股票者愿意卖出，或者持币者愿意入场。放量形态在上升趋势和下跌趋势中出现的时机不同，意义也有所区别。

第一，上升趋势中放量，称为量增价涨或价量齐升。放量上涨，是指在成交量放大的同时，股价也同步上涨的量价配合现象，量增价涨为市场行情的正常特性。在上涨初期或上涨途中出现量增价涨，说明市场上多方力量强劲，投资者可及时跟进，大胆追涨。当量增价涨现象出现在高价位区域或是大幅上涨之后，极有可能是庄家在对敲出货。如果市场过于狂热，则有可能演化成"天价天量"，这时持币的投资者不宜介入。

第二，下降趋势中的放量，又称量增价跌或价跌量增，是指在成交量放大的同时，股价反而出现较大幅度下跌的量价背离现象。

在下跌行情初期出现量增价跌，表示经过一段较大的上涨之后，股价已经处于高价位区域，市场上的获利筹码也越来越多，投资者纷纷抛出股票以锁定利润，股价随后开始下跌，这是强烈的卖出信号。

当股价深度下跌之后，正处于低价位区域，这时出现量增价跌，即股价与成交量出现了底背离的情况，表明股价离真正的底部已经不远了，是一种潜在的反转信号。

下面来看一下嘉必优的股价走势情况，如图5-3所示。

图5-3为嘉必优的股价在2024年1月到6月期间的走势情况。从图中可以看出，在2024年1月下旬，嘉必优的股价K线持续走低，而此时成交量却呈现放量态势。鉴于股价已经下跌一段时间，此时放量，很可能属于主力资金进场的一个信号。此后该股振荡上升，股价与成交量基本维持了放量上升、缩量回调的运行模式。特别是在4月底5月初期间，股价出现了大幅上攻，成交量也随之大幅放大。到了5月6日，该股股价创下阶段高点，当日成交量却呈现萎缩态势，说明股价与成交量之间存在高位背离情况，未来股价走势不乐观。此后，随着成交量持续萎缩，股价也开始了回落。

从以上案例中可以看出，在大部分时间里，股价与成交量之间基本维持了量增价涨、量缩价跌的态势，若两者之间出现不同步的情况，则可能属于股价即将出现某种变化的征兆。

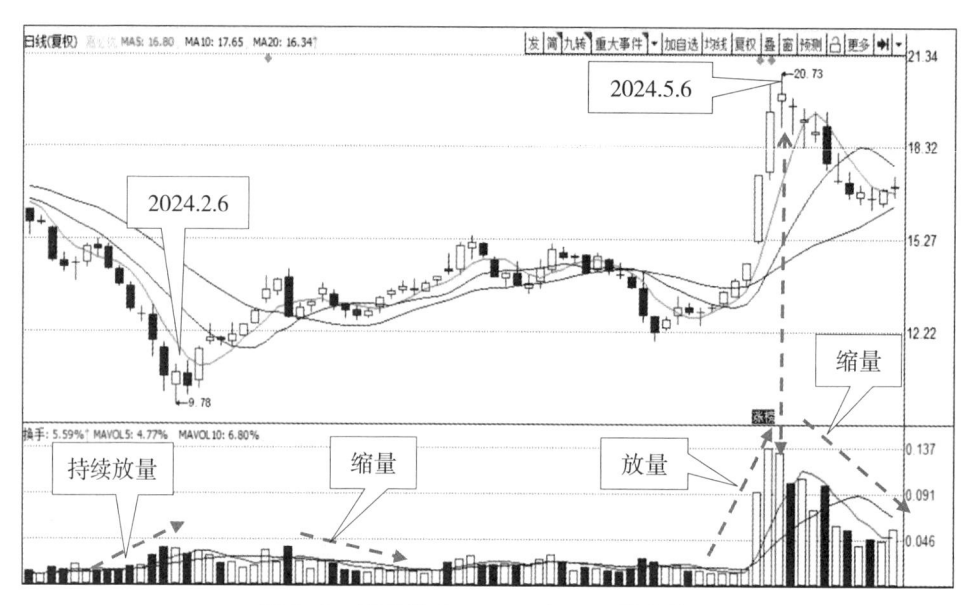

图 5-3　嘉必优（688089）日 K 线走势图

二、成交量确认价格变化

确认价格变化，是成交量指标最重要、最核心的作用。股价到达某一位置时，如果成交量出现放大态势，就意味着买卖双方在此位置达成了共识，未来会有更多的人在此位置进行买入或卖出交易，股价很可能还会延续当前的运行态势；反之，如果成交量极度萎缩，则说明买卖双方分歧较大，没有人愿意买入或卖出股票，股价未来转向的可能较大。尤其是当股价对某一重要阻力位或支撑位进行突破时，成交量的配合就显得格外重要了。通常来说，当股价向上突破某一重要阻力位时，需要成交量的放大相配合。跌破某一支撑位时，即便没有成交量的放大也可以确认，但若成交量出现放大，更可以确认跌破的有效性。

下面来看一下世华科技的案例，如图 5-4 所示。

如图 5-4 所示，世华科技的股价在 2024 年 9 月初出现了一波下跌走势，成交量先是持续萎缩，之后反向开始放大，这说明随着股价的走低，开始有主力资金介入，投资者需要保持关注。

进入 9 月下旬后，在大盘暴涨的带动下，世华科技的股价也随之上扬。9 月 27 日，该股股价来到前期高点附近时，因受前高阻力而冲高回落。观察

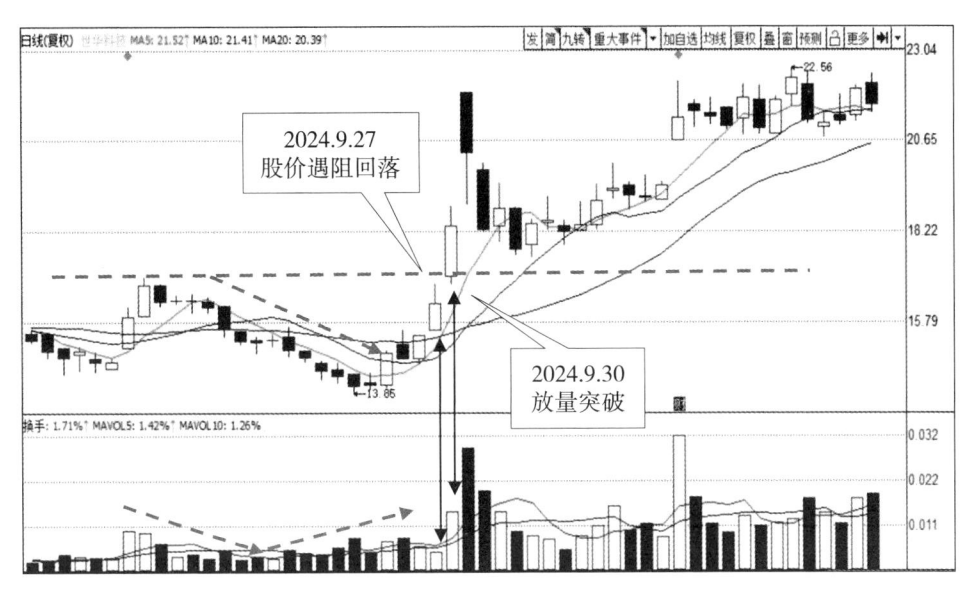

图 5-4　世华科技（688093）量价走势图

当日的成交量可以发现，尽管当日股价上涨，但成交量却出现了萎缩。面对前方的强阻力位，没有成交量的放大相配合，是不可能突破成功的。

9月30日，在大盘大涨的带动下，该股股价也迎来了久违的大涨，成交量同步出现了明显放大，股价也一举突破了前期高点这一阻力位。此后，该股股价再也没有回落到前期高点的下方，这也印证了此次突破的有效性。

三、成交量确认股价对均线的突破

在技术分析领域，股价对均线的突破是一个重要的研判内容，尤其是股价自下而上完成对某一重要均线的突破，很可能意味着股价运行趋势发生转变。此时，若无成交量放大相佐证，则其突破的有效性要打一个折扣。当然，在股价自上而下跌破均线时，有无成交量放大相配合皆可，若成交量也出现了放大，则更可印证股价已经开始进入了下行趋势。

下面来看一下诚益通的案例，如图5-5所示。

如图5-5所示，诚益通的股价在2024年8月出现了一波横向振荡走势。9月底出现了加速下跌，到了9月中旬，该股股价出现企稳走势。

9月24日，该股股价放量上攻，并完成了对均线系统的突破。当日，随着股价的突破，5日均线也完成了对10日均线的突破，30日均线开始呈现放平态势，这都是股价看涨的强烈信号。

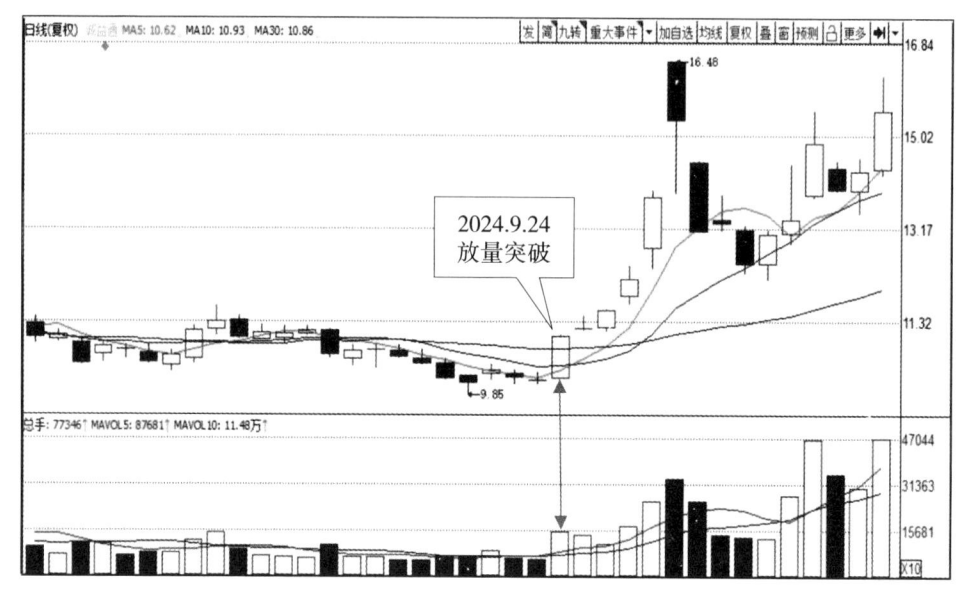

图5-5 诚益通（300430）日K线走势图

第二节 MACD指标组合分析

MACD指标素有"指标之王"之美誉，利用该指标把握股价波动趋势，可靠性和便利性远超其他技术指标。

一、MACD指标特性

指数平滑异同移动平均线，英文简称为"MACD"，是由杰拉尔德·阿佩尔（Gerald Appel）在移动平均线基础上重新发展出来的一种趋向指标，该指标利用快速（短期）平滑移动平均线与慢速（长期）平滑移动平均线之间不断聚合和分离的特征，加以双重平滑计算出差离值，用以对市场行情和买卖时机进行研判，是股市中常用的中长期技术指标，如图5-6所示。

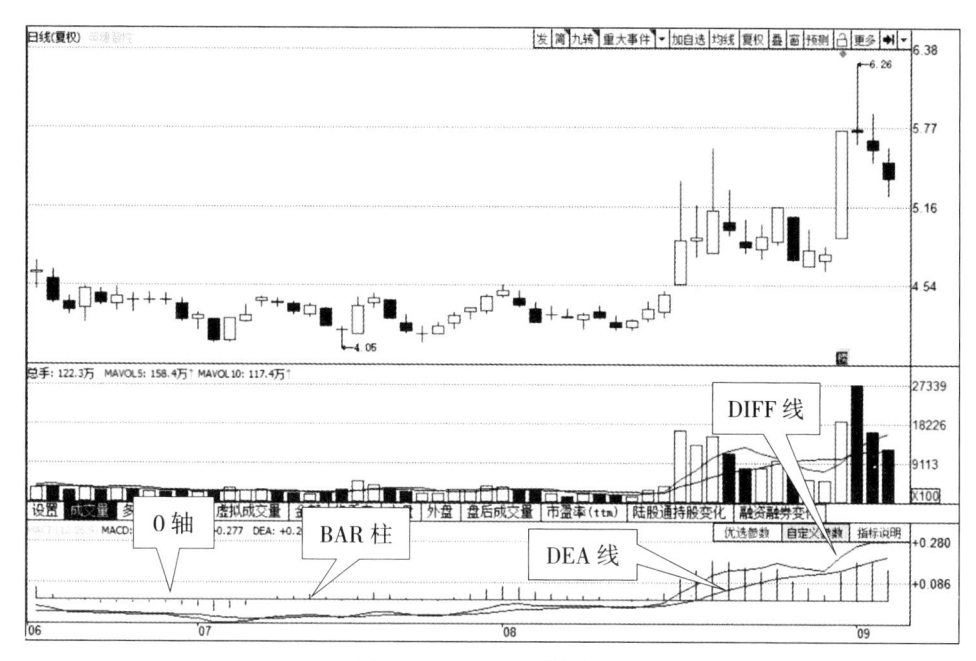

图 5-6 MACD 指标图示

MACD 指标具有如下几项特性。

第一，DIFF 线的变动较为灵敏，是快速平滑移动平均线；DEA 线则较为平缓，是慢速平滑移动平均线；两条线都围绕 0 轴上下波动。

第二，MACD 指标显示的两条曲线不是市场价格的移动平均线，而是两条移动平均线差距的平滑移动平均线。它能克服移动平均线假信号频繁的缺点，又保留了均线的诸多优点。

第三，MACD 柱状线即 BAR 线，表示 DIFF 线与 DEA 线之间的偏离程度，BAR 线越长，说明 DIF 线距离 DEA 线距离越远。BAR 为正值，柱状线显示为红色，表示 DIFF 线在 DEA 线之上；BAR 为负值，柱状线显示为绿色，表示 DIFF 线在 DEA 线之下。

第四，当 MACD 柱状线由负变正（或由绿变红）时，DIFF 线必然向上突破 DEA 线，从而形成金叉；当 MACD 柱状线由正变负（或由红变绿）时，DIFF 线必然向下跌破 DEA 线，从而形成死叉。

第五，BAR 线的正负值之间有一条分界线，称为 0 轴（或 0 线）。

二、MACD 指标基本交易含义

MACD 指标通过自身指标线之间的位置关系以及整体运行态势，可以帮助投资者研判股价波段的低点与高点。使用 MACD 指标时，需要重点关注以下几点。

第一，MACD 指标金叉与死叉。当 MACD 指标在低位出现黄金交叉时，通常会被看成股价启动的一个信号，如交叉点的位置出现在 0 轴附近，则更可增强金叉的成色，股价未来上攻的概率更大；反之，当股价自高位出现回落时，若 MACD 指标出现死叉时，通常意味着股价存在很大的下跌可能，特别是 MACD 指标自 80 线上方向下形成的死叉，看跌意味更浓。

第二，MACD 指标两条指标线 DIF 线和 DEA 线对 0 轴的穿越，也是需要重点关注的内容。MACD 指标线，特别是 DEA 慢线自下而上完成对 0 轴的穿越，意味着股价短期开始由空方主导转为多方主导，属于积极看涨信号；反之，若 MACD 指标自上而下完成对 0 轴的跌破，则意味着股价存在走弱的可能。

第三，MACD 指标与股价背离，是 MACD 指标的又一个看点。通常来说，MACD 指标会随着股价的波动而波动，在股价上升时，MACD 指标同步走高；在股价下跌时，MACD 指标同步走低，这是一种正常的 MACD 指标与股价配合的形态。当股价走出一个比一个更低的低点时，如 MACD 指标却没有同步走出新低，则意味着两者之间存在背离的情况，也就是通常所说的 MACD 指标底背离。同理，若股价走出一个比一个更高的高点时，MACD 指标并未同步创出新高，则意味着 MACD 指标与股价之间存在顶背离。

三、30 日均线与 MACD 指标金叉

MACD 指标低位出现多次金叉与死叉，最后一次金叉出现时，如果 30 日均线拐头向上，则说明筑底完成。

1. MACD 指标金叉

MACD 指标金叉本身属于看涨信号，但金叉出现的时机不同，看涨信

号的强弱也会有所区别。

第一，通常来说，MACD指标出现金叉，股价其后都可能出现上升走势。

第二，MACD指标金叉引发的股价上升，持续的时间不尽相同，有些情况下，这种上升态势能够持续很长时间，有些情况下，这种上升势头只持续了一两个交易日就宣告终结。

第三，金叉出现的位置不同，对股价后期走势的影响也不尽相同。通常来说，在0轴附件形成的黄金交叉成色较足，预示股价未来走势更好。

2. 30日均线与MACD指标组合

30日均线对股价运行趋势具有重要的指示作用。而MACD金叉，则可在30日均线发出趋势向好的前提下，捕捉波段买入信号。"MACD金叉+30日均线拐头"的操作建议如下。

第一，股价在底部区域出现盘整走势，MACD指标多次出现金叉与死叉，表明此时属于市场筑底阶段。

第二，MACD指标出现金叉后，DIFF快线继续上攻，无意回调时，若30日均线同时拐头向上，则意味着股价即将启动上涨。

第三，30日均线向上拐头时，若MACD指标同步出现金叉，则此时为最佳买点；30日均线向上拐头时，若MACD指标呈多头发散状态，可直接追涨买入。DIFF快线与DEA慢线能够自下而上突破0轴时，则属于该股的加仓点，如图5-7所示。

如图5-7所示，天准科技的股价在2024年年中出现了振荡筑底走势，MACD指标在0轴下方多次出现金叉与死叉形态，说明股价正在选择未来突破的方向。

2024年9月24日，DIFF快线向上突破DEA慢线，形成了黄金交叉。此时30日均线由下倾转为放平，说明股价有企稳向好的可能，投资者可于次日少量买入该股。

2024年9月26日，股价K线完成了对30日均线的突破，且此时30日均线出现拐头向上迹象，投资者可在此时加仓买入该股。

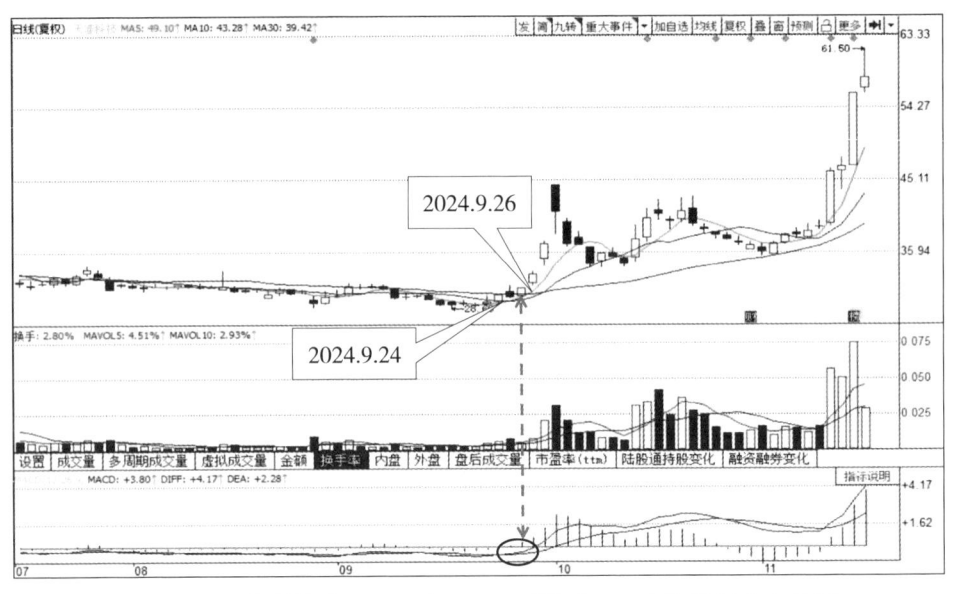

图 5-7　天准科技（688003）MACD 指标与 30 日均线组合走势图

四、MACD 指标与均线金叉共振

MACD 指标的两条指标线都处于上升状态中，如果 DIFF 线从下向上突破 DEA 线，形成金叉，均线系统几乎同时也形成了金叉，这种双金叉走势，表示场外投资者正在进场，是较为可靠的买入信号。其具体操作要点如下。

第一，MACD 指标的金叉应该在 0 轴附近位置，不宜距离 0 轴过远。

第二，均线金叉，以 5 日均线向上穿越 10 日均线为宜，成交量也应该同步出现温和放大态势。

第三，中长期均线如 30 日均线，应该呈现放平或拐头向上运行态势。

下面来看一下亚盛集团的案例，如图 5-8 所示。

如图 5-8 所示，亚盛集团的股价经过一段时间的横向盘整之后，在 2024 年 9 月下旬开始进入上升通道。

2024 年 9 月 24 日，该股股价在前一交易日小幅调整的基础上收出一根大阳线。与此同时，5 日均线向上突破了 10 日均线，形成低位黄金交叉形态。MACD 指标也在此时形成了黄金交叉形态，且交叉点位于 0 轴上方附近。鉴于此时股价刚刚启动，股价 K 线并未远离均线，投资者可考虑积极入场交易。

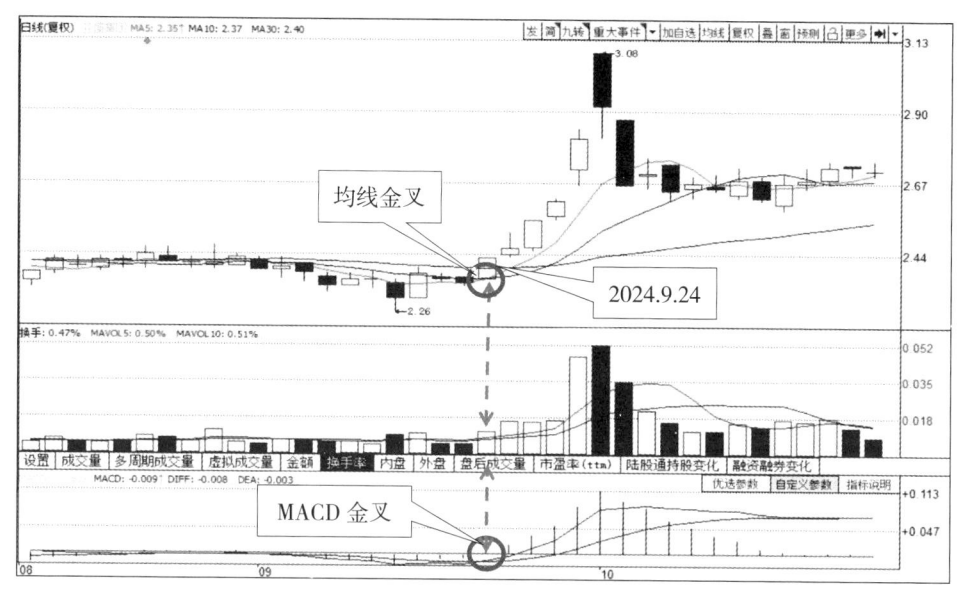

图 5-8 亚盛集团（600108）日 K 线走势图

第三节 KDJ 指标组合分析

随机指标，英文简称为"KDJ"，是一种短线分析工具，主要用来反映市场上买卖力量的强弱和超买超卖现象，能够在股价尚未上升或下降之前发出准确的买卖信号。KDJ 指标被认为是市场上灵敏度最高的指标之一，很多短线和超短线交易者特别喜欢使用该指标。不过，KDJ 指标在预判股价运行趋势，尤其是中长期趋势方面存在明显的不足，若将均线指标与其结合分析，则可增强交易的成功率。

一、KDJ 指标特性及基本交易含义

KDJ 指标由乔治·兰恩（George Lane）博士首创，是根据统计学原理，将某个周期内出现过的最高价、最低价及最后一个收盘价作为基本数据，

来计算最后一个计算周期的未成熟随机值 RSV，然后根据平滑移动平均的方法来确定 K 值、D 值与 J 值，并绘制成相应的曲线图来研判行情，如图 5-9 所示。

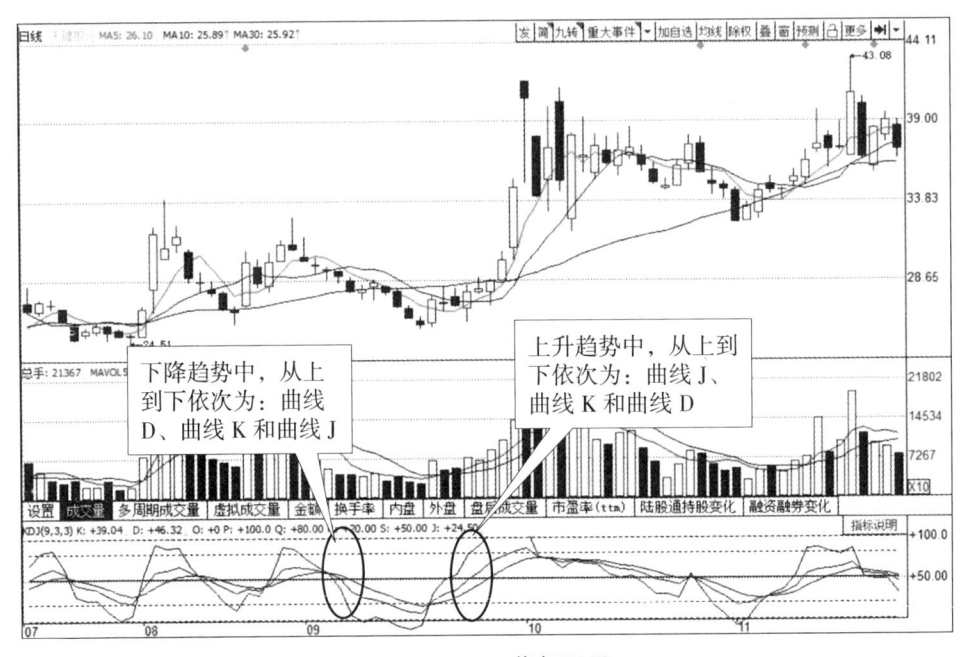

图 5-9　KDJ 指标图示

如图 5-9 所示，KDJ 指标主要由曲线 K、曲线 D、曲线 J、中轴 50 线等四部分构成。KDJ 指标是一种深受投资者喜爱并被广泛应用的技术指标之一。

KDJ 指标具有如下几项特性。

第一，识别超买与超卖，这是 KDJ 指标最好用的一个功能。将 KDJ 指标运行区域细分，当指标线运行至 80 线上方区域时，说明股价开始进入超买区域，提示投资者注意风险；当指标线运行至 20 线下方区域时，说明股价进入了超卖区域，提示投资者股价存在反弹的可能。

第二，金叉与死叉，这也是 KDJ 指标最核心的一个功能。通常来说，KDJ 指标金叉，意味着股价上涨的概率更大；KDJ 指标死叉，股价下跌的可能性较大。不过，金叉与死叉的位置不同，其意义也不尽相同。比如，在超卖区域 20 线附近出现的金叉，看涨意义通常要强于在 80 线上方出现的金叉。

二、突破 10 日均线与 KDJ 低位金叉

从短线交易来看，KDJ 指标低位金叉是一个相对较佳的看涨信号。不过，若此时股价仍处于下行趋势，或者处于 10 日均线下方，那么，此时 KDJ 指标金叉的成色就会稍显不足。若股价能突破 10 日均线，则说明股价短线有望迎来一波上涨。

该技巧的操作要点如以下几点。

第一，股价经过一波振荡后，出现反弹或反攻走势，KDJ 指标自低位向上从 20 线下方超卖区上行。

第二，随着股价企稳反弹，KDJ 指标在 20 线上方附近位置走出了低位黄金交叉形态，与此同时，股价放量完成对 10 日均线的突破。若此时 5 日均线同时向上穿越 10 日均线形成金叉，则更可增强买入信号的有效性。下面来看一下锦龙股份的案例，如图 5-10 所示。

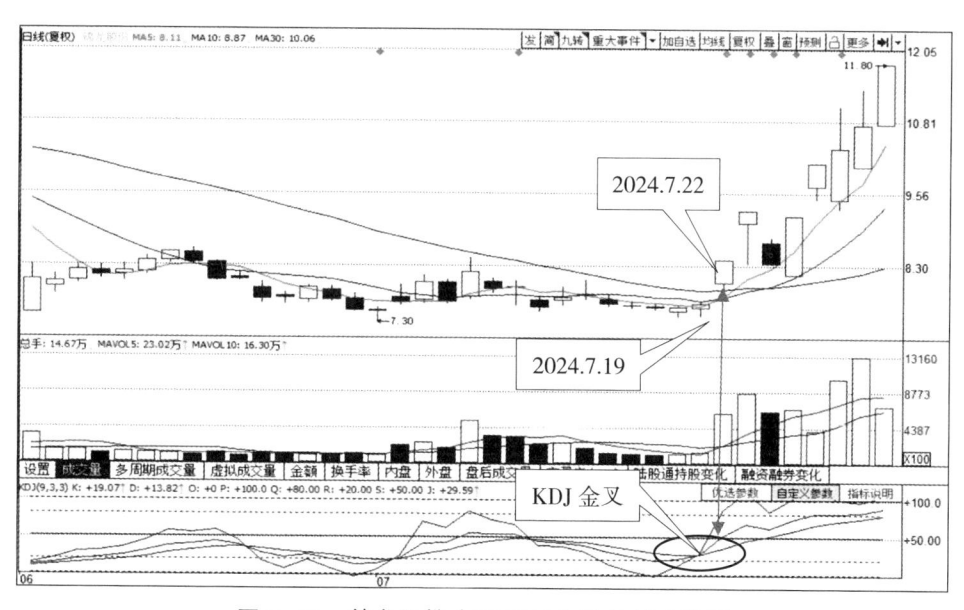

图 5-10　锦龙股份（000712）日 K 线走势图

如图 5-10 所示，锦龙股份的股价在 2024 年 6 月到 7 月期间呈现了横向振荡走势。在股价振荡过程中，KDJ 指标也在低位徘徊。到了 2024 年 7 月，该股股价振荡幅度开始缩小，KDJ 指标也逐渐进入了超卖区间，这意味着股价在不远的将来可能会出现反弹走势。

2024年7月19日，锦龙股份的股价小幅反弹，KDJ指标在20线附近形成低位金叉，这属于典型的行情转暖信号。不过，此时股价仍面临多条均线的压力，投资者可继续观察。7月22日，该股股价放量大幅上攻，并完成了对各条均线的突破。至此，均线与KDJ指标双重买入信号发出，这是一个加强版的短线入场信号。

第六章

均线基本趋势分析技术

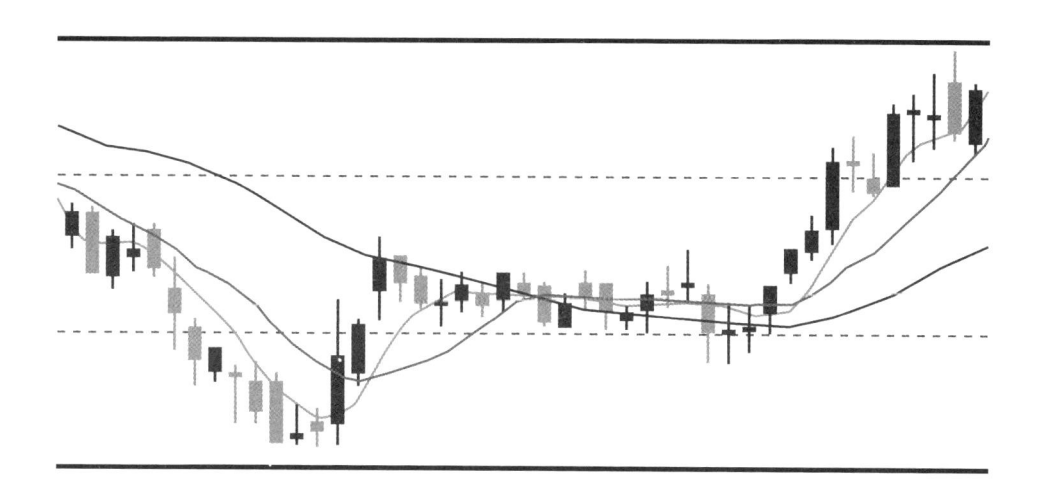

识别与判断股价运行趋势，是均线指标的重要功能之一。当然，投资者应用均线指标分析与判断股价运行趋势时，还需结合其他技术分析工具进行综合判断，以提升判断的准确性。

第一节　低位突破与趋势突破

股价与均线的位置关系，在市场中被看作判断股价涨跌的一个分水岭：股价处于均线上方时，大部分投资者处于盈利状态，基于盈利效应，市场上会有更多的投资者愿意入场买入股票，股价继续上攻的概率更大；反之，若股价位于均线下方，则说明市场上大部分投资者处于亏损状态，市场上的投资者不愿意入场买入股票，股价继续下跌的概率就高。正因如此，很多投资者都将股价低位启动后完成对均线系统的突破，看成是趋势逆转至少是小波段趋势逆转的一个信号。

一、股价突破均线系统

股价自低位启动后，往往意味着一波上升趋势即将形成。股价向上突破均线，则意味着市场氛围将会发生改变，也会有更多的跟风盘涌入。

股价突破均线位时，需要注意这样以下几点。

第一，越是长期的均线，对股价的阻力作用越强，股价对其突破需要的成交量也就越多，成交量放大是股价突破均线位的一个基本要求。

第二，股价完成对中长期均线的突破后，股价继续上行的概率要远远大于对短期均线的突破。

第三，股价突破均线之前，若各条均线出现黏合状态，此时向上突破这些均线，则意味着股价将会出现大幅上涨行情。

第四，越是对股价具有较强阻力作用的均线，当股价完成突破后，上涨的幅度越大。

下面来看一下通富微电的案例，如图6-1所示。

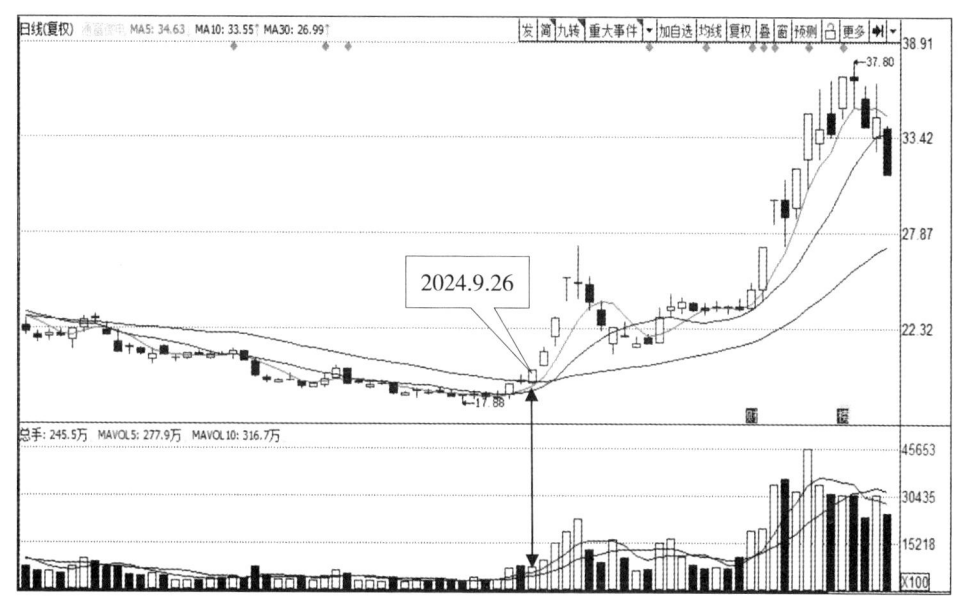

图6-1　通富微电（002156）日K线走势图

如图6-1所示，自2024年7月初开始，通富微电的股价走出了一波振荡下跌走势，股价在下跌过程中曾出现了若干次反弹走势。

2024年9月26日，通富微电的股价放量突破30日均线，且5日均线和10日均线同步突破30日均线，这属于典型的看涨信号，投资者可考虑买入该股。

其后，该股发动了一波快速上涨行情。

二、均线突破经典形态：出水芙蓉

出水芙蓉形态，是指股价K线在盘整过程中，各条均线出现黏合，某日股价大幅上涨，拉出一根大阳线，此阳线一举突破多条均线。该形态属于强烈的看涨形态，很多强势股在上涨启动期都出现过此种形态。该形态的操作要点如下。

第一，股价长期处于横盘状态中，各条均线出现黏合状态，成交量维持在较低水平。

第二，某一日股价低开高走，一举突破了多条均线，股价突破均线当日常常以涨停报收。

第三，股价突破均线系统之后，各条均线由黏合状变为发散状，且方向向上。

第四，股价突破各条均线当日，成交量出现了放大态势。当股价突破各条均线，并站稳在各条均线之上时，就是买入该股的一个较好时机。

下面来看一下福日电子的案例，如图6-2所示。

股价一举突破5日、10日和30日均线，收出一根光头光脚大阳线，形成出水芙蓉形态

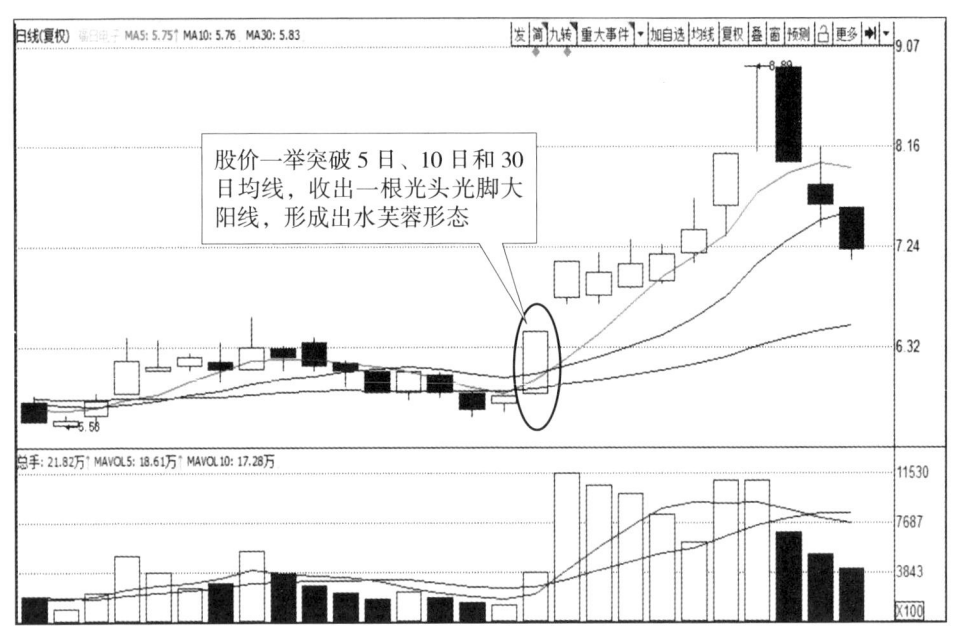

图6-2 出水芙蓉：福日电子（600203）日K线图

如图6-2所示，2024年8月底到9月初，福日电子处于阶段性底部盘整阶段。2024年9月20日，该股放量上涨，股价一举突破5日、10日和30日均线，收出一根光头光脚阳线。看到这种情况，激进的投资者可以适量买入，稳健的投资者可以再观察几日，等待股价站稳均线后再介入。

三、均线突破经典形态：鱼跃龙门

鱼跃龙门形态也是股价启动上涨的一个信号，该信号与均线金叉组合同时出现，将大大加强上涨信号的准确性，如图6-3所示。

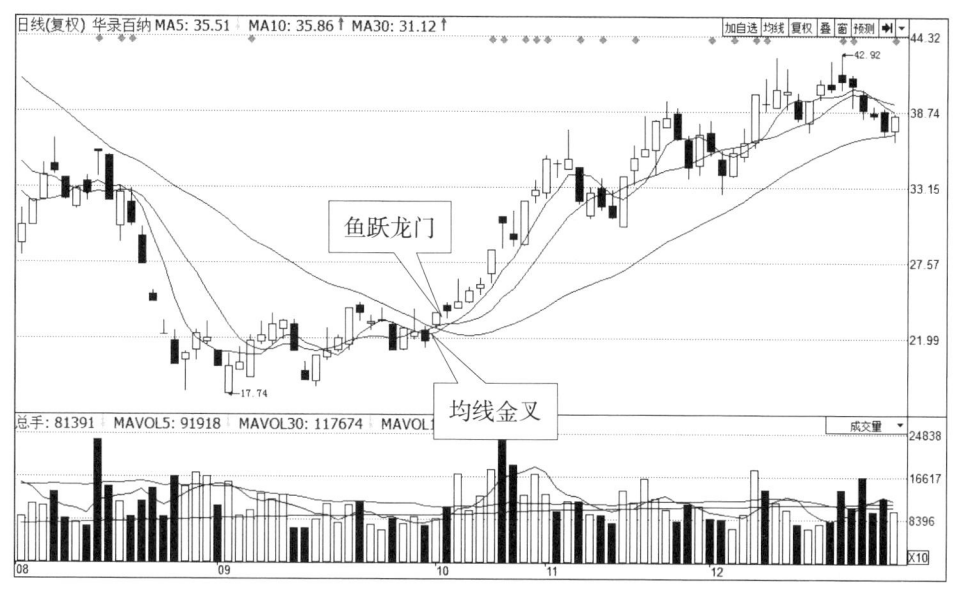

图 6-3 鱼跃龙门 + 均线金叉

根据"鱼跃龙门 + 均线金叉"形态进行操作时,应该注意以下几点。

第一,30 日均线由下跌状态转为上涨状态或放平状态。

第二,某一日股价放量跳空上涨,且直接越过 30 日均线,收于 30 日均线之上。

第三,股价跳空上涨当日,成交量放大数倍。

第四,股价跳空上涨时,短期均线上穿中期均线形成黄金交叉形态。

第五,当股价跳空上涨并收于 30 日均线之上时,是该股第一个买点。当股价突破重要阻力位时,是加仓该股的好时机。

下面来看一下天能股份的案例,如图 6-4 所示。

如图 6-4 所示,天能股份的股价经过一波下跌后,在 2024 年 8 月底走出了鱼跃龙门形态,预示股价将企稳上涨。

2024 年 5 月中旬以后,天能股份的股价一直在 30 日均线下方运行,30 日均线由下跌状态逐渐转变为放平状态,这说明股价走势将要企稳。

8 月 29 日,天能股份的股价越过 30 日均线跳空高开并迅速封上涨停板,在 K 线走势图上留下了一个缺口,这说明鱼跃龙门形态形成,投资者可买入该股。观察此时的均线指标可知:此时 5 日均线上穿 10 日均线和 30 日均线,形成黄金交叉形态,这也预示股价将出现一波上涨行情。

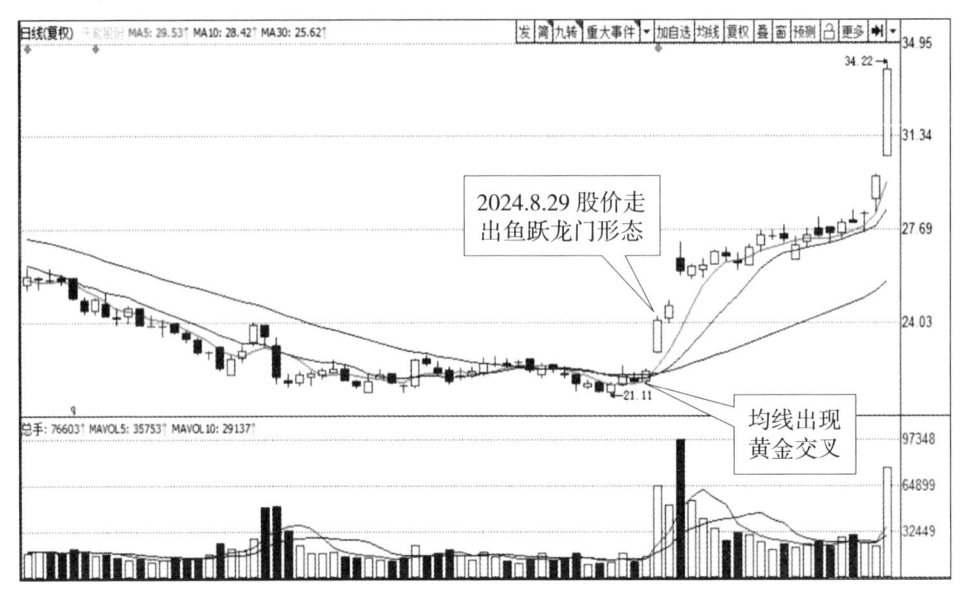

图 6-4　天能股份（300291）日 K 线走势图

第二节　盘整突破与趋势突破

股价进入上升趋势后，其整个上升过程并不是一次性完成的。很多时候，当股价上攻一段时间后，多会出现一定的横向盘整或回落调整，以利于其未来继续上攻。从均线指标上来看，这些股票在股价回调时，短期均线可能会同步出现调整态势，但中长期均线往往继续保持上升态势。当股价完成调整，重新开始出现突破性上升时，其突破的均线也以中短期均线为主。

一、中继横盘突破

股价经过一段时间的上涨后进入了盘整阶段。一方面，先前入场的获利盘需要兑现利润；另一方面，主力为了未来拉升的便利，不得不清洗掉市场上的浮筹。总之，基于多种需求，很多股票的价格在上涨一段时间后就会进行横向振荡，与此同时，各条均线也会同步开始由发散形态转为黏合形态。而后，当股价重新向上呈现突破形态时，往往意味着股价将进入新一波上升行情。

其操作要点包括以下几点。

第一，在股价回调过程中，成交量出现萎缩状态。随着股价持续调整，成交量萎缩到一定程度，预示股价即将进入新的上升趋势。

第二，随着股价的调整，各条均线开始逐渐黏合到一起，这是股价即将选择突破方向的一个信号。当然，股价到底会向上突破还是向下突破，仍带有很大的不确定性。

第三，在股价调整过程中，有时很会出现一些经典的整理形态，如楔形、矩形等。

第四，某一交易日，股价突然启动上涨，成交量同步放大。与此同时，股价也同步突破均线系统，各条均线顺势呈现多头发散排列，这是股价进入多头上升趋势的典型信号，投资者可积极入场买入股票。

下面来看一下建设工业的案例，如图6-5所示。

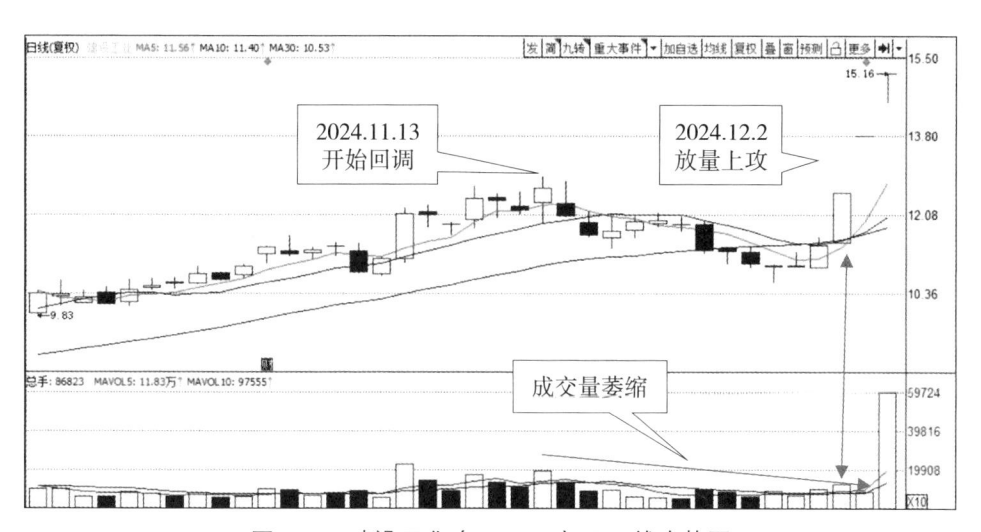

图6-5 建设工业（002265）日K线走势图

如图6-5所示，自2024年8月份开始，建设工业的股价正式进入了上升趋势。到了11月中旬，该股股价出现了上攻乏力迹象。自11月13日开始，该股股价开始转入调整模式。随着股价振荡走低，成交量同步出现了萎缩态势，短期均线在形成死叉后，继续保持回落。

到了11月底12月初期间，建设工业的股价开始在30日均线下方企稳，各条均线重新黏合在一起，成交量也萎缩至极低的水平，这说明该股股价正在选择突破的方向。

12月2日，该股股价在延续前一个交易日上攻的基础上，继续放量上攻，并完成了对整个均线系统的突破，这意味着该股的调整已经结束，股价重新回归上升趋势。

二、均线黏合与横向盘整

股价进入底部区域后，随着下跌势能减弱，跌幅逐渐变小，甚至会有止跌企稳的迹象。与此同时，各条均线也会逐渐从空头排列转为黏合状态。均线低位黏合后重新发散，就是股价重新选择突破方向的时候。不过，为了避免决策失误，投资者还需做到以下几点。

第一，为股价盘整划定振荡区间或阻力线、支撑线。

第二，当股价向上或向下跌破振荡区间、阻力线、支撑线时，不要立即采取行动，而是等待三个交易日后突破获得确认再采取行动。通常情况下，长时间的横向盘整，必然会有一波较大规模的行情，几个交易日内是不会结束的，所以投资者也不要害怕错过行情。

第三，若长周期均线（如60日、120日均线甚至250日均线）也能与短周期均线黏合在一处，则可增加未来大幅上涨的可能性。

第四，股价向上或向下突破整理区域时，若成交量同步放大，则可增强其突破信号的有效性。下面来看一下通鼎互联的案例，如图6-6所示。

如图6-6所示，通鼎互联的K线图上出现了均线黏合后向上发散形态。2024年上半年，该股股价逐级下跌，各条均线随之呈现空头发散排列。此后，该股股价进入底部盘整阶段。随着调整的深入，5日、10日和30日均线逐渐黏合在一起。经过较长时间的蓄势之后，60日均线也逐渐与各条均线黏合在一起，这说明该股股价即将重新选择突破的方向。

2024年9月23日，多方已经聚集了足够的上攻能量，场外资金纷纷抄底买入，带动股价放量上涨并突破压力线区域，均线系统也呈现明显的向上发散状。这种K线图上的均线黏合向上发散形态，极有可能催生大牛股。之后，该股股价连续三个交易日没有跌破之前的阻力线区域，可见该突破为有效突破。看到此图形后，投资者应及时跟进买入。

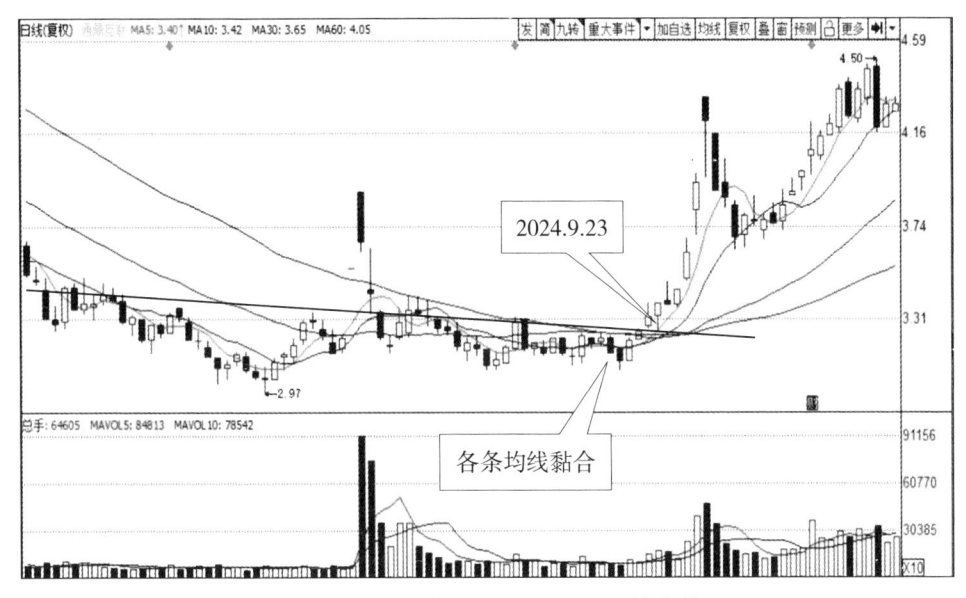

图 6-6　通鼎互联（002491）日 K 线走势图

三、三线黏合再爆发

三线黏合，是均线黏合形态中一种非常典型的形态，常用的是 5 日线、10 日线和 30 日线。其波动范围一般在 2% 以内，最多不能超过 5%。均线黏合说明股价开始盘整，一旦均线结束黏合，股价向上呈现放量突破形态，则意味着股价将迎来一波上升行情。该形态的操作要点如下。

第一，随着股价的横向盘整，均线黏合在一起超过两周时间，且股价横向振荡过程中，大盘指数同步横向振荡或上升。

第二，股价向上突破，均线结束黏合时，大盘呈现上升状态。

第三，随着 5 日均线、10 日均线和 30 日均线黏合在一处的时间越来越长，成交量同步出现萎缩情况。

第四，均线结束黏合后，出现拐头向上形态，且均线呈多头排列，往往意味着股价将出现一段上涨行情，投资者宜买入股票。

第五，均线黏合结束时，如果均线方向向上，有成交量放大相配合，那么后期上涨的可能性加大；如果均线方向向下时，有成交量放大相配合，那么后期下跌的可能性较大。

下面来看一下顺钠股份的案例，如图 6-7 所示。

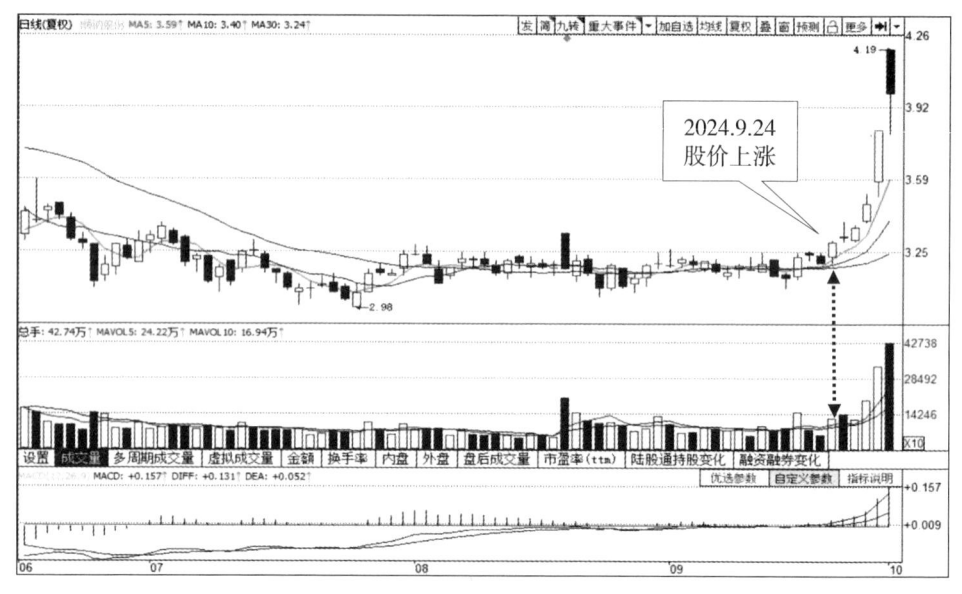

图 6-7　顺钠股份（000533）日 K 线走势图

如图 6-7 所示，顺钠股份的股价自 2024 年 7 月底开始出现一段整理行情，5 日线、10 日线和 30 日线呈黏合状态，其成交量也同步出现了萎缩态势，这说明主力正在选择突破的方向，投资者不宜轻易入场。

2024 年 9 月 24 日，该股股价开始发力放量上攻，均线由黏合变成发散，且均线呈多头排列。这说明该股已经开始进入上升通道，投资者宜买入该股。

此后，该股股价掀起了一波快速上升浪潮。

第三节　回调与趋势支撑

股价上攻之路从来不是一蹴而就的。在其上涨过程中，调整也是不可或缺的。一些经典回调与整理形态的出现，往往意味着股价还将展开新一波的攻势。

一、均线回调经典形态：金凤还巢

金凤还巢，是指一根拔地而起的大阳线之后，股价出现回调，在其回调至均线位置时，因受均线支撑而重新上攻的一种形态，如图 6-8 所示。金凤还巢形态，是一种明显的上攻信号，暗喻股价在大幅上攻中稍做停顿后，再度腾飞。

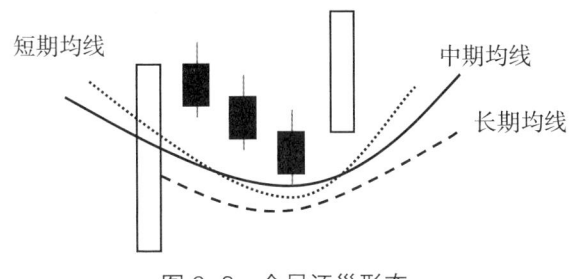

图 6-8　金凤还巢形态

根据金凤还巢形态进行操作时，应该注意以下几点。

第一，金凤还巢形态一般出现股价启动初期，第一根大阳线（涨停阳线最佳）将股价推向高点，此后股价回调小幅整理。股价整理时，成交量最好没有放大，一旦成交量放大，则该形态存在失败的可能。

第二，金凤还巢形态表示多方发力上攻后，经过短暂修正再度出发，是强烈的看涨信号，投资者不宜继续看空。

第三，金凤还巢形态中，股价 K 线回调所遇均线以中期均线为佳，此时长期均线若仍能继续向右上方倾斜，则可确定看好后市。

第四，第一根大阳线的实体越长，收盘价距离均线位置越远，看涨信号越强烈。

第五，股价回调时，调整的幅度越小（不超过大阳线二分之一位置为佳），未来继续上涨的动越足。

下面来看一下中南股份的案例，如图 6-9 所示。

如图 6-9 所示，2024 年 9 月 13 日，正在低位反复振荡的中南股份大幅拉升，并以涨停报收。此后，该股股价连续三个交易日出现缩量调整走势。当股价 K 线调整至 10 日均线位置时，因受 10 日均线的支撑而重新启动。观察此时 K 线的位置可知，股价调整的幅度并未跌破阳线最低点。当股价回调时，30 日均线仍处于向右上方倾斜态势，这说明该股股价仍处于强势上行趋势。

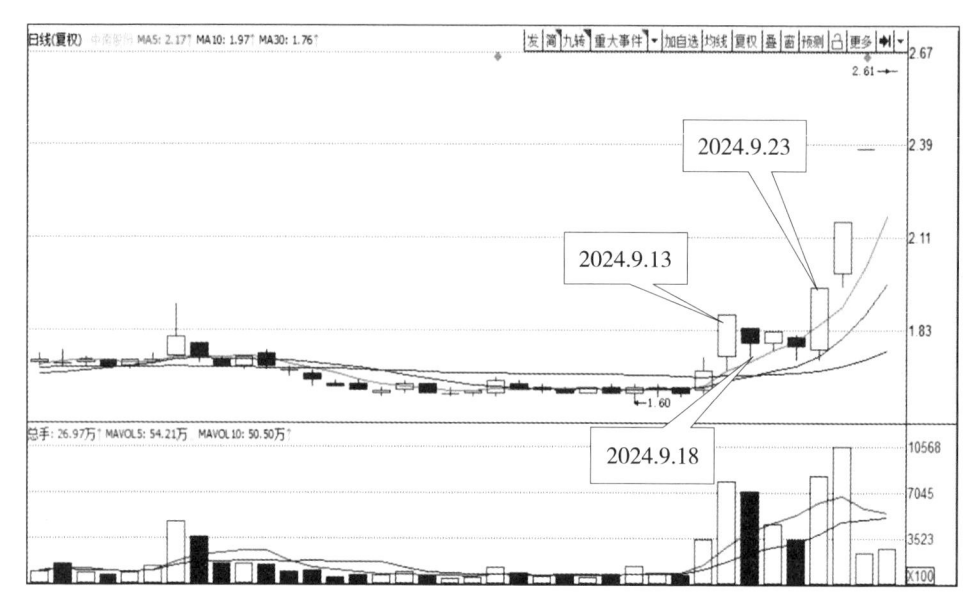

图 6-9　金凤还巢：中南股份（000717）日 K 线图

9月23日，该股股价重新放量上升。至此，金凤还巢形态正式成立，投资者可积极入场追涨买入该股。

二、均线回调经典形态：蜻蜓点水

蜻蜓点水，是指股价经过一段时间的拉升后出现调整走势，当股价 K 线的下影线触及某根中短期均线后，被迅速拉升而起。这是一种处于强势上升趋势中的回调整理形态，如图 6-10 所示。

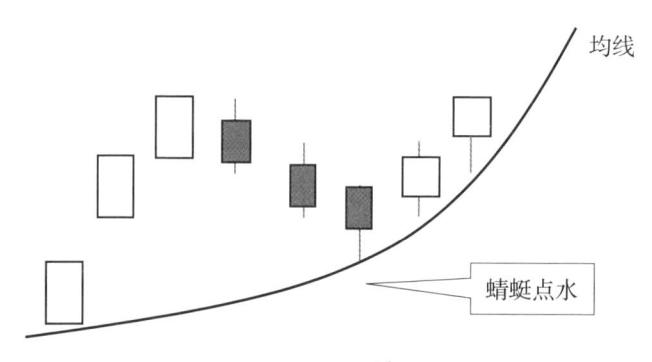

图 6-10　蜻蜓点水

根据蜻蜓点水形态进行操作时，应该注意以下几点。

第一，股价经过一段大幅上攻后出现回调走势时，成交量应该会同步呈现萎缩状态，这是主力洗盘的典型特征。

第二，股价 K 线在向均线靠拢时，最好是 K 线下影线触及均线，这说明股价在触及均线后受到支撑被拉起。

第三，股价受到支撑被拉起后，成交量也会同步呈现放大状态。

第四，股价向下方均线回调时，短期均线可能会随之回调，但中长期均线仍会呈向右上方倾斜态势，这是股价强势的典型特征。

下面来看一下国风新材的案例，如图 6-11 所示。

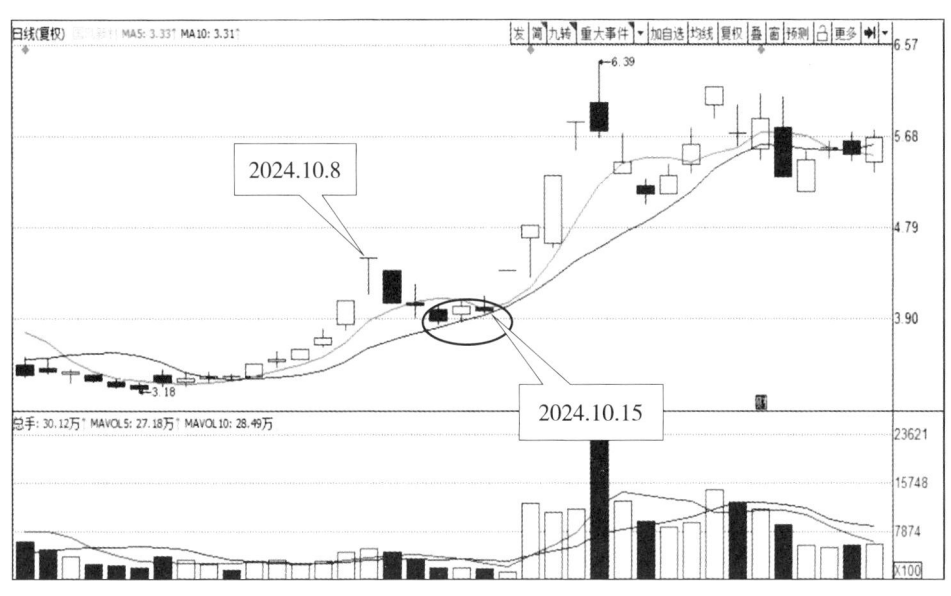

图 6-11　国风新材（000859）日 K 线走势图

如图 6-11 所示，2024 年 9 月下旬以后，国风新材的股价出现了一波振荡上攻走势。该股股价在上升过程中，曾出现了几次规模较大的调整走势。

10 月 13 日到 10 月 15 日连续三个交易日，国风新材的股价三次回调至 10 日均线附近，均因均线的支撑而重新上扬。三根 K 线的下影线在踩到 30 日均线后，股价随即腾空而起，随后股价出现了大幅上攻走势。此形态就是典型的蜻蜓点水形态，投资者见到此种形态后，可立即入场追涨买入该股。

三、回调遇中期均线支撑

中期均线通常被看成股价运行趋势的重要参照线。股价运行于中期均线

（如 20 日均线或 30 日均线）之上，则意味着股价中期呈强势，即使股价出现回调，投资者也可以安心持股；反之，若股价跌破中期均线，则意味着股价有中期趋势转向的可能，投资者宜卖出手中的股票。

当股价经过一波上升后出现回调，其回调至中期均线位置时，若能因均线支撑而重新上升，则意味着均线对其具有较强的支撑作用，未来股价有重归上升通道的可能。股价回调遇中期均线支撑的操作要点包括如下几项。

第一，均线周期越长，也就越稳定，支撑股价的强度越大。

第二，股价向中期均线回调过程中，成交量呈萎缩状态；当股价遇中期均线后出现反弹走势时，成交量应该呈放大迹象。

第三，当股价遇中期均线支撑而上涨时，如果其他技术指标能同步发出买入信号，将增大股价上涨的可能性。

下面来看一下新华百货的案例，如图 6-12 所示。

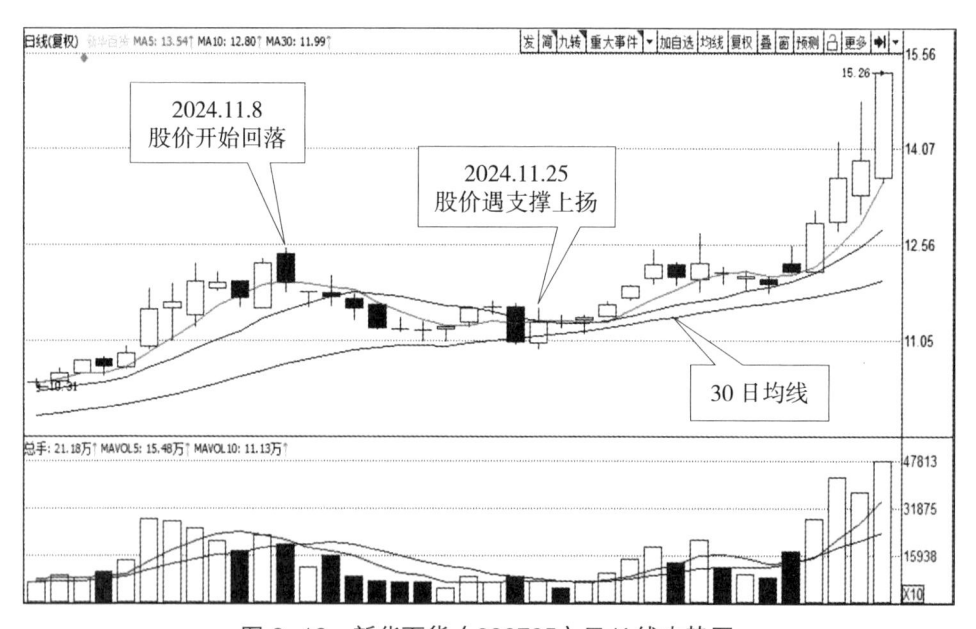

图 6-12　新华百货（600785）日 K 线走势图

如图 6-12 所示，2024 年 11 月初，新华百货的股价经过一波上升后出现回落走势。其后，该股股价出现了振荡走低，并一路跌破了多条均线。

2024 年 11 月 25 日，新华百货的股价在跌至 30 日均线附近时，因受 30

日均线的支撑而重新启动了上攻走势，在股价上升当日，成交量呈现了明显的放大迹象，投资者可考虑在当日买入该股。

此后，该股出现了一波幅度较大的上涨走势。

四、股价突破均线后回调再确认

股价自下而上突破均线后，有时会出现回调走势。当股价回调到均线位置，确认均线对股价的支撑后重新上涨时，是一个较好的买点。该技巧的操作要点如以下几点。

第一，股价突破均线后（以 30 日均线为例），必然导致获利盘涌出，股价因受抛盘打压而回落。当股价回调到均线位置时，由于很多投资者看好后市，因而有更多的买盘接手，致使股价重新开始上涨，投资者可在股价重新开始上涨时买入该股。

第二，股价突破均线后自高点回调时，如果成交量出现萎缩，当股价遇均线支撑重新上涨后，成交量出现放大态势，则该股后市上涨更加可期。

第三，股价回调到均线附近确认支撑时，如果股价偶尔跌破均线但又很快回到均线之上，则不影响该形态成立。

第四，投资者按照股价突破均线回调确认支撑这一方法买入股票后，可以将止损位设置在均线位置，一旦股价有效跌破均线（连续三个交易日运行在均线之下）即卖出。

下面来看一下科华数据的案例，如图 6-13 所示。

如图 6-13 所示。2024 年 8 月底，科华数据的日 K 线图上出现了股价突破均线回调确认后再上涨形态。

2024 年 8 月 30 日，科华数据的股价成功突破了 30 日均线的压制，并站稳在 30 日均线之上。其后几个交易日，股价出现了回调。在股价回调过程中，成交量出现了逐渐萎缩态势，预示该股后市依旧有上涨的可能。

9 月 24 日，科华数据的股价回调到 30 日均线附近时，因受 30 日均线的支撑而重新上涨，并收出一根大阳线，预示该股将重新回到上涨轨道。该股收出大阳线当天，成交量较前一交易日放大了很多，这也说明未来该股很有可能会持续上涨，投资者应在当日或次日买入该股。

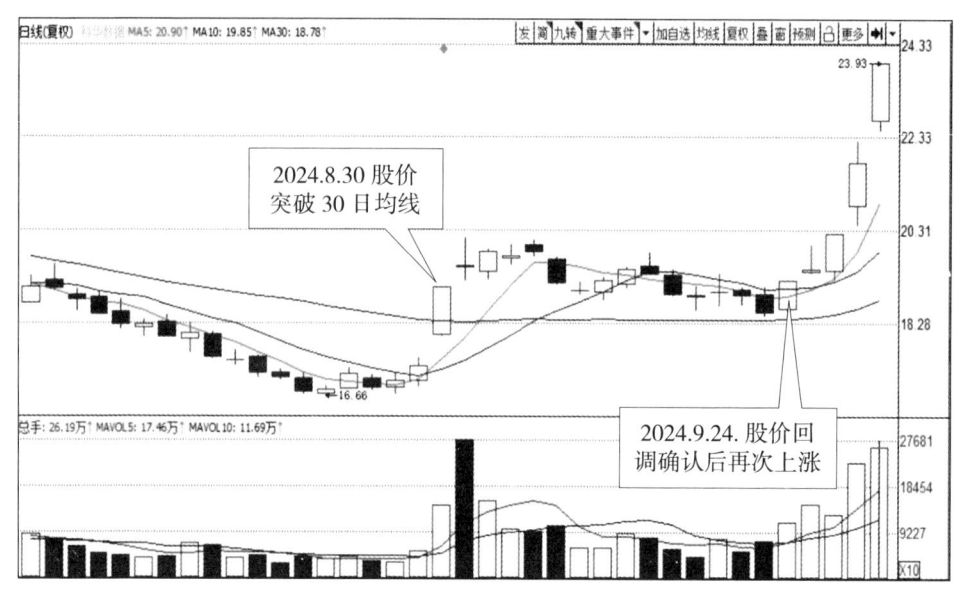

图 6-13　科华数据（600309）日 K 线走势图

五、股价跌破均线后速补回

股价进入上升趋势后，有时也会出现规模较大的调整。在调整过程中，股价偶尔跌破均线，但又很快回到均线上方，则仍可认定均线对股价的支撑有效。也就是说，这类调整尽管规模较大，但仍属于正常调整，投资者仍可认定股价处于上升趋势。该技巧的操作要点有以下几点。

第一，在均线平稳上升过程中，股价出现跌破均线的情况。股价在均线下方几个交易日内（一般不超过五个交易日）又重新回到均线上方时，就是一个较好的买点。

第二，股价在跌破均线时，成交量出现萎缩迹象。股价重新上涨回到均线上方时，成交量又出现放量，则说明股价强势依旧，未来仍有较大的上涨空间。

第三，投资者应用股价跌破均线后重新回到均线上方这一技巧买入股票时，需要在股价重新回到均线之上时买入，不可提前入场，以免被套。

第四，股价跌破均线后又重新回到均线上方这一过程中，均线的方向应该是保持向上的，如果方向出现拐头向下的情况，则不宜介入该股。

下面来看一下天奇股份的案例，如图 6-14 所示。

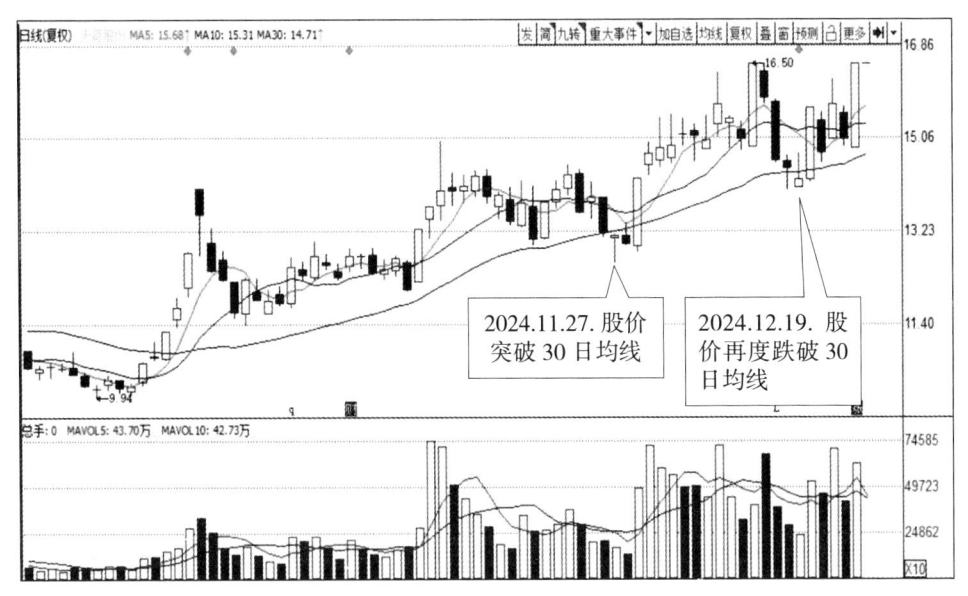

图 6-14　天奇股份（002009）日 K 线走势图

如图 6-14 所示，2024 年 9 月底到 12 月初期间，天奇股份的日 K 线图上出现了股价跌破均线后又回到均线之上的形态。

2024 年 9 月底，天奇股份的股价自下而上突破了 30 日均线，此后一路沿 30 日均线上涨。经过一段时间的上涨后，股价出现回调整理，股价向 30 日均线靠拢。11 月 27 日，股价跌破 30 日均线，说明股价有下跌的风险。此时，投资者可以观察一下 30 日均线的形态，30 日均线方向依旧是向上，说明投资者可以继续持有该股。

11 月 29 日，天奇股份的股价重新回到 30 日均线上方，说明之前的下跌只是一次回调整理，股票仍有可能维持之前的上涨行情。

其后的 12 月 19 日，该股股价再度跌破 30 日均线，但又很快回到了 30 日均线上方，这说明该股股价的上升趋势仍旧没有被破坏，投资者仍可继续持股。

第七章

均线趋势追涨技法

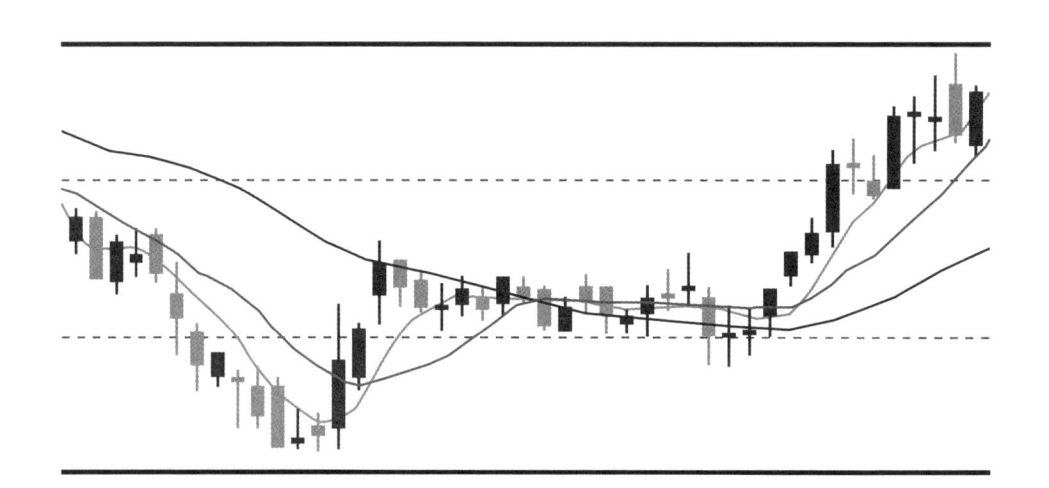

从投资者的角度来看，识别股价上升趋势并及时入场追涨，是交易获利的最佳途径之一。不过，股价趋势是可以划分为若干级别的。在大级别的趋势中，还会蕴含若干低级别的趋势。正因趋势的级别不同，为各类投资者提供的交易思路和方向也不同。比如，从超短线交易者角度考虑，即使股价大级别趋势处于下行趋势，但其低级别趋势若能出现反弹趋势，也是可以参与交易的。

第一节　分时框架均线追涨战术

实战中，很多超短线交易者为了寻找更加准确的交易时机和点位，可能会选择对交易的时间框架进行调整，比如，将以日线为主的分析周期，调整为以 30 分钟线、60 分钟线为主的分析框架。

本节以 30 分钟线为主，分析两类基于均线指标的超短线追涨战术。前面分析的以日线为主的短线追涨方法，也可以应用于 30 分钟线。

一、30 分钟线突破买进

依据 30 分钟 K 线走势买入股票时，要注意两方面因素：一是大盘是否满足做短线的需要；二是要选择强势股，只有短期内走势较强的股票，才是短线交易的最佳品种。投资者在买入股票前，应注意以下两个问题。

第一，大盘处于筑底阶段或上涨阶段。大盘 K 线图呈上涨或盘整走势，大盘指数位于 5 日均线上方，且大盘指数的 5 日均线方向向上。

第二，个股选择。投资者可以利用交易软件的综合排行功能，筛选涨幅大于 5%，且换手率高于 5% 的股票。

通过 30 分钟 K 线图研判股票买点时，可以着重考虑以下几种情形。

第一，5 日均线、10 日均线向上穿越 30 日均线，且均线系统出现多头排列。

第二，KDJ 指标出现金叉，且各条指标线方向向上。

第三，均量 5 线上穿均量 60 线，且成交量出现放大态势。

第四，30 分钟 K 线携量突破重要技术位。

下面来看一下海尔智家的 30 分钟 K 线图，如图 7-1 所示。

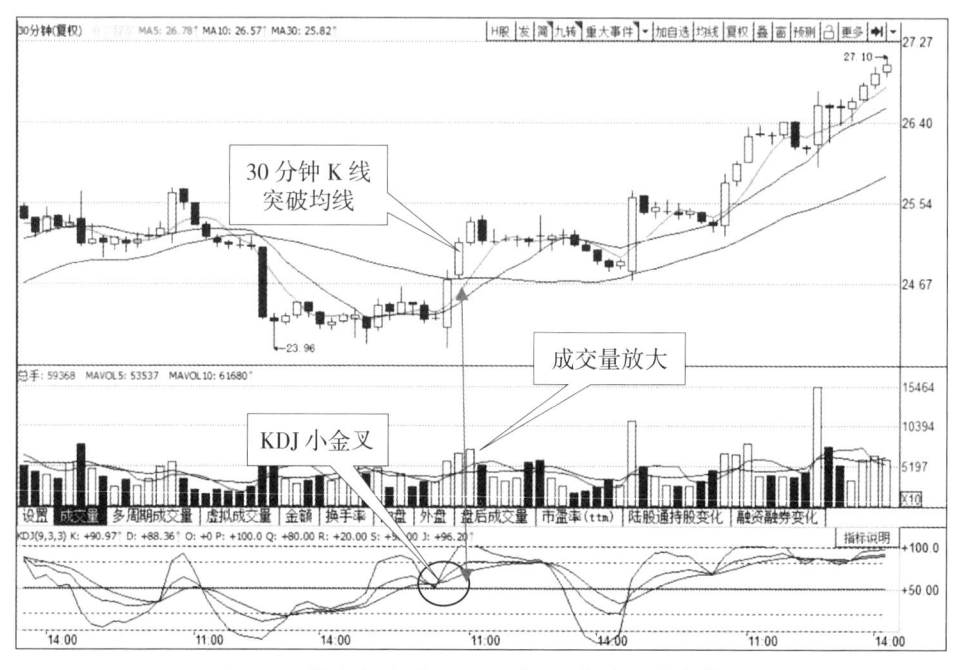

图 7-1　海尔智家（600690）30 分钟 K 线走势图

如图 7-1 所示，海尔智家的股价从 2024 年 9 月 6 日开始出现回调走势。从 30 分钟 K 线图上可以看出，该股股价在连续下跌几日后，出现了筑底迹象，投资者需要保持密切的关注。

2024 年 9 月 11 日，该股开盘之后一路冲高，30 分钟 K 线携量冲破了均线 30 的阻力，且均线 5、均线 10 同步向上穿越了均线 30，这说明该股已经启动上涨，投资者可以考虑买入该股。观察 KDJ 指标，发现其已经出现黄金交叉，这也说明该股存在上涨的可能。

下面再来看一下该股的日 K 线走势图，如图 7-2 所示。

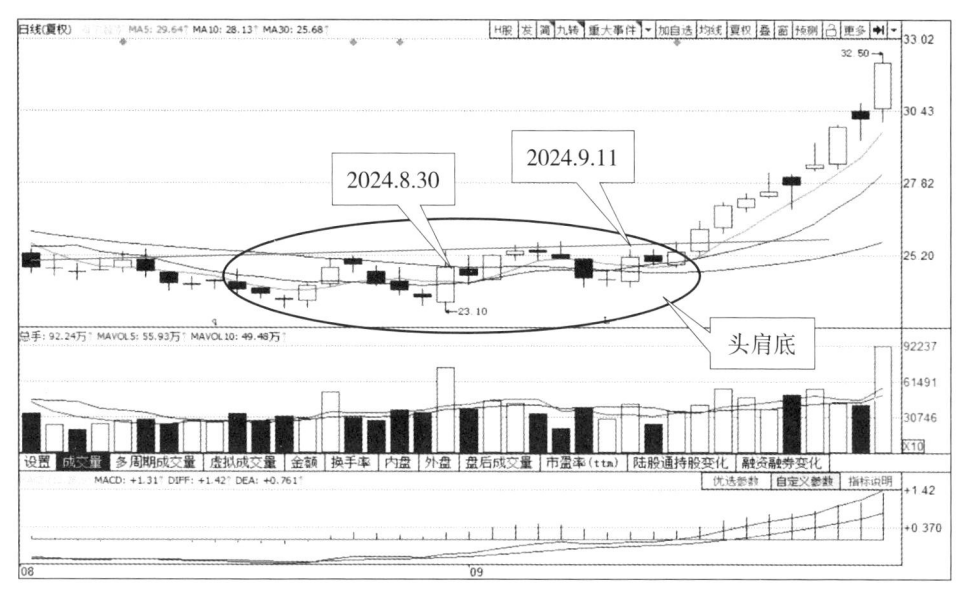

图 7-2　海尔智家（600690）日 K 线走势图

如图 7-2 所示，海尔智家的股价从 2024 年 5 月中旬开始回调，股价一度跌破各条均线。观察该股的日 K 线走势图可以发现，该股日 K 线在 2024 年 8 月到 9 月期间走出了一个近似头肩底的形态。

8 月 30 日，该股 K 线创出阶段新低后触底反弹，且成交量出现放大态势。不过，此后该股股价又重新进入了调整区间。

9 月 11 日，该股股价 K 线在创出阶段低点后反向上攻，并突破了 5 日均线和 10 日均线，且 30 日均线出现拐头迹象，激进型投资者可考虑入场。

二、30 分钟线回档买入

股价回档买入的条件包括以下几种。

第一，选择三日涨幅 10% 以上的强势股。

第二，均线呈多头排列，但均线 5、均线 10 出现向下调整。

第三，KDJ 指标出现死叉，且 K 值、D 值、J 值达到 30 值以下。

第四，成交量出现萎缩。

第五，30 分钟 K 线受均线 30、均线 60 的支撑重新向上运行时，可选择买入。

下面来看一下宝明科技的 30 分钟 K 线图，如图 7-3 所示。

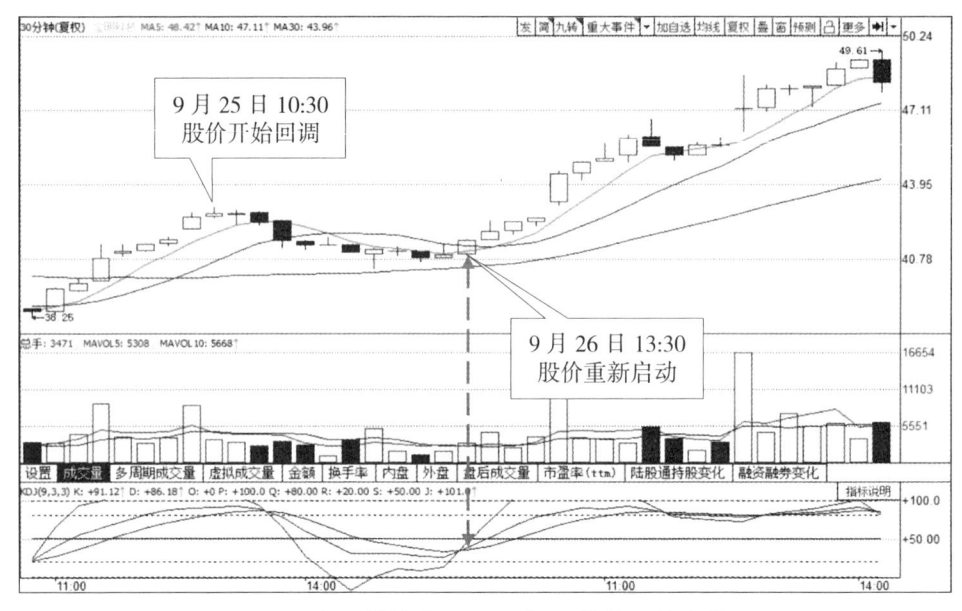

图 7-3　宝明科技（002992）30 分钟 K 线走势图

如图 7-3 所示，宝明科技的股价从 2024 年 9 月中旬开始连续大幅上涨。其后，该股股价从 9 月 25 日开始出现回档整理，股价出现了一波下跌，KDJ 指标进入超卖区域。该股股价在下跌到均线 30 处受到支撑，与此同时，均线 5、均线 10 也同步下跌到均线 30 处并受到支撑，随后股价出现反弹，投资者此时可以考虑买入该股。

9 月 26 日 13:30，该股股价重新向上突破各条均线，KDJ 指标重新出现金叉，短线交易者可积极入场交易。

保守的投资者可以同时参照该股的日 K 线走势图进行决策，如图 7-4 所示。

如图 7-4 所示，宝明科技的股价自 2024 年 9 月 23 日触底后反弹，并于 9 月 25 日出现了调整走势。股价调整到 5 日均线处受到支撑后重新上涨，这比较符合强势股的典型特征。与此同时，KDJ 指标进入超买区域，这是股价短线走强的一个特征。基于以上分析，此时该股股价很可能会短线启动，投资者可考虑追涨买入。

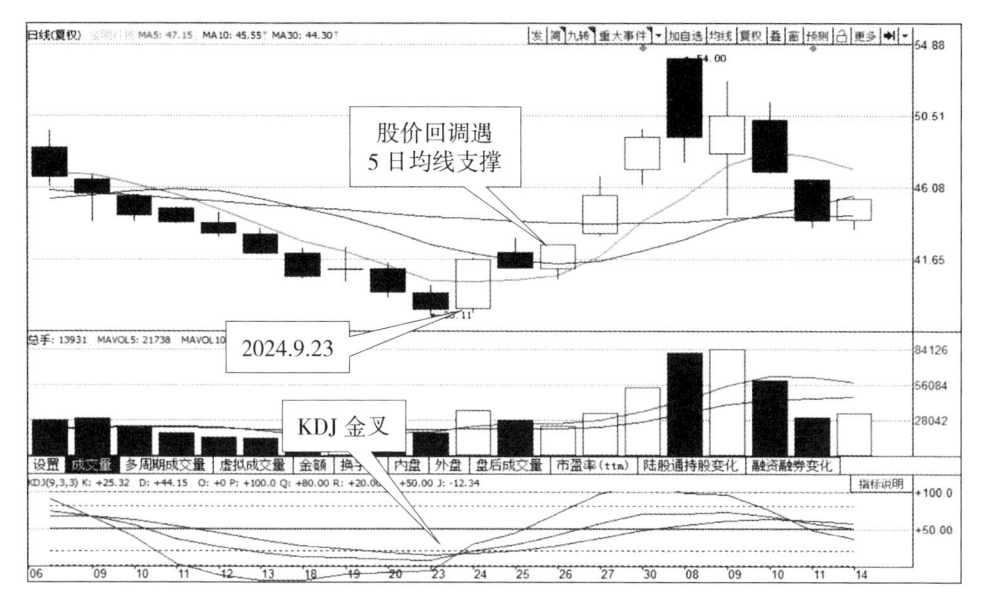

图 7-4　宝明科技（002992）日 K 线走势图

第二节　5 日均线超短线战法

5 日均线灵敏度高，因而大受超短线交易者的欢迎。在超短线交易活动中，5 日均线可谓是"无处不在"。

一、5 日均线突破追涨战术

5 日均线突破追涨战术，是通过追击启动强势上涨的股票，以达成获利目标的操盘方法。此方法属于典型的短线追涨战术，如图 7-5 所示。

如图 7-5 所示，股价放量突破 5 日均线后，就进入了快速上涨趋势。其后，各条均线拐头向上，并形成了多个金叉的价托形态。

结合图 7-5 的情况，可以看出 5 日均线突破追涨战术的操盘要点有以下几点。

第一，大盘处于上涨或振荡上行行情中。

第二，个股出现明显的启动上涨迹象，且突破 5 日均线的压制。

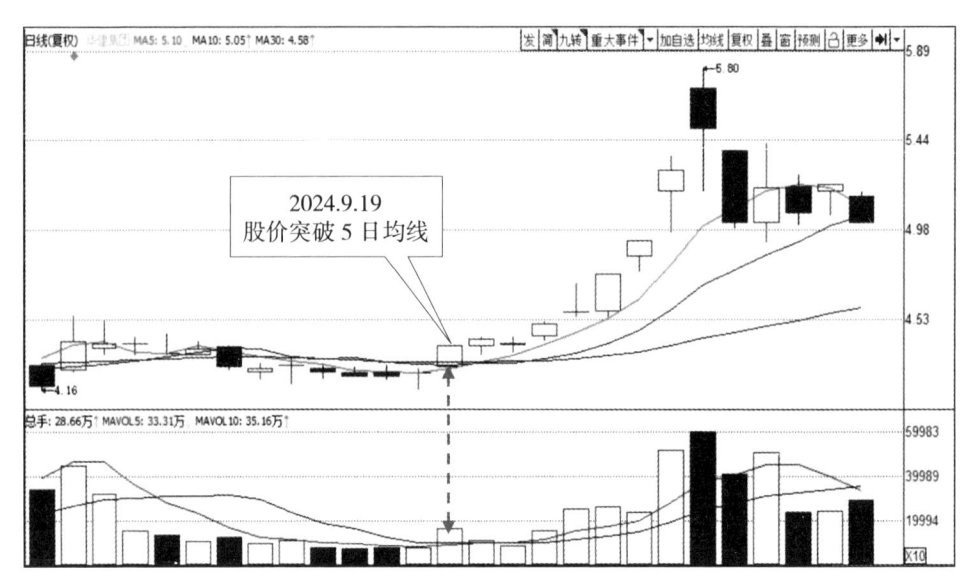

图 7-5 股价突破 5 日均线形态

第三，股价自下而上突破 5 日均线时，如成交量呈现放大迹象，则能够提升突破的有效性。

第四，股价完成对 5 日均线的突破后，各条中长期均线随后形成黄金交叉或拐头向上形态，则说明股价运行趋势已经改善，市场开始由多头主导。

下面来看一下东百集团的案例，如图 7-6 所示。

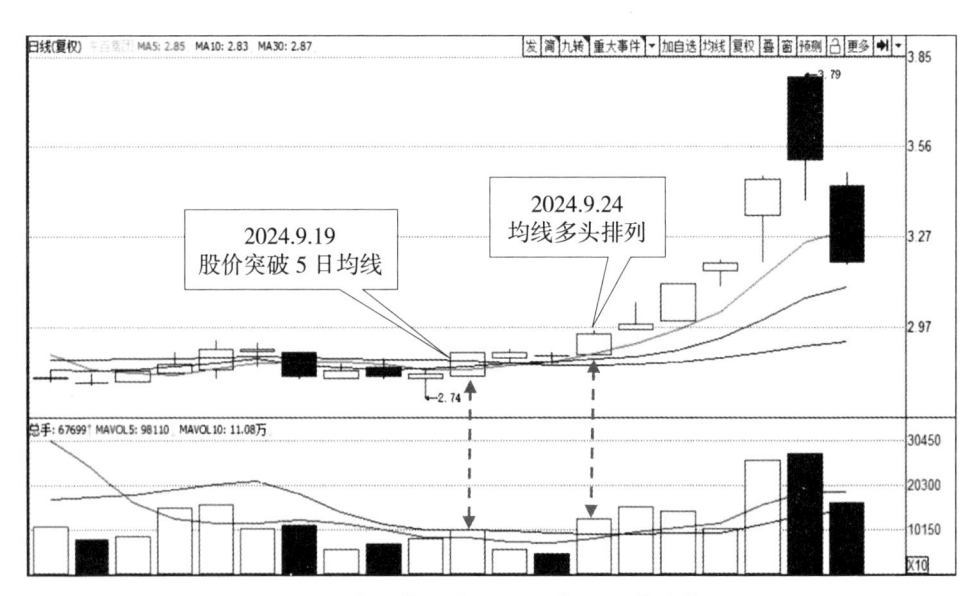

图 7-6 东百集团（600693）日 K 线走势图

如图 7-6 所示，东百集团的股价经过一段时间的横盘振荡整理后，于 2024 年 9 月 19 日突然启动上攻。当日，该股股价 K 线放量向上突破了 5 日均线和其他中长期均线，且各条均线同步上行，这属于典型的上攻信号。不过，目前 5 日均线仍处于 10 日均线下方，投资者可耐心等待一下。

三个交易日后的 9 月 24 日，该股股价再度放量上攻，且此时该股 5 日均线已经完成了对 10 日均线和 30 日均线的上穿，各条均线在形成了金蜘蛛形态后，呈多头发散排列，这说明该股股价即将进入快速上攻通道，投资者可积极入场做多。

二、脚踩 5 日线上行战术

实战中，股价短期强势上攻并远离 5 日均线，这不是一种非常理想的上涨形态。这类股票短线涨幅巨大，风险也极高，随时存在回落的风险。与此相反，一些股票的股价 K 线脚踩 5 日均线上行，与 5 日均线同步向上，这才是投资者更应该关注的形态，如图 7-7 所示。

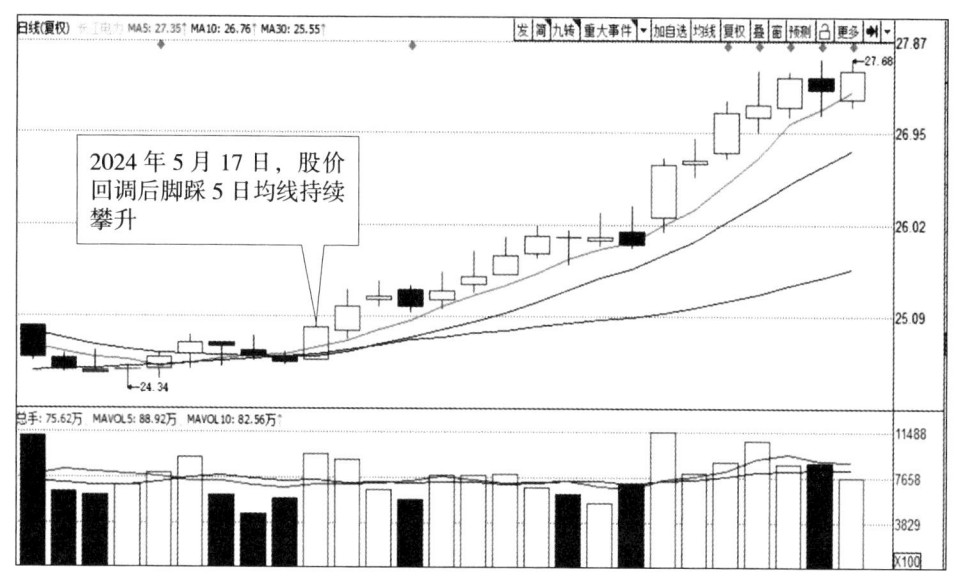

图 7-7 股价脚踩 5 日均线上行形态

如图 7-7 所示，股价在快速上升后出现回调走势，回调结束后，股价 K 线开始沿 5 日均线上行。与此同时，5 日均线与股价 K 线同步上升，各条均线开始逐渐发散。

结合图 7-7 的情况，可以看出股价 K 线脚踩 5 日均线的操盘要点如下。

第一，股价沿 5 日均线缓步上攻，这是一种比较理想的上涨状态，可安心持股。

第二，股价沿 5 日均线上升过程中，可能偶尔会跌破 5 日均线，但只要股价在 5 日均线下方停留没有超过三个交易日，则可继续持股。

第三，股价与 5 日均线同步向右上方倾斜，各条均线逐步开始呈现发散状态，这是投资者坚定持股的基础。

第四，随着股价的振荡上行，成交量也会呈现温和放大的态势，这是股价持续上行的基础。

第五，股价上涨行情进入尾声时，往往会出现大幅上涨走势，即股价位于 5 日均线上方，且距离 5 日均线较远，这时投资者要随时做好出货的准备。一旦股价滞涨反跌，就应该立即出货。下面来看一下海尔智家的案例，如图 7-8 所示。

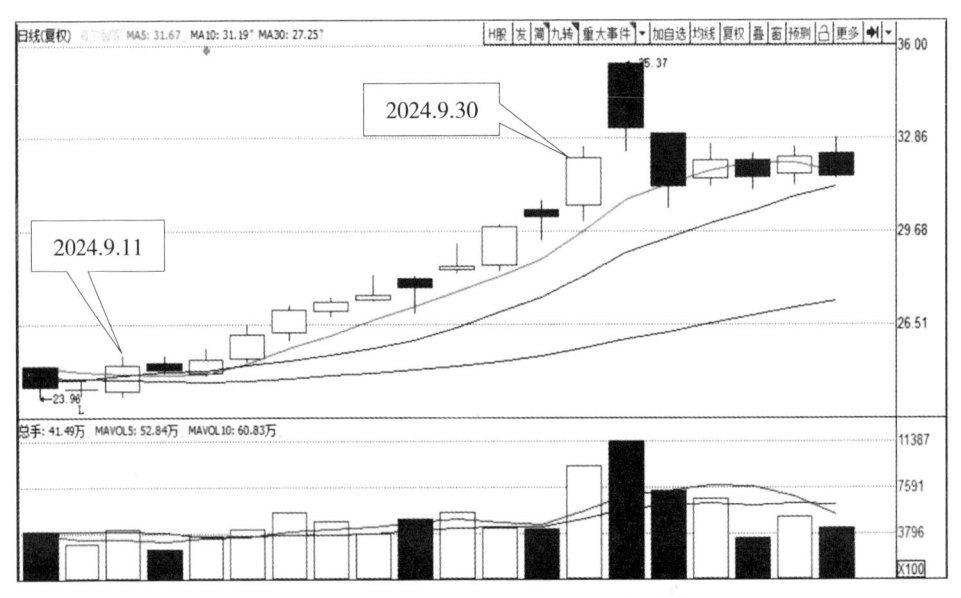

图 7-8　海尔智家（600690）日 K 线走势图

如图 7-8 所示，海尔智家的股价自 2024 年 9 月 11 日放量向上突破 5 日均线后，经过几个交易日的调整后，开始脚踩 5 日均线上行。与此同时，股价 K 线与均线同步向右上方倾斜，这属于典型的看涨形态，投资者可考虑入场买入该股。

随着股价的上扬,各条均线开始呈现多头发散排列,这是股价上升即将加速的迹象。9月30日,该股股价大幅上攻,股价K线远离5日均线,这意味着股价上升速度明显加快,投资者在收获盈利的同时,也要开始注意风险。

10月8日,该股股价在大盘高开的刺激下,以涨停价开盘。此后该股股价开始回落,此时就是短线交易者最佳的离场时机。

三、5日均线遇10日均线再起飞

5日均线遇10日均线支撑再起飞,本质上与股价回档不破10日均线存在诸多相似之处。由于股价的调整,5日均线随之回调,当其调整至10日均线位置时,因受10日均线的支撑而重新上升,这属于典型的看涨信号,如图7-9所示。

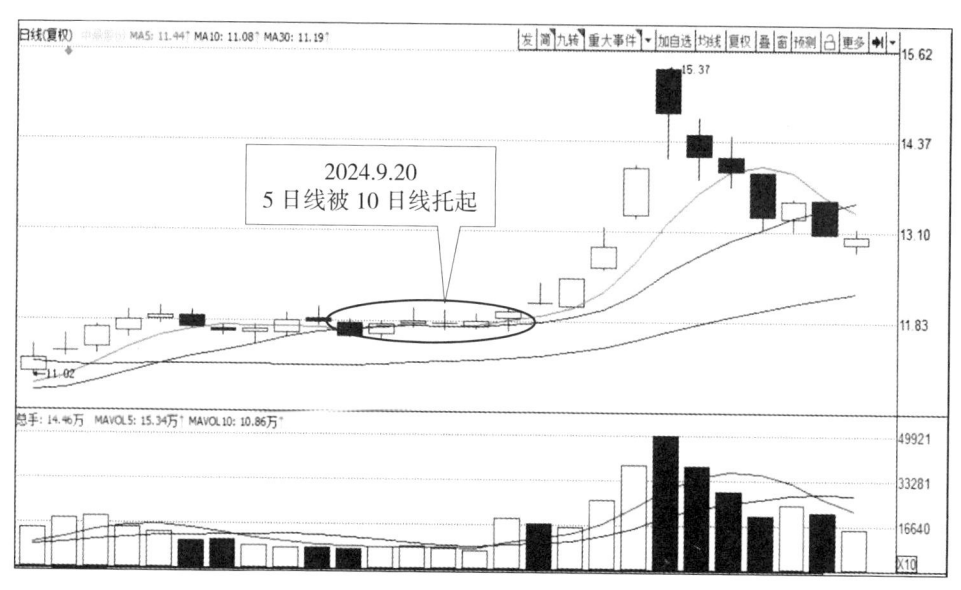

图7-9 中鼎股份(000887)5日均线回档遇10日均线支撑形态

如图7-9所示,中鼎股份股价在经历了一波快速上升后出现回调走势,2024年9月中旬,股价K线连续向下跌破了5日均线和10日均线。5日均线回落至10日均线位置时,因受10日均线的支撑而重新上扬。此后,该股股价重新进入上升通道,投资者可积极入场做多。

5日均线回调遇10日均线支撑，在操作过程中需要注意以下几点。

第一，随着股价的回调，5日均线在回落过程中，成交量若能呈萎缩状态最佳。

第二，5日均线回调时，稍微跌破10日均线但又很快回到10日均线之上，仍说明支撑有效。

第三，5日均线回调至10日均线时，5日均线与10日均线均位于30日均线之上。

第四，5日均线跌破10日均线（形成死叉）后，仍继续下跌时，投资者应及时执行止损。

下面来看一下至正股份的案例，如图7-10所示。

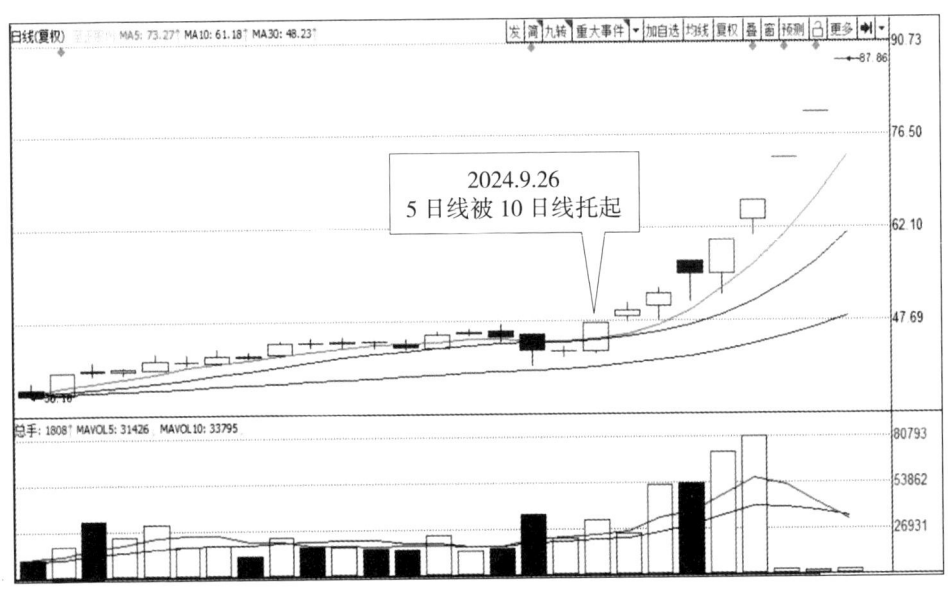

图 7-10　至正股份（603991）日K线走势图

如图7-10所示，至正股份的股价自2024年8月中旬向上突破各条均线后，股价K线开始运行于5日均线上方。

其后，随着股价的振荡调整，5日均线曾在9月24日回调至10日均线附近，但因受10日均线的支撑而重新上行。这两次回调后再度启动，确认在10日均线附近拥有较强的支撑，未来股价将会进入快速上升通道。

其后，该股股价迎来了一波快速上涨走势。

四、均线黄金通道战法

均线黄金通道战法，是指通过两条均线金叉与死叉构筑成一个上行的通道，当通道打开时，表示股价处于上升趋势；当通道关闭时，则意味着投资者需要离场避险，如图 7-11 所示。

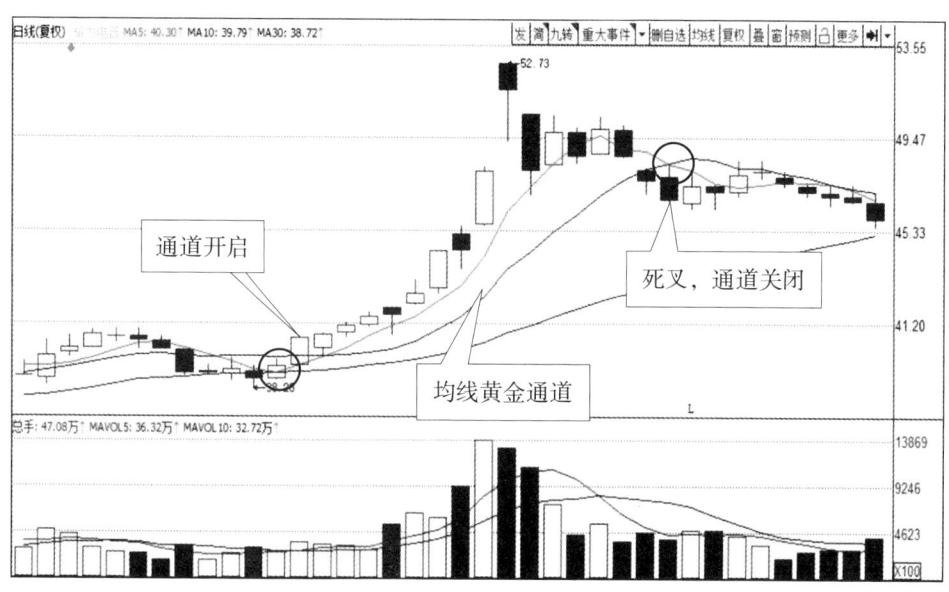

图 7-11　均线黄金通道形态：格力电器（000651）日 K 线趋势图

如图 7-11 所示，2024 年 9 月中旬，格力电器的股价 K 线结束了回调走势，开始转为上涨。此时 5 日均线拐头向上，与 10 日均线的黄金通道正式开启。

该股股价在上行过程中，尽管出现多次振荡，但通道始终没有关闭。10月 17 日，股价在连续多日下跌后，5 日均线跌破了 10 日均线，这意味着黄金通道正式关闭，投资者可卖出股票。

结合图 7-11 的案例可以看出，均线黄金通道在操作过程中需要注意以下几点。

第一，随着股价的上行，5 日均线向上突破 10 日均线时，10 日均线的方向应该是向右上方倾斜的。

第二，5 日均线完成对 10 日均线突破时，成交量最好能够呈现出放大态势，以确保突破的有效性。投资者此时入场安全性相对较高。

第三，5日均线与10日均线振荡上行过程中，其方向应该是向右上方倾斜的，且30日均线的方向也应该呈现向右上方倾斜态势。

第四，只要均线黄金通道没有关闭，投资者就可以耐心持股待涨，不需要关注股价的短线波动。

第五，5日均线跌破10日均线（形成死叉）后，意味着均线黄金通道关闭，投资者宜立即清空仓位。

下面来看一下上海银行的案例，如图7-12所示。

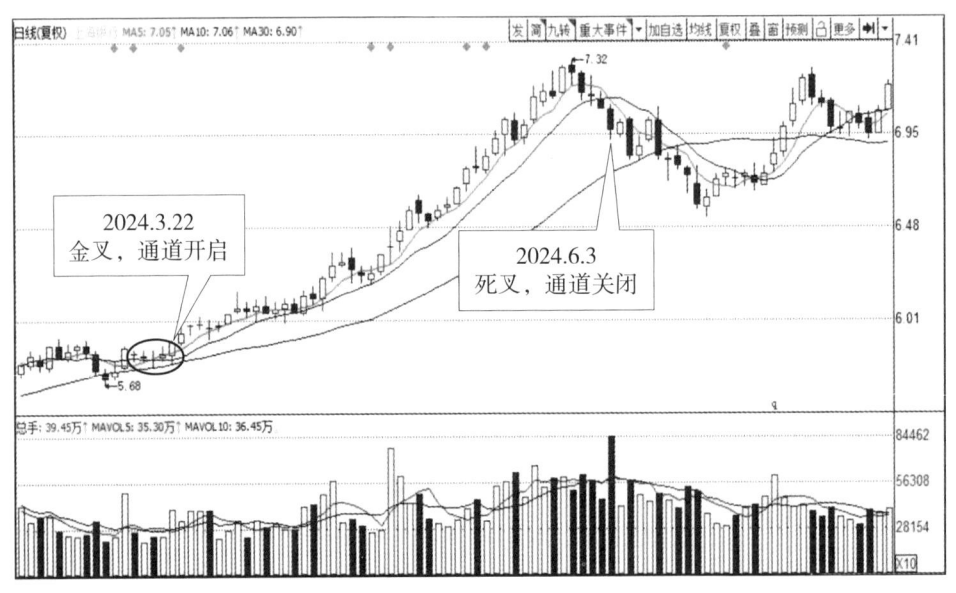

图7-12 上海银行（601229）日K线走势图

如图7-12所示，2024年3月22日，上海银行的股价K线向上突破5日均线，5日均线同步向上突破10日均线，形成黄金交叉形态。此后，5日均线与10日均线的黄金通道正式开启。

该股股价在上行过程中，尽管出现多次振荡，但通道始终没有关闭。5日均线与10日均线、30日均线同步向右上方倾斜，这说明股价处于良性上升通道，投资者可耐心持股待涨。

6月3日，股价在连续多日下跌后，5日均线跌破了10日均线，这意味着黄金通道正式关闭，投资者可卖出股票。

第三节 中期均线擒牛战法

回溯牛股的上升历程可以发现，这些股票无一例外地都会沿着中期均线振荡上行。反过来说，牛股开启上升之路，也都会从完成对中期均线的突破开始。

一、20日线金叉追牛股

当股价运行于60日均线上方，且60日均线呈向右上方倾斜，说明股价处于中线强势行情中，期间若10日均线向上突破20日均线，则意味着股价将会出现加速上攻走势，如图7-13所示。

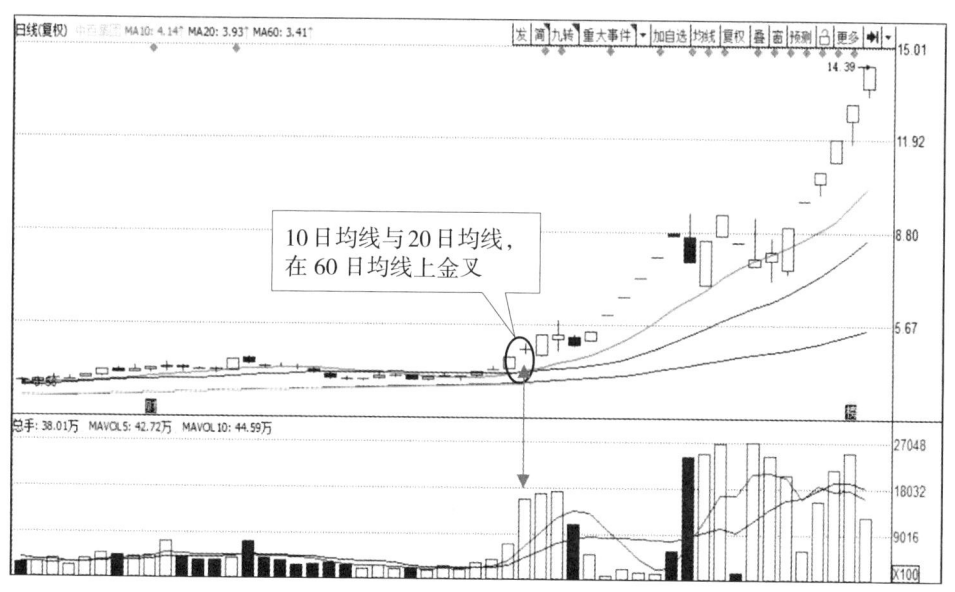

图7-13 中百集团（000759）20日均线金叉追牛股

如图7-13所示，中百集团的股价在经过一段时间的上升后，出现了规模较大的调整走势。2024年12月3日，该股股价一度跌破20日均线，10日均线同步跌破了20日均线。此后该股反弹向上，10日均线向上突破了20

日均线，且交叉点位于60日均线上方，60日均线仍向右上方倾斜，此后该股股价出现了一波大幅上攻走势。

结合图7-13的情况可以看出，10日均线突破20日均线猎取主升浪的操盘要点如下。

第一，60日均线方向向上，这是主升浪启动的前提条件。

第二，股价向下回落，跌破60日均线时，说明股价中线趋势存在走坏的可能，此时60日均线是不能向下倾斜的，若下行，则意味着中期趋势不佳，无法进行波段交易。

第三，10日均线向上突破20日均线时，成交量需要呈放大态势，且交叉点位于60日均线上方，这是中线上行的基础。

第四，有时候，10日均线向上突破20日均线时，也会同步突破60日均线，从而构成金蜘蛛形态，这是一种增强型买入信号，投资者更可放心持股。

下面来看一下视觉中国的案例，如图7-14所示。

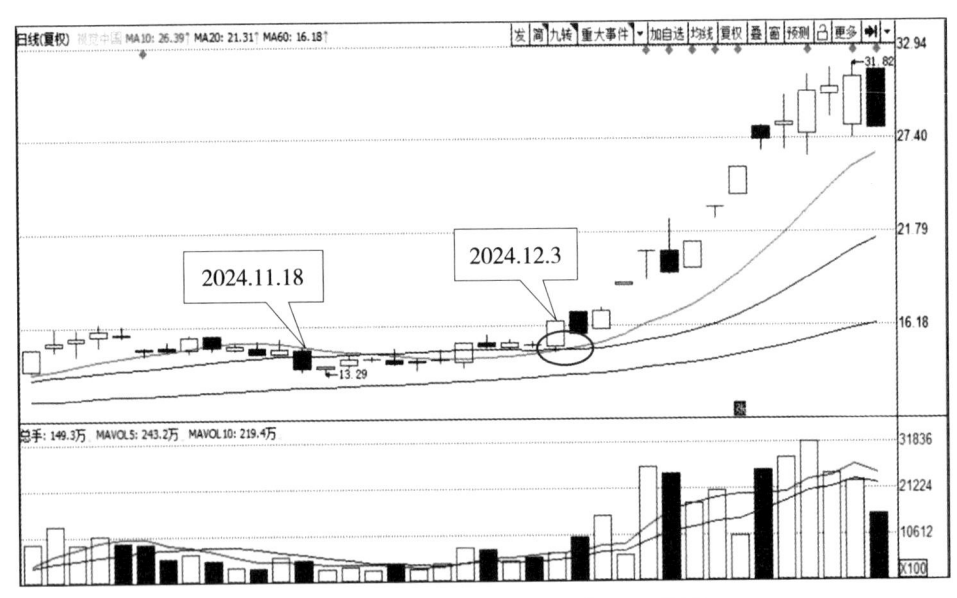

图7-14 视觉中国（000681）日K线图

如图7-14所示，视觉中国的股价自2024年11月初开始出现调整走势。11月18日，该股股价一度向下跌破20日均线，之后才获得足够的支撑，开始启动反弹。

12月3日，该股股价放量上攻，并以涨停报收。次日（12月4日），该股股价出现小幅回落，与此同时，10日均线向上完成了对20日均线的突破，形成了黄金交叉形态。交叉点位于60日均线上方，且成交量连续放大，这说明该股的第三浪上涨已经开启，投资者可积极入场，坐等主升浪带来的收益。

二、中期均线三线开花

20日均线、30日均线和60日均线，是最为重要的三条中期均线。当股价经过一段时间的盘整后，三条均线出现黏合或空头排列后，某一交易日股价大幅上攻，三条均线出现金蜘蛛形态，随后呈现多头发散排列，即中期均线三线开花，则意味着股价将迎来一波中期上升趋势，如图7-15所示。

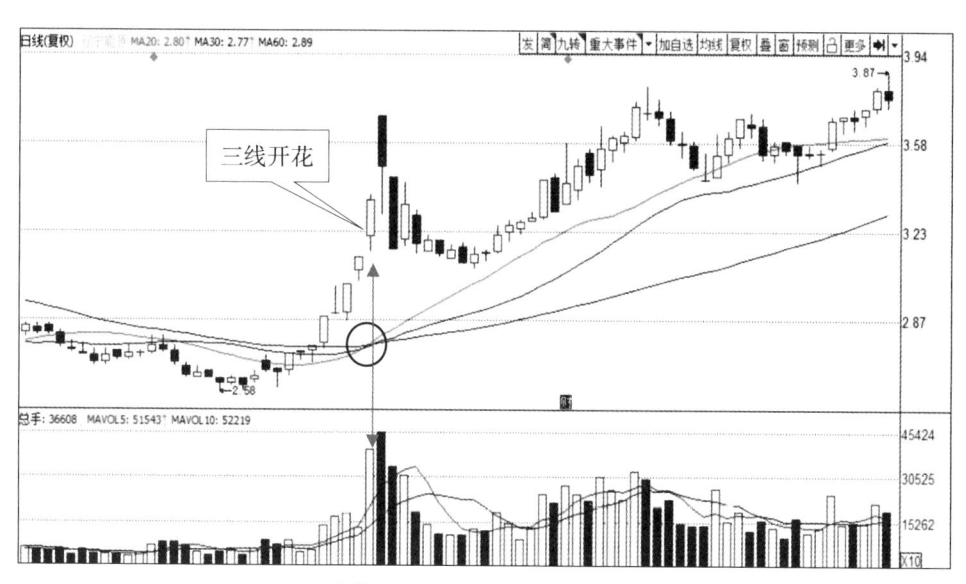

图7-15 辽宁能源（600758）中期均线三线开花形态

如图7-15所示，辽宁能源的股价在2024年9月底出现放量上攻走势，20日均线、30日均线和60日均线形成了三线开花形态。与此同时，60日均线出现了放平态势，这意味着该股股价将迎来一波中期上升走势。

结合图7-15的情况可以看出，中期均线三线开花形态的操盘要点如下。

第一，三线开花形态出现前，若20日均线、30日均线和60日均线已经出现缠绕形态，则说明空方实力不足，多方反击的基础已经建立。

第二，三线开花形态出现前，股价K线已经放量突破各条均线，这是三线开花形态的基本条件。

第三，三线开花形态出现时，60日均线的方向必须是呈现放平态势或拐头向上形态，否则，该形态发出的买入信号将大打折扣。

第四，三线开花形态出现后，若股价出现回调走势，当其回调至某条均线位置受到支撑重新上攻，则意味着股价上攻步伐有加速的可能，投资者可考虑追加仓位。

下面来看一下罗博特科的案例，如图7-16所示。

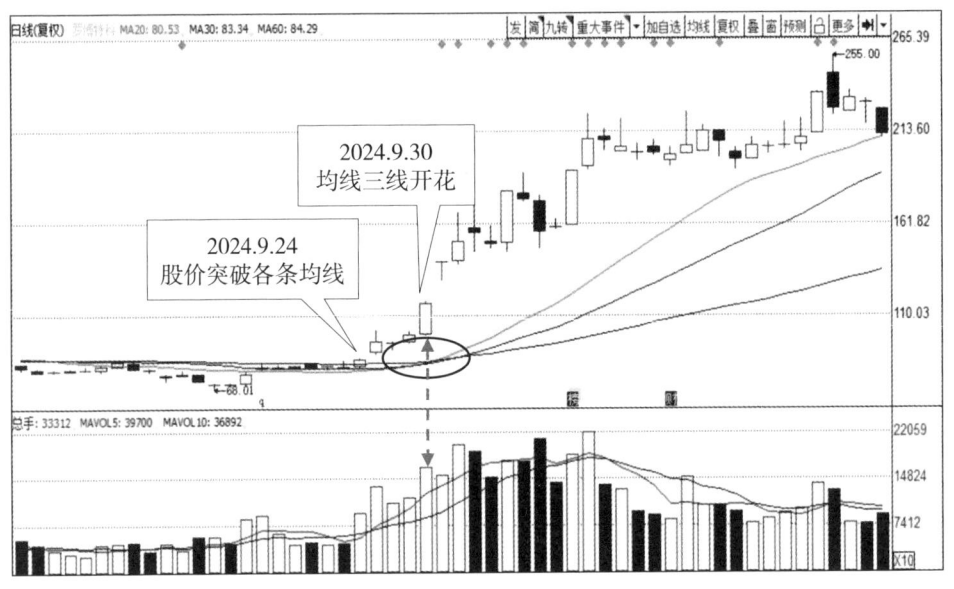

图7-16　罗博特科（300757）日K线走势图

如图7-16所示，罗博特科的股价在2024年9月下旬一直处于振荡下行态势中，股价波动空间并不大。股价波动幅度较小，各条均线呈现空头排列。

2024年9月24日，该股股价启动放量上攻，并完成了对20日、30日和60日均线的突破，这意味着股价中期运行趋势发生了逆转。9月30日，罗博特科的股价小幅上涨，20日均线和30日均线同步向上穿越60日均线，形成了中期均线三线开花形态。投资者据此形态可大胆入场建仓。

三、"老鸭头"形态实战交易技巧

老鸭头形态是运用移动平均线分析行情时经常出现的经典形态，老鸭头形态是强烈的买入信号。在运用老鸭头形态指导交易时，最常用的均线组合是5日线、10日线和50日线。这三条均线应该满足以下几个条件。

第一，5日均线和10日均线相继上穿50日均线。

第二，5日均线和10日均线上穿50日均线之后，5日均线出现阶段性高点。

第三，在5日均线达到高点后，5日均线下跌到10日均线后再次被托起，并没有跌破10日均线，此时三条均线呈多头排列。

一般情况下，当一只股票的均线出现"老鸭头"形态时，往往意味着后市有一段上涨行情，投资者可以短线买入该股。

下面来看一下电科数字的案例，如图7-17所示。

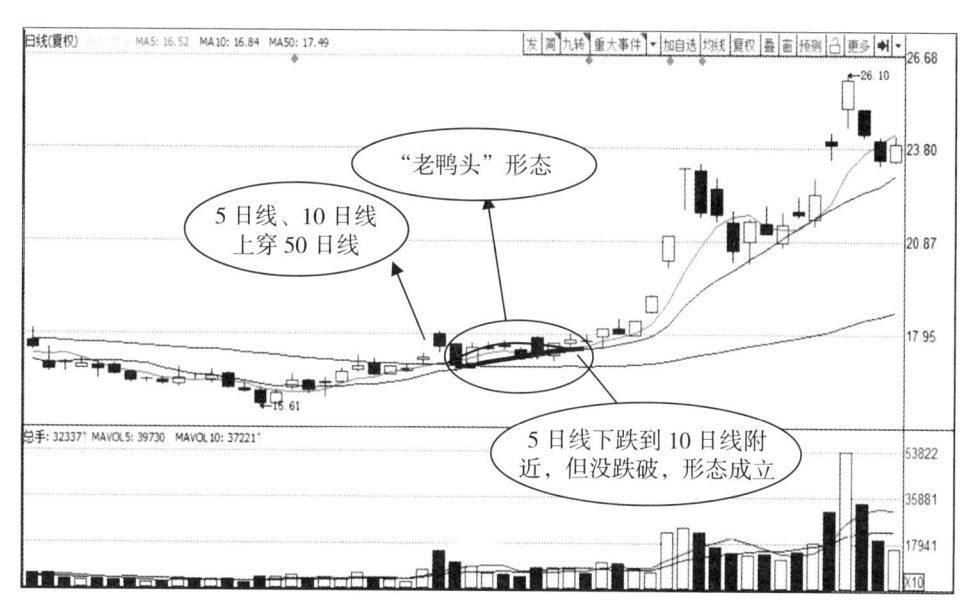

图7-17 电科数字（600850）日K线走势图

如图7-17所示，2024年9月6日到11日，电科数字的股价连续上涨，5日均线、10日均线连续上穿50日均线。2024年9月12日，股价上涨到相对高点后开始下跌，随即5日均线、10日均线相继掉头向下。5日均线跌到10日均线附近时，受到10日均线的支撑后重新开始上涨，"老鸭头"形态成立，投资者此时可以积极买入。

四、"三线黏合"形态实战交易技巧

三线黏合,是均线黏合形态中一种非常典型的形态,常用的是 5 日线、10 日线和 30 日线。其波动范围一般在 2% 以内,最多不能超过 5%。均线黏合说明股价开始盘整,一旦均线结束黏合,将选择股价突破的方向,随后的上涨或下跌都将持续一段时间。"三线黏合"形态的操作要点包括如下几点。

第一,均线结束黏合后,出现拐头向上形态,且均线呈多头排列,这往往意味着股价将出现一段上涨行情,投资者宜买入股票。

第二,均线黏合结束后,出现拐头向下形态,且均线呈空头排列,这往往意味着股价将出现加速下跌行情,投资者宜赶紧卖出股票。

第三,均线黏合结束时,如果均线方向向上,有成交量放大相配合,那么后期上涨的可能性加大;如果均线方向向下,有成交量放大相配合,那么后期下跌的可能性较大。

下面来看一下高伟达的案例,如图 7-18 所示。

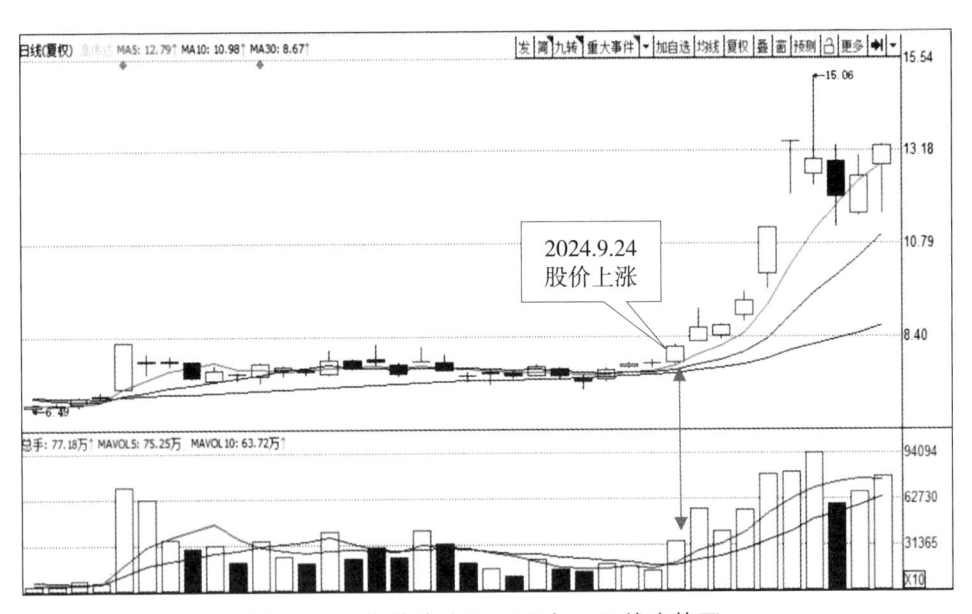

图 7-18　高伟达(300465)日 K 线走势图

如图 7-18 所示,高伟达的股价在 2024 年 8 月中旬开始一段整理行情,5 日均线、10 日均线和 30 日均线呈黏合状态。2024 年 9 月 24 日,股价出现上涨行情，均线由黏合变成发散，且均线呈多头排列。与此同时，成交量呈放大的态势。投资者此时宜及时买入股票，以获得后期股票上涨带来的利润。

第四节　中期均线主升波段战法

对于投资者来说，股价大部分时间的波动都是缓慢、低效的。只有进入主升波段的股价，才是最应该追逐的对象。

一、5周线与10周线金叉战法

日线级别的分析周期，对于短线操作的意义特别大。投资者要进行中线级别的波段交易，也可以考虑将分析周期调整为周线级别。不过，由于A股市场波动较为频繁，而且大多数股票的波段持续时间并不长，因此可以考虑短周期的周均线系统，如5周均线与10周均线。当然，投资者也可以根据个人需要，将其调整为5周均线与20周均线或10周均线与20周均线，如图7-19所示。

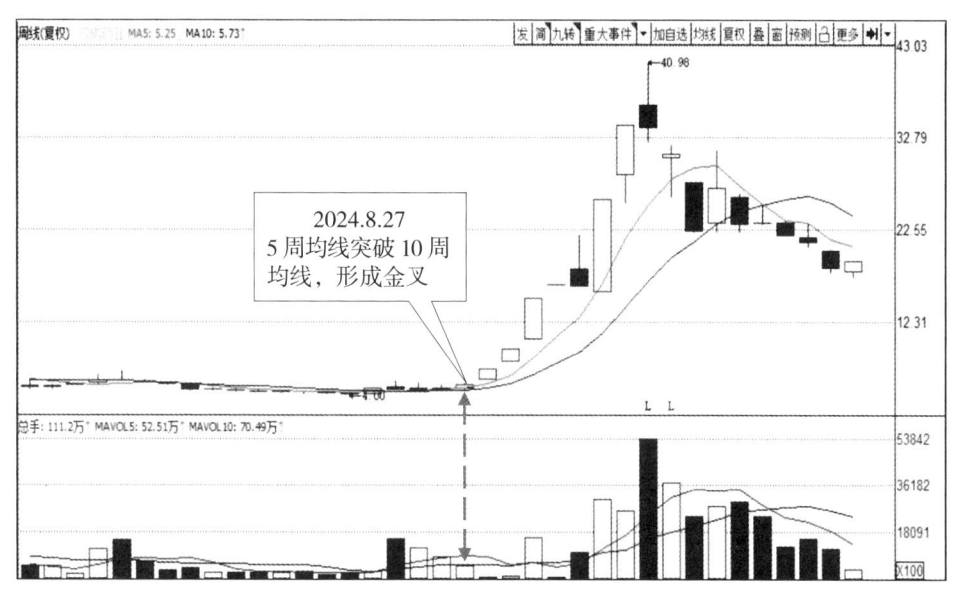

图7-19　双成药业（002693）5周均线与10周均线交叉

如图 7-19 所示，双成药业的股价在 2024 年 8 月 27 日放量向上突破了 10 周均线，与此同时，5 周均线也同步向上突破了 10 周均线，两条均线形成了黄金交叉形态，且 10 周均线开始拐头向上。此后，该股股价进入了中线上升趋势。

结合图 7-19 的情况可以看出，5 周均线与 10 周均线组合进行波段交易的操盘要点如下。

第一，10 周均线大约为 50 个交易日的持仓成本线，对股价中期走势具有重要的影响，只有 10 周均线放平或拐头向上，才能认定股价开始启动了上行趋势。

第二，股价温和放量向上突破 10 周均线，且 5 周均线同步向上突破 10 周均线，是一个较为明确的中线买入信号。图中情况相对较为特殊，因为在股价上攻过程中，出现了多次涨停，这也导致了成交量萎缩（实质上是买方买不到足够的股票）。

第三，5 周均线突破 10 周均线前，若与 10 周均线产生缠绕，则需谨慎看待均线的金叉形态。两者发生缠绕时，形成的金叉容易失效。也就是说，这两者之间交叉出现的间隔时间越长，交叉越简洁、干脆，准确性越高。

第四，5 周均线完成对 10 周均线的穿越后，若出现回调走势，且 5 周均线回调至 10 周均线附近，因受 10 周均线支撑重新上攻时，则可认定股价将会恢复上攻走势。

下面来看一下锦和商管的案例，如图 7-20 所示。

如图 7-20 所示，锦和商管的股价在 2024 年 9 月 27 日放量向上突破了 10 周均线，与此同时，5 周均线也同步向上突破了 10 周均线，两条均线形成了黄金交叉形态，且 10 周均线开始拐头向上。观察该股 K 线走势图可以发现，在周线金叉之前，该股已经出现了持续数周的下跌走势，5 周均线长期运行于 10 周均线下方，此时的黄金交叉，很可能会改变股价的运行趋势。

此后，该股股价进入了中线上升趋势，投资者可积极入场做多。

第七章　均线趋势追涨技法

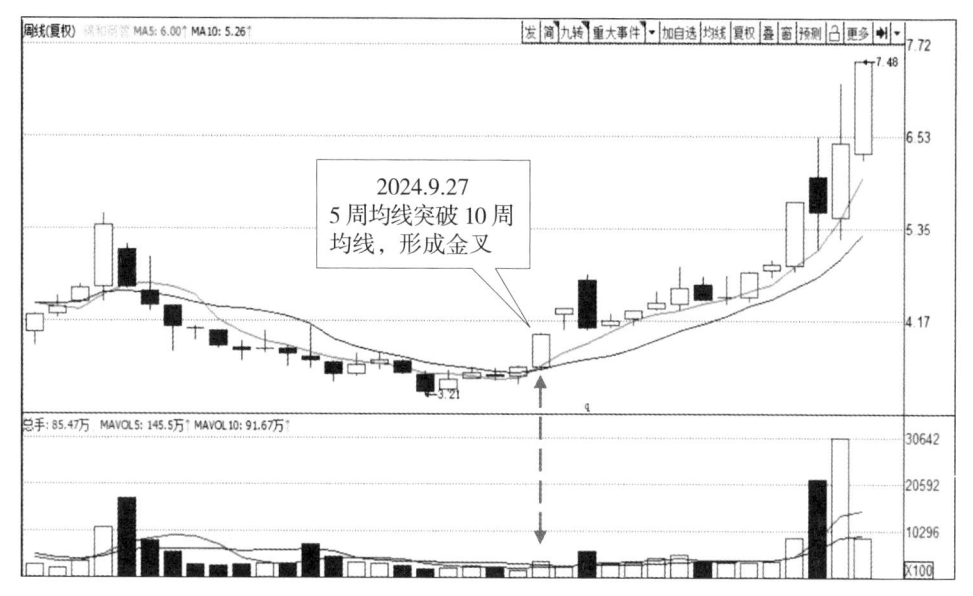

图 7-20　锦和商管（603682）周 K 线走势图

二、周线三线擒主升浪

相对而言，以周线为分析周期的擒主升浪方法，捕获的主升浪可能持续的时间更为长久，涨幅也更大。

当 5 周均线与 13 周均线在 34 周均线上方形成黄金交叉，且 34 周均线呈向右上方倾斜的态势，可以认为股价进入中线主升浪阶段，如图 7-21 所示。

如图 7-21 所示，世纪天鸿的股价在经过一段时间的上升后出现了调整走势。2022 年 8 月 26 日，该股股价自高点开始回调。该股股价回调至 34 周线附近时，因受支撑开始振荡反弹向上。

2023 年 2 月 3 日，股价大幅上攻。次日，5 周均线向上突破了 13 周均线，且交叉点位于 34 周均线上方，34 周均线向右上方倾斜，此后，该股股价出现了一波大幅上攻走势。

结合图 7-21 的情况，可以看出 5 周均线突破 13 周均线猎取主升浪的操盘要点如下。

第一，34 周均线方向向上，这是主升浪启动的前提条件。

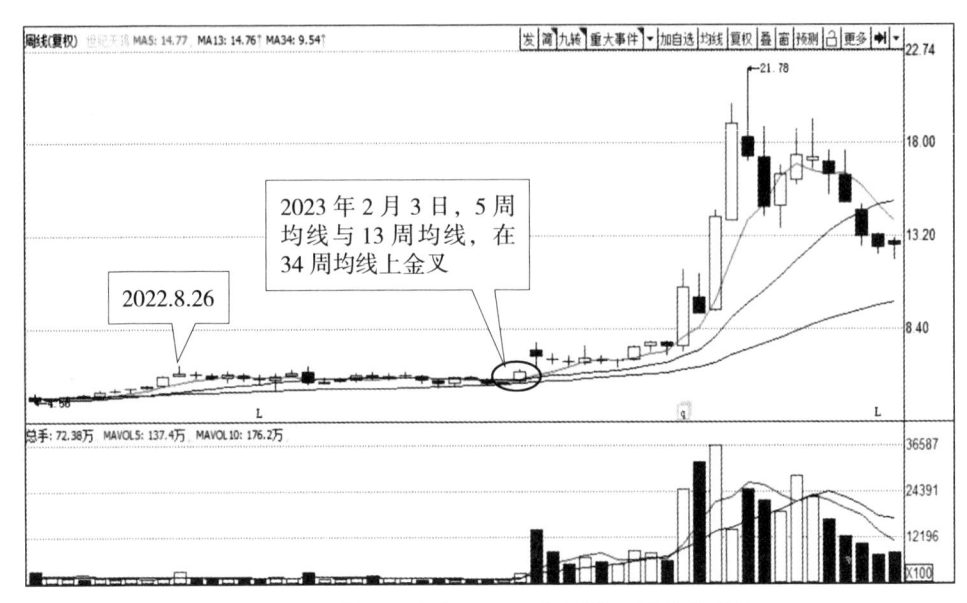

图 7-21　世纪天鸿（300654）周线三线擒主升浪

第二，股价向下回落，且跌破 34 周均线，说明股价中线存在走坏的可能。此时，34 周均线是不能向下倾斜的，若下行，则意味着中期趋势不佳，无法进行波段交易。

第三，5 周均线向上突破 13 周均线时，交叉点位于 34 周均线上方，这是中线上行的基础。

下面来看一下新诺威的案例，如图 7-22 所示。

如图 7-22 所示，新诺威的股价自 2023 年 3 月逐渐呈现多头发散排列，给人一种股价即将大幅上升的感觉。

到了 5 月中旬，该股股价出现了一波幅度较大的调整行情，股价在 8 月 25 日一度跌破了 34 周均线。

此后，该股股价出现反弹走势。9 月 15 日，股价在前一个交易日小幅回调的基础上拉出一根中阳线，且 5 周均线向上完成了对 13 周均线的突破，形成了黄金交叉形态，且交叉点位于 34 周均线，这说明该股第三浪已经开启，投资者可积极入场，坐等主升浪带来的收益。

投资者可以发现，本技巧所提及的周线三线擒主升浪方法，与之前的 20 日均线追牛股方法十分相似，只是两者使用的均线分析周期不同。在实战中，投资者确实可以通过选择不同的周期，来设置自己的交易系统。

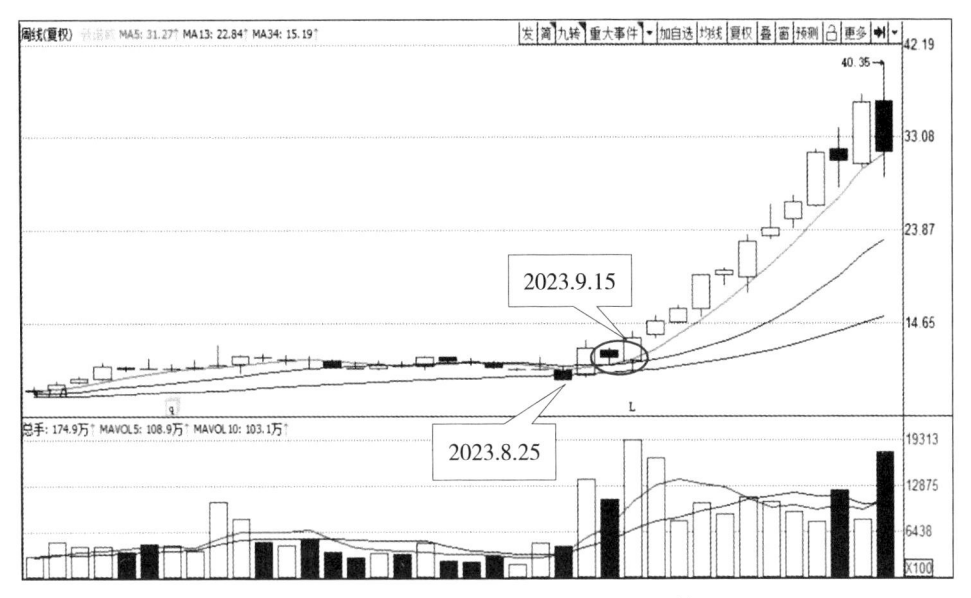

图 7-22　新诺威（300765）周 K 线走势图

三、"三线开花"形态实战交易技巧

三线开花是指 20 日、120 日和 250 日均线经过金叉穿越后，像开喇叭花一样，形成极度分离的多头排列这种特殊技术形态。在每一轮大牛市中，想获得高于大盘涨幅的超额利润，选择三线开花形态是最直观、最轻松也是最有效的操作方法。

三线开花形态主要可以分为并线三线开花、顺向三线开花两种类型，这两种技术形态都是十分有效的看涨买入信号。

1. 并线三线开花

并线三线开花，是指在三线开花的初始点，120 日均线与 250 日均线的距离非常接近且处于平行状态，此时 20 日均线从下向上突破这两条均线，形成金叉，如图 7-23 所示。

20 日均线向上突破后，如果股价放量大幅上涨，就说明并线三线开花形态成立。并线三线开花往往是孕育大黑马的摇篮，该形态一旦形成，均线系统将要"开大花"，未来股价也将有非常可观的涨幅。经过长期上涨后，当 20 日均线出现高位拐弯，就是在提示投资者中线行情看空，应该果断卖出，将获利落袋。

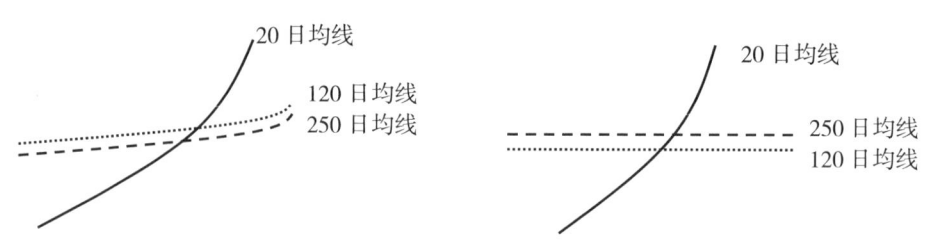

图 7-23　并线三线开花

下面来看一下万通发展的案例，如图 7-24 所示。

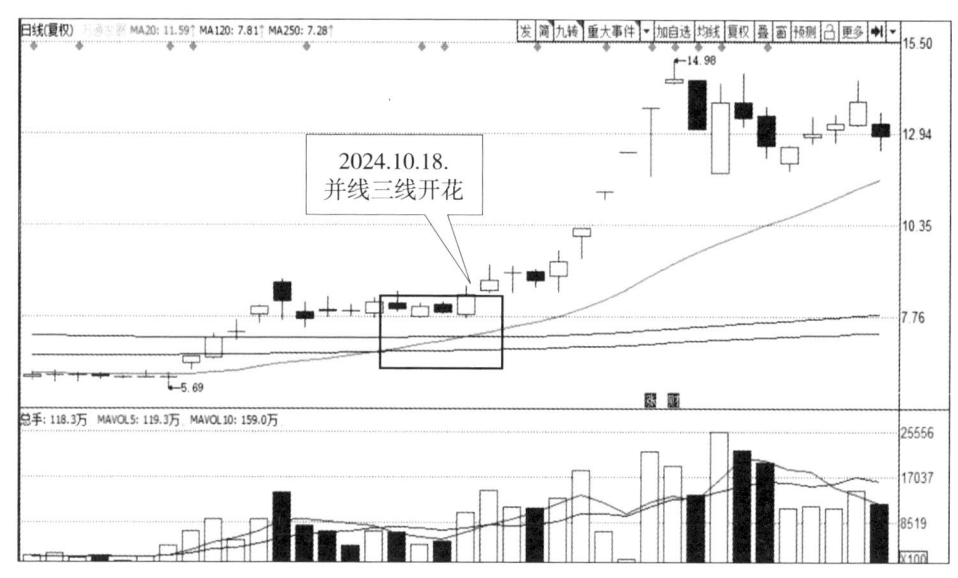

图 7-24　并线三线开花：万通发展（600246）日 K 线图

如图 7-24 所示，2024 年 9 月，万通发展的股价从底部启动之时，120 日均线和 250 日均线正处于极度接近的平行状态。随着股价的上涨，20 日均线在 2024 年 10 月 18 日前后上穿了 120 日均线和 250 日均线，形成金叉。这种形态就是并线三线开花形态，预示该股后期将会出现大幅上涨，是较为可靠的买入信号。

2. 顺向三线开花

顺向三线开花，是指在三线开花的初始点，120 日均线从下向上穿越 250 日均线，两条长期均线形成黄金交叉，此时 20 日均线从下向上穿越这两条均线交叉点，如图 7-25 所示。

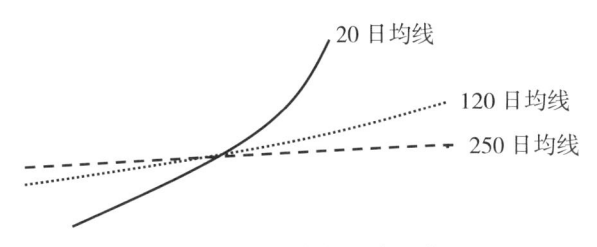

图 7-25　顺向三线开花

如果在穿越的过程中成交量呈明显放大态势，则说明顺向三线开花形态成立，投资者可以在三线交叉时果断买入。这种形态虽然无法让投资者买到起涨点，但即使在交叉当天顺势介入，仍然会有较大的获利空间。

下面来看一下盛航股份的案例，如图 7-26 所示。

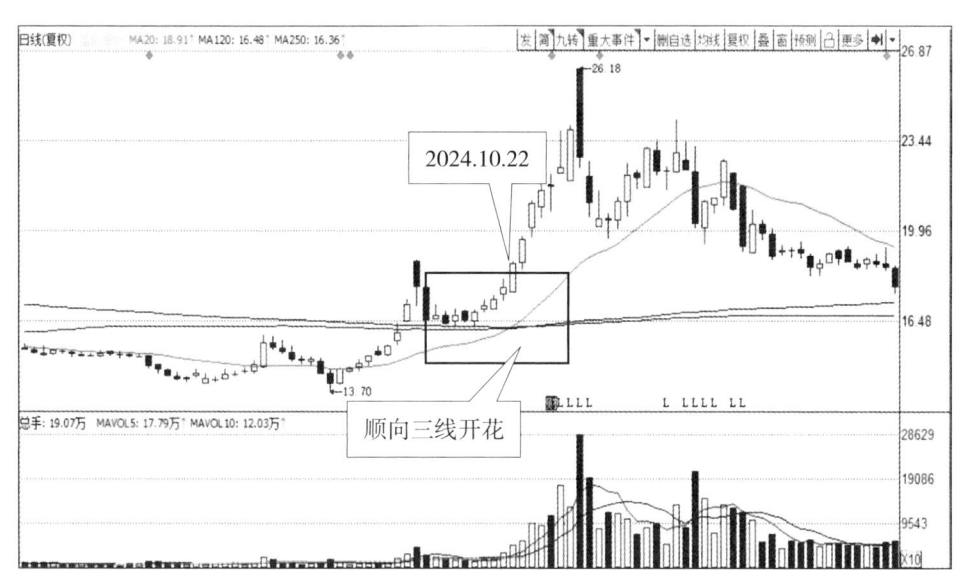

图 7-26　顺向三线开花：盛航股份（001205）日 K 线图

如图 7-26 所示，盛航股份筑底成功后，开始了一波上涨行情，股价成功上穿了 120 日均线和 250 日均线。2024 年 10 月初，该股进入短期回调走势。2024 年 10 月 14 日，股价在两条均线处获得支撑重拾升势。10 月 22 日，该股股价大幅上攻，120 日均线上穿 250 日均线形成了金叉，与此同时，20 日均线也由下向上穿越了这一交叉点。这种走势就是顺向三线开花，是股价上涨的先兆，投资者可以在当天积极买入。

其后，该股开启了一波快速上升行情。

第八章

基于均线的交易系统

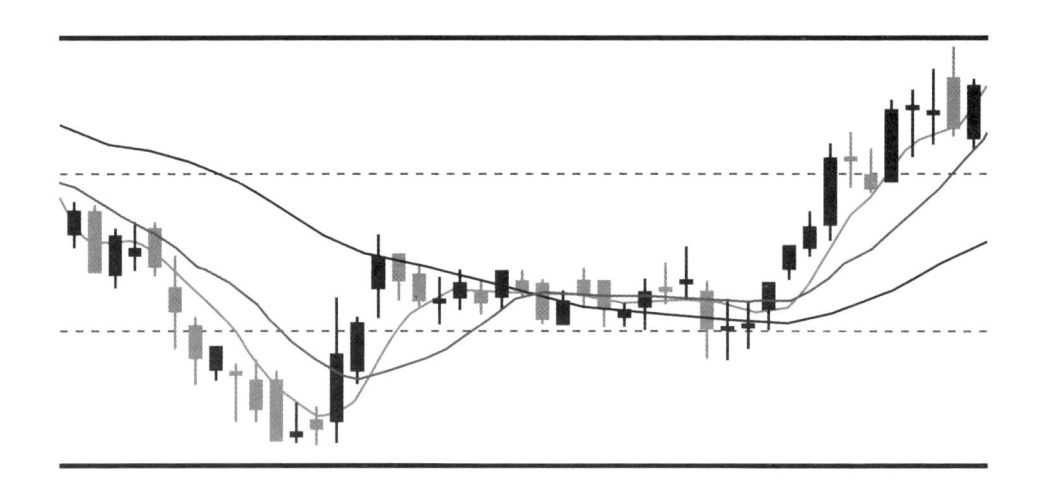

基于均线的交易系统，是以均线指标为核心参照对象，同时辅之以 K 线、成交量或其他技术指标构建的交易体系，该交易体系涵盖了股票买入、加仓、减仓、清仓等操作时机。

第一节　基于均线指标的选股技术

选股，是交易的前置条件。从某种意义上来说，均线选股的条件与其他技术指标是相似的，即选择优质的、已经呈现上升势头的股票。

一、均线指标选股基本原则

均线指标选股，核心在于寻找股价已经进入波段上升趋势，并且能够持续上行一段时间的股票。在操作过程中，需要对股票的情况、短线走势进行一定的分析，排除一些明显不合适的股票。

均线指标选股需要遵循以下几项基本原则。

第一，绩优股与成长股，是优先备选对象。这类股票的价格走势相对更为稳健，一旦均线指标进入上升趋势，涨势也更容易持久。

第二，远离垃圾股、ST 股。这类股票即使趋势较好，也很容易被突发的利空打断上攻的进程。

第三，尽量避开妖股、短线暴涨股票。从均线指标趋势来看，这类股票的走势很可能符合选股的要求，但由于其短线上涨幅度过大，很容易出现反向快速下跌，这会为波段操作带来不确定性的风险。

二、中期均线线上选股

在均线指标体系中，几乎每条均线都可以看成是一段时间内多空力量的对比分界线。比如，10 日均线就是一条 10 个交易日内入场投资者的平均持仓成本线，当股价处于均线下方时，说明市场上 10 个交易日内入场的投资者多数处于亏损状态，那么，未来股价的任何反弹，都会被这些套牢的人看成较佳的出逃机会，股价也会因此重新进入下行通道。反之，若股价处于10日均线上方，市场上大部分投资者处于盈利状态，股价上升遇到的阻力就会减少，股价继续上升的概率就会增加。同理，若是股价能够运行在中期均线（比如30日均线）上方，那么，股价中期走势向好的概率就会特别大。

基于以上分析，均线指标选股的第一条即为：中期均线上方选股。其具体的选股要求如下。

第一，股价经过一段小幅上攻后出现横向盘整或振荡上升走势。只有股价开始运行在中期均线上方（比如30日均线），才能作为候选标的。

第二，股价运行在中期均线上方时，短期均线也能运行在中期均线上方，且中期均线开始向右上方倾斜。

第三，位于中期均线上方的短期均线，若出现黄金交叉形态，则可看作最佳的候选标的。

下面来看一下长江电力的案例。长江电力，是我国综合实力较强的电力企业，负责运行管理三峡、葛洲坝等电站。其营收及利润一直处于较高的水平，属于典型的绩优股。

再来看一下长江电力的股价走势情况，如图 8-1 所示。

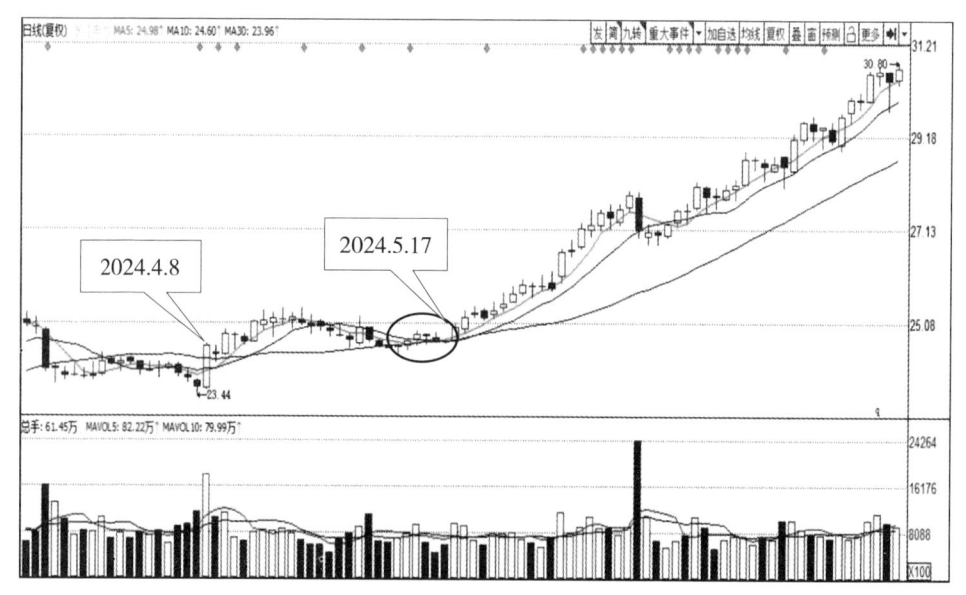

图 8-1　长江电力（600900）日 K 线走势图

如图 8-1 所示，长江电力的股价经过一波振荡调整后，在 2024 年 4 月 8 日突然收出一根大阳线。该阳线向上突破了 30 日中期均线在内的多条均线，这意味着中短期股价运行趋势可能会发生改变。

此后，30 日均线开始逐渐由放平转为向右上方倾斜，此时该股就符合了均线指标的选股标准。进入 5 月份后，该股股价出现了小幅回调，股价与 5 日均线、10 日均线全部出现向 30 日均线靠拢的情况。

2024 年 5 月 17 日，该股股价收出一根中阳线，且 5 日均线向上穿越 10 日均线，形成了黄金交叉，这意味着该股股价短线进入了主升趋势，投资者可积极入场建仓该股。

三、多头排列线上选股

均线多头是一组相对特殊的均线排列方式，当均线系统内的各条均线自上而下按照短期、中期、长期排列，且股价运行于短期均线上方时，则意味着股价处于强势上升状态，也是投资者在选股时优先选择的标的。多头排列选股的具体要求如下。

第一，股价经过一波振荡上升后，股价开始显现明显的上升趋势，并带动短期均线向上突破中期均线和长期均线。

第二，随着股价持续走高，中期均线也完成了对长期均线的突破，自此均线多头排列形态正式形成。随着股价继续走高，多头排列的均线出现越发发散的情况，这也是股价上涨逐渐提速的一个信号。

第三，均线呈现多头排列时，股价 K 线要位于均线上方，但不能距离均线过远。一旦股价远离均线，就会产生回调的需求，这是不利于投资者操作的。

下面来看一下中科曙光的案例。中科曙光，是中科院计算所旗下的中国超算行业龙头，也是中国液冷数据中心领导者，其营收以及利润一直处于较好的水平，属于典型的二线绩优股。

如图 8-2 所示，中科曙光的股价在 2024 年 8 月以前一直处于振荡下跌趋势中。2024 年 9 月 6 日，该股股价触及阶段底部后，开始振荡反弹。此后，该股股价不断振荡走高，带动各条均线开始拐头向上。

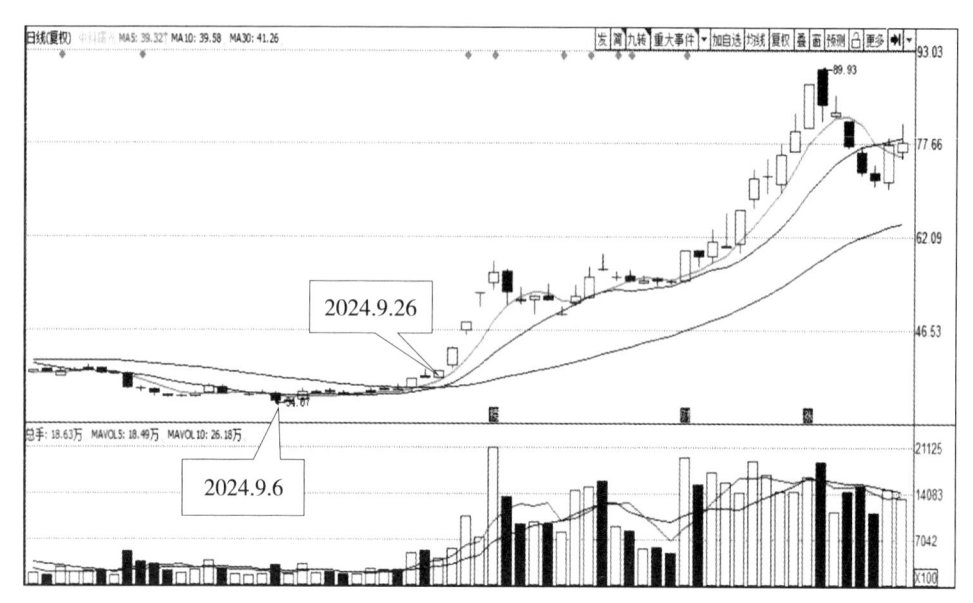

图 8-2　中科曙光（603019）日 K 线走势图

到了 9 月 26 日，该股股价已经连续三个交易日站在了 5 日均线上方，同时，5 日均线和 10 日均线先后完成了对 30 日均线的突破。至此，5 日均线、10 日均线和 30 日均线形成了多头发散排列，这说明该股股价很可能会进入快速上攻周期。投资者在选股时，应优先选择这类股票。

第二节　左侧交易与右侧交易系统解析

左侧交易与右侧交易，是股市中常见的两种交易模式。左侧交易，是指在一个操作周期内，在股价下跌至波谷前买入股票，并在股价上涨至高峰前卖出的一种交易模式；右侧交易，是指在一个操作周期内，在股价走出波谷后买入股票，并在股价顶部形成后卖出股票的一种交易模式。

一、左侧交易与右侧交易买卖点

按照左侧交易与右侧交易的定义，先来看一下左侧交易与右侧交易的买点，如图 8-3 所示。

第八章 基于均线的交易系统

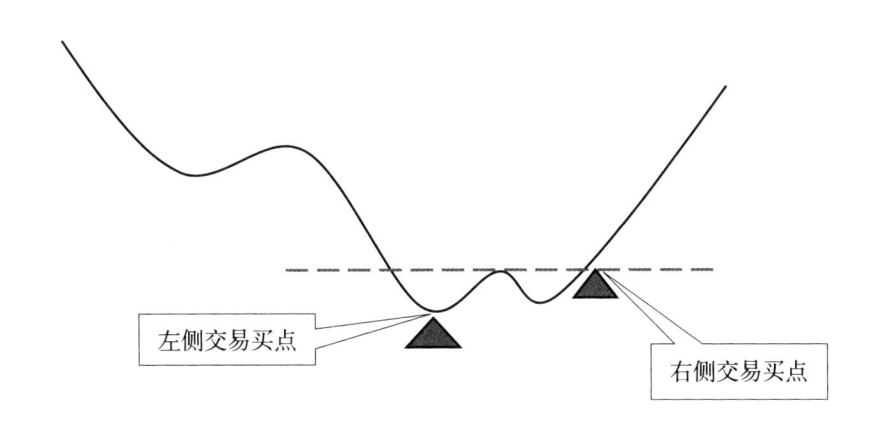

图 8-3 左侧交易与右侧交易买点

下面再来看一下左侧交易与右侧交易的卖点，如图 8-4 所示。

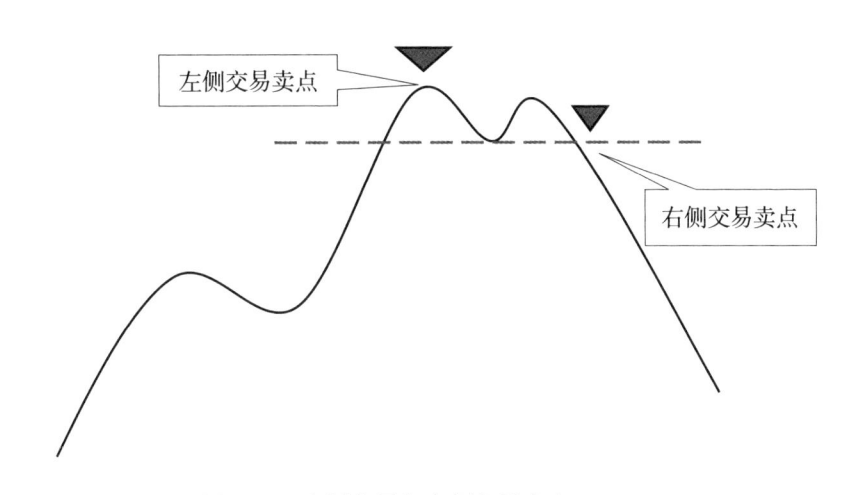

图 8-4 左侧交易与右侧交易卖点

从图 8-3 和图 8-4 中可以看出以下几点。

第一，从表面上来看，左侧交易的买点与卖点均较左侧交易提前，而且从图中的表现来看，左侧交易似乎更容易使收益最大化。

第二，从实际应用角度来看，左侧交易的应用难度明显大于右侧交易，因为谁也无法保证买入点位就是最低点，卖出点位就是最高点。在实际交易过程中，在一个低点买入股票后，后面可能还会有更低的低价；在一个高点卖出股票后，后面可能还会有一个更高的高点。相对来说，右侧交易更为科学一点，毕竟买入点位已经是股价上升趋势确立的时刻，卖出点位也是股价下行趋势得以确立的时刻。按照右侧交易方法操作，尽管不能保证买入后股价一定会上涨，卖出后股价一定会下跌，但至少从概率上来讲，右侧交易肯定要比左侧交易更为安全。

不过，现实交易中，左侧交易与右侧交易的拥护者都不在少数，这是由其背后的设计原理决定的。

1. 左侧交易

从表面上来看，左侧交易试图精准地寻找股价的低点，并提前入场、离场。然而，在交易过程中，没有人能够准确地预判股价的最低点或最高点。左侧交易的本质其实就是价值投资理论，即通过对股价内在价值的分析，为股票进行估值，然后将当前的股价与估值进行对比。

当股价处于下行趋势时，只有股价低于其估值，投资者才会认为此时的股票就是值得投资的标的，因此，当股价创出阶段新低时，投资者就会入场建仓。毕竟，从价值投资的角度考虑，股价低于内在价值的时候，就是值得投资的标的，短期内无论股价上涨或下跌，这些投资者也不会离场。只有当股价上涨一定幅度后，股价已经超过其内在估值了，投资者才会择一高点将其抛售，至于未来股价是否还会创出新的高点，对左侧交易者来说已经不重要了。

2. 右侧交易

相对而言，右侧交易是一种更为安全、合理的交易策略。对于投资新手来说，右侧交易更是为投资者保命的一种交易策略。通常情况下，只有股价的运行趋势发生了某种扭转或转向，才能认为股票最佳买入时机出现。比如，股价突破下降趋势线或者突破某一重要均线位等。目前，绝大多数股票技术分析指标给出的交易信号，都是基于右侧交易策略设计出来的。

二、均线指标左侧交易系统

基于均线指标的左侧交易系统，是指以均线指标为基础设置买入、卖出触发点位的一套交易系统，该系统主要由以下几部分构成。

第八章　基于均线的交易系统

1. 买入条件及仓位控制

（1）股价处于下跌途中，且出现企稳迹象。短期均线经过一段时间的向下运行后出现拐头迹象，且股价向上穿越了短期均线，这说明空方力量减弱，股价即将结束下跌。此时，左侧交易的投资者就可以考虑入场交易了。

（2）鉴于左侧交易的高风险性，一般入场仓位应控制在30%以下（计划总买入量的30%）。

2. 加仓条件及仓位控制

（1）加仓条件

投资者建仓后，若股价启动上涨，短期均线向上穿越中期均线形成低位黄金交叉，则可考虑第一次加仓买入；短期均线、中期均线双双穿越长期均线，可考虑第二次加仓买入。

（2）加仓仓位

第一次加仓仓位控制在30%以下（计划投入资金量的30%）；第二次加仓仓位控制在30%以下（计划投入资金量的30%）。剩余资金备用，除遇特别好的机会，否则不再加仓。

3. 卖出条件

（1）股价经过一段时间的上涨后，跌破短期均线且短期均线出现拐头向下迹象，这说明多方力量减弱，股价即将结束上涨。此时，左侧交易的投资者可以卖出持有股票的50%。

（2）短线均线向下穿越中期均线形成高位死叉，可清空所持有的股票。

4. 止损条件

短线均线拐头向上后，股价不涨反跌，同时短线均线重新拐头向下时，则说明判断错误，投资者宜卖出止损。

基于均线指标的左侧交易系统，如图8-5所示。

如图8-5所示，科林电气的股价在2024年1月底出现了一波振荡下跌行情。在股价不断下跌过程中，均线指标跌至谷底后不再下跌，股价开始横向盘整，这说明空方力量有所不足。2月6日，该股股价触底反弹；2月8日，该股股价大幅向上突破5日均线，且5日均线拐头向上，擅长左侧交易的投资者可考虑建仓该股。

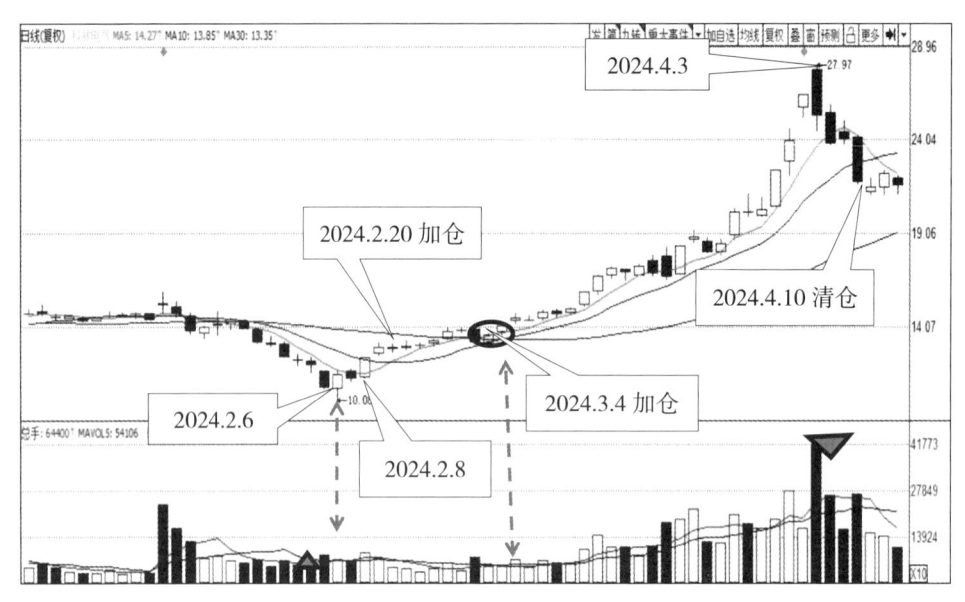

图 8-5　科林电气（603050）均线指标走势图

随后该股继续上涨。2024 年 2 月 20 日，5 日均线向上突破 10 日均线，形成低位黄金交叉，投资者可考虑第一次加仓买入；3 月 4 日，5 日均线、10 日均线向上突破了 30 日均线，投资者可考虑第二次加仓买入。

4 月 3 日，该股股价在经历了大幅上攻后出现了放量下跌，鉴于投资者此时已经有了较高的盈利，可考虑减仓 50%。

4 月 10 日，该股股价继续下跌，5 日均线向下跌破 10 日均线，形成高位死叉，投资者可考虑清仓操作。

通过对图 8-5 案例的分析可以看出，基于左侧交易系统的交易活动，往往存在这样的问题：第一，买入过早，有可能被套在半山腰位置；第二，卖出过早，可能错过股价后期大幅上涨的机会。正因如此，投资者可以根据个人偏好和经验，适度修正、完善这一交易系统，使买点与卖点的把握更加准确。通常情况下，投资者可采取的修正措施包括以下几点。

第一，引入量价关系分析系统，使买入和卖出时间后移，并提升买卖操作的准确性。

第二，引入其他技术指标进行分析，使买入信号更加准确。

第三，扩大均线的分析周期。在本案例中，使用了 5 日、10 日、30 日均线组合，投资者可以尝试使用 10 日、20 日、60 日等均线组合。

一般而言，左侧交易系统需要投资者具备更专业的知识、更丰富的经验，笔者不建议新进入股市者参与左侧交易。

三、均线指标右侧交易系统

基于均线指标的右侧交易系统，主要由以下几部分构成。

1. 买入条件及仓位控制

（1）股价处于上涨途中。股价上涨带动短期均线与中期均线形成黄金交叉形态，且交叉点位于长期均线之上。

（2）右侧交易入场仓位可以根据市场情况适当调整，一般应控制在40%以下（计划投入资金量的40%）。

2. 加仓条件及仓位控制

（1）加仓条件

投资者建仓后，若股价持续上涨，短期均线出现回调遇中期均线支撑而再度上涨，则可考虑加仓买入。

若股价跌破中短期均线，并在长期均线处获得支撑，也可考虑加仓买入。

（2）加仓仓位

第一次加仓仓位控制在40%以下（计划投入资金量的40%）；第二次加仓仓位控制在20%以下（计划投入资金量的20%）。

3. 卖出条件

（1）股价滞涨，短期均线自上而下与中期均线形成高位死叉，可卖出大部分持仓股票（具体比例可根据股价上涨幅度决定，上涨幅度越大，卖出比例越大）。

（2）中短期均线跌破长期均线，则清空该股。

4. 止损条件

股价自上而下跌破长期均线，则坚决止损。

基于均线指标的右侧交易系统，如图8-6所示。

如图8-6所示，拓维信息的股价自2024年3月到8月期间走出了一波振荡下跌行情。在该股振荡下跌过程中，股价不断地创出新的低点。进入8月下旬后，该股在创出阶段新低后启动了反弹走势。

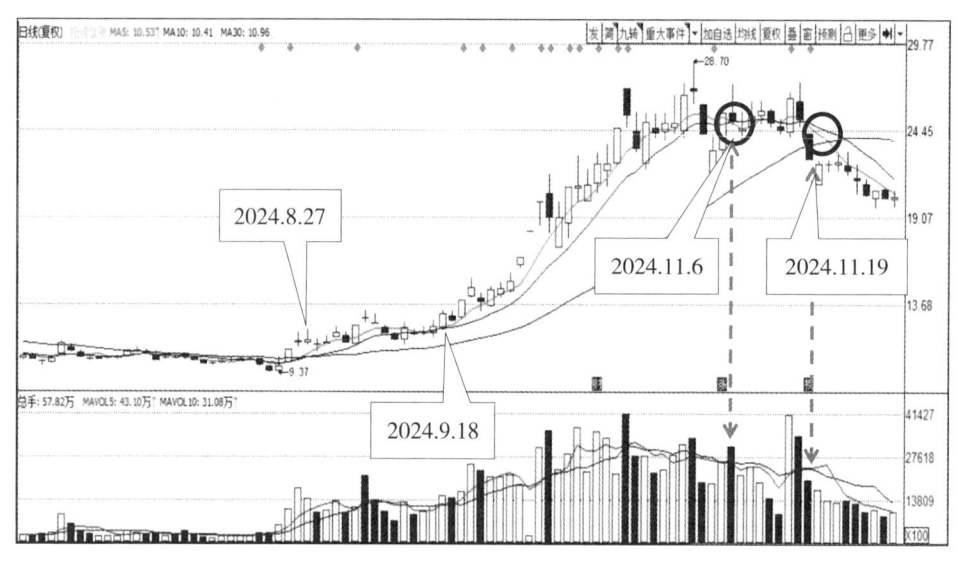

图 8-6　拓维信息（002261）均线指标走势图

2024 年 8 月 27 日，该股股价连续三个交易日站在了 5 日均线上方，且 5 日均线与 10 日均线形成黄金交叉后，又完成了对 30 日均线的突破，这属于较佳的右侧入场机会，投资者可考虑进行第一次建仓操作。此后，该股股价经过一波上升之后出现回调走势，5 日均线同步向 10 日均线附近靠拢。

2024 年 9 月 18 日，该股股价重新上攻，5 日均线重新开始大幅上扬，这说明此时该股股价将重新掀起一波上涨行情，投资者可考虑加仓买入。

2024 年 11 月 6 日，拓维信息的股价在顶部振荡一段时间后出现回落，5 日均线向下跌破了 10 日均线，形成高位死叉。鉴于死叉点位于 30 日均线上方，投资者可考虑减仓操作。

其后，该股股价持续横盘振荡，但各条均线出现放平迹象，这说明该股上攻乏力。11 月 19 日，该股股价跌破了 30 日均线，这说明该股走势已坏，宜清仓卖出。

通过对图 8-6 案例的分析可以看出，基于右侧交易系统的交易活动，往往存在这样的问题：第一，买入过晚，买入时股价上升幅度较大；第二，卖出过晚，错过了最佳卖出时机。正因如此，投资者可以根据个人偏好和经验，适度修正、完善这一交易系统，使买点与卖点的把握更加准确。通常情况下，投资者可采取的修正措施包括以下几点。

第一，引入其他技术指标进行分析，使买入信号更加及时。

第二，调整买入与卖出仓位分布，设置完善的止盈位，确保盈利安全落袋。

一般而言，尽管右侧交易系统获利不如左侧交易系统，但安全性明显优于左侧交易系统。本书所介绍的均线实战技巧，也多是基于右侧交易系统的。